西部地区
地方政府投融资平台
转型发展研究

RESEARCH ON THE TRANSFORMATION DEVELOPMENT OF THE LOCAL GOVERNMENT
INVESTMENT AND FINANCING PLATFORM IN WESTERN CHINA

胡恒松　彭红娟　金　莉 ◎ 著

图书在版编目(CIP)数据

西部地区地方政府投融资平台转型发展研究/胡恒松,彭红娟,金莉著.
—上海:上海财经大学出版社,2023.10
ISBN 978-7-5642-4146-9/F•4146

Ⅰ.①西⋯ Ⅱ.①胡⋯②彭⋯③金⋯ Ⅲ.①地方政府-投融资体制-研究-中国 Ⅳ.①F832.7

中国国家版本馆 CIP 数据核字(2023)第 197224 号

西部地区地方政府投融资平台转型发展研究

编 著 者:胡恒松 彭红娟 金 莉 著
责任编辑:朱晓凤
封面设计:贺加贝
出版发行:上海财经大学出版社有限公司
地　　址:上海市中山北一路 369 号(邮编 200083)
网　　址:http://www.sufep.com
电子邮箱:webmaster@sufep.com
经　　销:全国新华书店
印刷装订:苏州市越洋印刷有限公司
开　　本:787mm×1092mm　1/16
印　　张:17.25(插页:2)
字　　数:327 千字
版　　次:2023 年 10 月第 1 版
印　　次:2023 年 10 月第 1 次印刷
定　　价:88.00 元

前　言

地区发展不协调是我国长期存在的一个问题,党中央始终高度重视统筹协调区域发展,但解决这一问题具有长期性和阶段性。习近平总书记在二十大报告中再次指出要促进区域协调发展,着重提到"推动西部大开发形成新格局"这一理念,这为未来一段时间统筹发展西部地区指明了方向。

西部地区在历史上就是我国少数民族聚集地,也是我国许多自然资源的主要载体,拥有水系源头、生态屏障、矿产资源和文化宝库等,对推动我国经济和文化发展具有重要的作用。但由于历史与地理等因素,西部地区发展要落后于中东部地区,经济发展相对较慢,虽然已经实现全面脱贫,但整体的经济底子仍比较薄弱,群众增收的可持续性有待加强。为推动各民族共同走向社会主义现代化,中央和地方针对存在的难点问题精准施策,力图推动中西部各地区实现共同富裕,建设物质文明和精神文明双富足的新时代。

1999年,党的十五届四中全会和中央经济工作会议正式提出实施西部大开发战略,这是党中央、国务院总揽全局实施的一项重大战略,对于民族复兴和国家富强具有十分重要的意义。21世纪初,西部地区生产总值仅占全国生产总值的17.1%,人均GDP仅达到东部沿海地区的30%。经过二十多年的发展,西部大开发战略已经迭代更新到3.0阶段,融入"一带一路"战略框架之下,西部地区生产总值从1999年的1.58万亿元跃升至2021年的23.96万亿元,翻了14倍。西部大开发战略的实施促进了西部地区经济和社会的发展,更为西部地区投融资平台发展提供了广阔空间。当今世界正处于大发展、大变革、大调整时期,我国经济正处在转变发展方式、优化经济结构、转换增长动力的攻关期,对外开放面临的国内外形势正在发生深刻复杂的变化,这为西部地区提供了宝贵的发展契机。

《西部地区地方政府投融资平台转型发展研究》是聚焦西部地区城投转型发展的研究书籍,是胡恒松博士研究"我国地方政府投融资平台转型发展研究系列"的最新成果。相对中东部地区,虽然西部地区平台公司的发展较晚,体量较小,但在新的时代,本书对于促进西部地区经济和社会发展,抓住难得的历史机遇具有很重要的意义。研究的创新之处体现在三个方面:第一,以西部地区的投融资业务为主题,并与地方政府投融资平台相结合,为平台公司拓宽融资渠道提供思路,助力平台转型;第二,评价篇重点选取新疆、宁夏、内蒙古、青海等特色区域进行分析,紧跟热点,可读性强;第三,紧密联系国家战略规划,西部地区的发展与"一带一路"战略、西部大开发战略密不可分,因此,本书重点分析了国家战略发展规划对西部产业、金融、基础建设等方面的影响,从更高层次来分析西部地区投融资平台的转型发展。

序 一

2000年，西部大开发战略实施全面启动，国家和地区相继出台了各种政策支持西部发展，包括税收扶持、基础设施建设、人才引进和对外开放等方面。在西部大开发实施的二十多年里，各地区的经济总量、发展活力和综合实力都得到明显提升。随着共建"一带一路"、国家向西开放总体布局和新一轮西部大开发等战略的加码实施，西部地区已成为国家重点推动经济社会发展的地区之一。

西部地区十二个省份土地占全国陆地面积的70%以上，但总人口占比仅为27%，整体地域广阔，但人口密度较低，且交通设施落后，经济发展相对落后，尤其是薄弱的基础设施建设问题已成为制约西部民族地区经济社会发展的"瓶颈"。作为我国少数民族的聚集地，西部地区的战略意义不仅仅是经济发展，更与国家安全相关。因此，长期以来，中央对西部地区的发展要兼顾经济利益和安全价值。随着我国与"一带一路"沿线国家搭建起高质量的合作伙伴关系，深化在交通、农业、能源、电子商务、产能和绿色发展、文化、教育、旅游等领域的务实合作，我国西部地区迎来了经济发展的契机。

地方政府投融资平台作为推动地区基础设施建设的主体，是区域内城镇化建设的主力，其核心职能是开展政府性项目的投融资业务。特别是随着西部大开发战略的深化实施，国企平台公司的融资需求不断加大，其转型发展已成为保证后续融资、促进区域经济稳定健康的基础和关键。与东部省份相比，西部地区的区域经营环境和城投平台的综合实力存在一定的差距，但如果城投平台抓住政策机遇以及业务调整，亦能实现预期发展目标，实现平台公司的跨越式发展，为地方经济发展贡献更多力量。

胡恒松博士是专业研究地方政府投融资平台的资深专家，拥有多年的投融资实操业务经验，已连续六年出版了"中国地方政府投融资平台转型发展研究系列"，通过对我国主要大中型城投公司进行科学系统的评级，精选若干主要区域的地方政府投融资平台转型的案例经验进行研究，该系列丛书的发布已经成为业内标志性的事件，对于引导地方政府投融资平台转型具有重要的实践意义。随着西部地区经济的快速发展，地方政府投融资平台在西部地区快速崛起，《西部地区地方政府投融资平台转型发展研究》将为西部地区平台发展提供有实践意义的建议，对于引导西部地区地方政府投融资平台转型具有重要的实践意义。

中央民族大学党委常委、副校长
石亚洲

序 二

党的二十大报告指出,全面建设社会主义现代化国家的重要任务就是建设现代化经济体系,作为地方经济建设的主力军,地方政府投融资平台在现代化经济建设过程中发挥了重要作用。近年来,西部地区地方财政收入端受疫情、房地产市场转冷等影响,财政收支紧平衡态势加剧,地方政府对平台公司的资金偿付能力随之下滑,平台公司的债务压力也与日俱增。面对新政策环境、新经济形势下的各种挑战,推动西部地区地方政府投融资平台加快转型升级,提高市场化经营水平已迫在眉睫、刻不容缓。

相对我国中东部地区,西部地区的经济和社会发展存在一定的差距,西部地区地方政府投融资平台普遍面临规模较小且分布不均、主体信用评级偏低、融资渠道相对单一、业务可持续性不强等问题。作为西部地区地方经济和社会发展的重要参与者和建设者,地方政府投融资平台亟待在促进西部地区产业上下游联动、城市公共基础设施更新、拉动投资等方面发挥更大的作用,在转型中不断完善,在实践中不断蜕变。西部地区地方政府投融资平台应充分借鉴各地平台公司转型成功案例经验,积极做出各类正面尝试,同时也要紧密结合自身业务情况以及区域特色,找到一条适合自己的转型发展道路,争取在实现自身的转型发展的同时,进一步为促进地方经济发展做出新的贡献。

《西部地区地方政府投融资平台转型发展研究》是由胡恒松博士根据多年的从业经验组织编写的实操性极强的聚焦西部地区城投公司发展的书籍,将为西部地区地方政府投融资平台转型与国有企业改革、化解地方隐性债务风险、政府职能转变和构建新型政商关系等提供有价值的建议。此外,本书立足西部十二省的平台公司实际,充分考虑到了东西部地区的差异性,通过借鉴专业化的评价体系,以多维度对西部地区的平台公司进行排名,同时深入介绍了西部地区城投公司转型发展的典型案例,对推动西部地区地方政府融资平台转型发展具有很强的借鉴意义和推动作用。

南宁金融投资集团有限责任公司党委书记、董事长

关 俊

目录
CONTENTS

第一章　西部地区经济发展现状分析/001
　　第一节　西部地区概况/001
　　第二节　西部地区经济发展现状/009
　　第三节　西部地区经济发展特点/022

第二章　西部地区地方政府投融资平台/034
　　第一节　西部地区地方政府投融资平台概述/034
　　第二节　西部地区地方政府投融资平台转型发展历程/040
　　第三节　西部地区地方政府投融资平台转型发展分析/042

第三章　地方政府投融资平台转型发展评价/049
　　第一节　地方政府投融资平台转型发展评价指标说明/049
　　第二节　地方政府投融资平台转型发展排名及分析/060

第四章　西北地区投融资平台转型发展评价研究/080
　　第一节　新疆维吾尔自治区投融资平台转型发展评价/080
　　第二节　新疆生产建设兵团投融资平台转型发展评价/096

第三节　宁夏回族自治区投融资平台转型发展评价/107

第四节　内蒙古自治区投融资平台转型发展评价/119

第五节　甘肃省投融资平台转型发展评价/131

第六节　青海省投融资平台转型发展评价/144

第七节　陕西省投融资平台转型发展评价/155

第五章　西南地区投融资平台转型发展评价研究/173

第一节　西藏自治区投融资平台转型发展评价/173

第二节　重庆市投融资平台转型发展评价/180

第三节　云南省投融资平台转型发展评价/209

第四节　贵州省投融资平台转型发展评价/226

第五节　四川省投融资平台转型发展评价/238

第六节　广西壮族自治区投融资平台转型发展评价/251

参考文献/263

第一章

西部地区经济发展现状分析

第一节 西部地区概况

一、基本情况

本书所研究的西部地区包括西北、西南两大经济地理区域,分别是由重庆市、四川省、云南省、西藏自治区、贵州省、广西壮族自治区共同组成的西南地区和由陕西省、甘肃省、青海省、宁夏回族自治区、新疆维吾尔自治区、内蒙古自治区共同组成的西北地区,共计12个省、自治区和直辖市,总面积约678.16万平方公里,占全国陆地面积的70.6%。常住人口约3.8亿人,占全国总人口的27.2%。西部地区地处亚欧大陆的腹心地带,与蒙古国、俄罗斯、塔吉克斯坦、哈萨克斯坦、吉尔吉斯斯坦、巴基斯坦、阿富汗、不丹、尼泊尔、印度、缅甸、老挝、越南13个国家接壤,陆地边境线长达1.8万余公里,约占全国陆地边境线总长的82%。

西部地区幅员辽阔,拥有独特的自然条件。其中,平原、盆地面积不到10%,约有50%的土地资源是沙漠、戈壁、石山和海拔超过3 000米的高寒地区。但同时,西部地区聚集着丰富的自然资源,其中森林面积达564.22万公顷,草场面积32 347.1万公顷;水能资源占全国的80%,矿产资源占全国的40%以上;新增探明地质储量和产量分别占全国总量的62%和34%,天然气占85%和84%。

尽管西部地区拥有丰富的自然资源,但由于历史与地理等因素,西部地区的发展要落后于中东部地区。21世纪初,西部地区生产总值仅占全国生产总值的17.1%,人均GDP仅达到东部沿海地区的30%,贫困人口超过5 700万人。国务院先后印发并实施《国务院关于实施西部大开发若干政策措施的通知》(国发〔2000〕33号)、《国务院关于进一步推进西部大开发的若干意见》(国发〔2004〕6号)、《中共中央国务院关于深入实施西部大开发战略的若干意见》(中发〔2010〕11号)等一系列文件。2020年5月,《中共中央、国务院印发〈关于新时代推进西部大开发形成新格局的指导意见〉》实施。伴随着西部大开发战略的实施,以西安、重庆、成都为代表的西部地区的城市迎来了快速发展的黄金期。经过20多年的发展,西部地区生产总值从1999年的1.58万亿元跃升至2021年的23.96万亿元。

二、资源禀赋

西部地区是中国自然资源密集区,随着国家经济政策逐渐向西部地区倾斜,西部地区迎来了巨大的机遇。丰富的自然资源是西部大开发的物质基础,其中除耕地资源、45种主要矿产探明工业储量潜在价值以外,西部地区主要自然资源总量均超过中部、东部地区之和。

(一)土地资源

截至2017年,西部地区人均拥有土地1.92公顷;未利用土地19 589.87万公顷,占全国未利用土地总面积的79.9%。其中耕地面积4 966.33万公顷,约占全国的38.19%;林地面积达到18 983.57万公顷,占全国的66.81%;湿地面积达3 032.3千公顷,占全国的53.8%。耕地后备资源丰富,全国72.13%的宜农荒地集中在西部地区,其中有5.9亿亩宜用作农用地、1亿亩宜用作耕地。此外,后备林地、草地面积分别达10 387.78亿亩、1 766.75万公顷,分别占全国的54%、66%。

尽管西部地区拥有丰富的土地资源,但是土地质量与中部、东部地区存在较大差距。就耕地来看,西南地区土壤类型以石灰土居多,尤其是集中在广西、贵州、云南、四川等地,容易形成石山、裸地。西北地区沙土、盐碱地分布广泛,如新疆荒地土壤中盐碱土占比达到37%,表层土壤含盐量达到2%以上。从西部地区土壤质量分级情况来看,根据《2019年全国耕地质量等级情况公报》,仅内蒙古自治区部分区域可达到二级区;陕西省、甘肃省、青海省、宁夏回族自治区属于黄土高原区,平均等级为6.47等,评价为一至三等的耕地面积为0.22亿亩,占黄土高原区耕地总面积的13.16%;西南区包括重庆市与贵州省全部、甘肃省东南部、陕西省南部、云南省和四川省大部以及广西壮族自治区北部,平均等级为4.98等,评价为一至三等的耕地面积为0.69亿亩,占西南区耕地总面积的22.12%;新疆全境、甘肃河西走廊、宁夏中北部及内蒙古西部属于甘新区,平均等级为5.02等,评价为一至三等的耕地面积为0.26亿亩,占甘新区耕地总面积的22.36%;西藏自治区全部、青海省大部、甘肃省甘南及天祝地区、四川省西部、云南省西北部属于青藏区,总耕地面积为0.16亿亩,平均等级为7.35等,评价为一至三等的耕地面积为0.003亿亩,占该区耕地总面积的1.65%。西部地区后备土地虽多,但超过88.4%的土地主要分布在准噶尔盆地、塔里木盆地、毛乌素沙地等半干旱区域,土壤类型大多属于盐碱土、荒漠、栗钙土等,土壤肥力较低、含盐量高,不宜用作耕种。西南地区的后备耕地数量较少,主要分布在云南、广西及云贵川接壤区,土壤大多以黄壤、红壤为主,容易发生水土流失。此外,西部地区存在大面积难以利用的土地面积,包括沙漠、戈壁等,总面积达9 136万公顷,占全国总面积的71.25%;其中仅新疆沙漠面积达5 133万公顷、戈壁达2 930万公顷。

（二）水资源

由于西南地区与西北地区在地理位置、自然条件等方面存在不同,这也就导致区域内水资源分布存在明显的地区差异。截至2021年,全国水资源总量29 638.2亿立方米。其中,降水量691.6毫米,地表水资源量28 310.5亿立方米,地下水资源量8 195.7亿立方米。西北地区水资源总量3 734.9亿立方米,占全国水资源总量的12.6%;西南地区水资源总量达12 332.6亿立方米,占全国水资源总量的41.6%。2021年西部地区水资源总量见表1—1。

表1—1　　　　　　　　　　2021年西部地区水资源总量

地区	降水量（毫米）	地表水资源量（亿立方米）	地下水资源量（亿立方米）	水资源总量（亿立方米）
新疆	161.7	767.8	434.2	809.0
宁夏	273.5	7.5	16.4	9.3
内蒙古	343.7	788.8	238.6	942.9
甘肃	288.5	268.2	120.0	279.0
青海	356.2	824.4	362.5	842.2
陕西	954.6	810.9	72.1	852.5
西北地区总计	2 378.2	3 467.6	1 243.8	3 734.9
西藏	578.7	4 408.9	993.5	4 408.9
重庆	1 404.3	750.8	129.4	750.8
云南	1 123.9	1 615.8	562.9	1 615.8
贵州	1 227.3	1 091.4	263.7	1 091.4
四川	1 004.7	2 923.4	625.9	2 924.5
广西	1 383.1	1 540.5	349.2	1 541.2
西南地区总计	6 722.0	12 330.8	2 924.6	12 332.6

数据来源:2021年西部地区各省(市、区)水利局。

从降水量来看，2021年西北地区仅陕西省年降水量超过600毫米，内蒙古、青海年降水量基本保持在300毫米到600毫米之间，新疆年降水量不足200毫米，基本处于干旱区。西南地区除西藏年降水量为578.7毫米以外，重庆、云南、贵州、四川、广西年降水量均超过1 000毫米。全国地表水资源排名前五的省、自治区中，西部地区就占到4个，分别是西藏、四川、云南、广西。其中仅西藏地区拥有的地表水资源量就达到4 408.9亿立方米，全国排名第一，远超排名第二的四川省的2 923.36亿立方米。就地下水资源而言，西部地区地下水资源总计4 168.4亿立方米，占全国的51%。其中，西藏地下水资源最为丰富，达993.5亿立方米，最高值河段为雅鲁藏布江下游及附近的藏南诸河，年均约53万立方米/平方千米。

就上述对西部地区水资源的分析可知，与西南地区和全国平均水平相比，西北地区水资源十分短缺，特别是宁夏地区水资源总量仅为9.3亿立方米，只有青海的1%。还需要注意的是，西北地区水资源分布与土地资源分布存在失衡问题，以内蒙古为例，内蒙古需灌溉耕地区域70%以上分布在河套平原、西辽河流域，但上述地区水资源占比不到24%。西南地区境内水资源丰富，人均占有水平远超全国平均水平，但由于地理条件严苛、施工难度大等原因，存在开发利用率较低的问题。

（三）能源资源

1. 太阳能

我国属于太阳能资源丰富的国家之一，全国总面积2/3以上的地区年日照时数大于2 200小时，年辐射量在5 000兆焦/平方米以上。其中，西部地区的太阳能资源最为可观。

按照中国气象局风能太阳能评估中心划分标准，西北地区属于太阳能资源Ⅰ～Ⅲ类资源区。其中，青海属于最丰富区，年日照小时数2 300～3 300小时；新疆属于丰富区～最丰富区，日照时数在2 500～3 550小时之间；宁夏、甘肃属于很丰富区，日照时数分别在2 250～3 100小时之间和1 912～3 316小时之间；陕西省属于丰富区，日照时数在1 270～2 900小时之间；内蒙古西部地区日照时数在2 650～3 100小时之间，内蒙古东部地区日照时数在2 600～3 400小时之间。西北地区太阳能资源技术可开发量约1 289 120万兆瓦，占全国的65.95%，其中青海340 000万兆瓦、内蒙古260 000万兆瓦、宁夏48 170万兆瓦、陕西8 000万兆瓦、甘肃212 950万兆瓦、新疆420 000万兆瓦。

西南地区属于太阳能资源Ⅱ～Ⅳ类资源区。其中，西藏属于太阳能资源最丰富区；四川省、云南省属于太阳能资源很丰富区，日照时数分别在750～2 700小时之间和960～2 840小时之间；贵州、重庆太阳能资源一般，日照时数在1 000小时左右。

西南地区太阳能资源技术可开发量在全国的占比仅为5.41%,约90 390万兆瓦,其中重庆2 650万兆瓦、四川4 300万兆瓦、西藏70 000万兆瓦、贵州3 500万兆瓦、云南4 000万兆瓦、广西5 940万兆瓦。

2. 风能

根据中国气象局发布的《2021年中国风能太阳能资源年景公报》,西部地区拥有全国78%的风能资源技术可开发量,100米高度风能资源技术可开发量达到30.5亿千瓦(含低风速资源)。其中,内蒙古西部11亿千瓦,占全国比重达28.25%;西藏6.5亿千瓦,占全国比重达16.51%;新疆4.9亿千瓦,占全国比重达12.63%;甘肃2.1亿千瓦,占全国比重达5.35%;青海1.7亿千瓦,占全国比重达4.46%。

从风速来看,全国100米高度平均风速均值为5.8米/秒,风速大于6.0米/秒的西部地区主要为内蒙古、甘肃西部、新疆东部和北部地区、青藏高原、云贵高原和广西等地;甘肃西部、内蒙古中东部、新疆北部和东部地区、青藏高原等地年平均风速可达7.0米/秒。

从风功率密度来看,2021年全国100米高度年平均风功率密度为234.9瓦/平方米,在内蒙古中东部、新疆北部和东部、青藏高原、云贵高原山脊地区则是主要平均风功率密度大值区域,甚至年平均风功率可超过300瓦/平方米。

表1—2　　　　　　　　　　西部地区风能太阳能资源

省（区、市）	风能 技术可开发量（万千瓦）	占比（%）	省（区、市）	太阳能 技术可开发量（万千瓦）	占比（%）
内蒙古	110 623	28.25	新疆	420 000	26.92
西藏	64 657	16.51	青海	340 000	21.79
新疆	49 468	12.63	内蒙古	260 000	16.66
甘肃	20 946	5.35	甘肃	212 950	13.65
青海	17 453	4.46	西藏	70 000	4.49
四川	13 768	3.52	宁夏	48 170	3.09
云南	7 989	2.04	陕西	8 000	0.51
陕西	6 914	1.77	广西	5 940	0.38
广西	5 001	1.28	四川	4 300	0.28
宁夏	3 910	1.00	云南	4 000	0.26
贵州	3 895	0.99	贵州	3 500	0.22
重庆	852	0.22	重庆	2 650	0.17

数据来源:中国气象局。

3. 水能

中国水能资源理论蕴藏量近7亿千瓦,占常规能源总量的40%。其中,经济可开发容量近4亿千瓦,年发电量约1.7亿千瓦时。中国水能资源的70%分布在西南地区,其中以长江水系为最多,其次为雅鲁藏布江水系。西部地区水能理论蕴藏量为64 156.5万千瓦,可开发量达34 257万千瓦,分别占全国的92%和86%。仅西藏水能资源理论蕴藏量就约2.06亿千瓦,占全国总蕴藏量的29.7%,为全国第一。

2020年,我国常规水电发电量13 218亿千瓦时,同比增长4.1%。全国水电发电量排名前五位的省(区)中,除湖北外,均属于西部地区,分别是四川3 541亿千瓦时、云南2 960亿千瓦时、贵州831亿千瓦时和广西614亿千瓦时,其合计水电发电量占全国水电发电量的60.11%。2021年,我国水力发电累计量为11 840亿千瓦时,主要集中在西南、华中、西北地区,其中西南地区产量最高,特别是四川省累计发电量达3 531.4亿千瓦时。

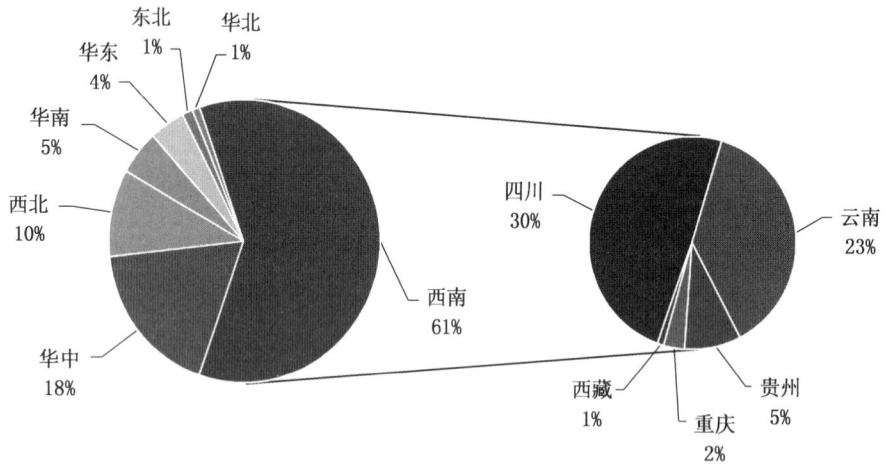

数据来源:国家统计局。

图1—1　2021年中国水力发电量占比统计图

(四)矿产资源

西部地区矿产资源比较优势突出,成矿地质条件优越,已有探明储量矿产130种。在45种主要矿产资源中,西部地区的钾盐、天然气等13种矿产资源保有储量占全国的50%以上,处于绝对优势。铅矿、铜矿等9种矿产资源具有比较优势,储量占到全国的30%~50%。同时,煤、油气等能源矿产丰富,将成为我国重要的战略性能源接替基地。

三、基础设施

(一)基础设施投资规模

基础设施是国民经济的先导性、基础性产业,是建设现代化经济体系不可缺少的重要部分,推进基础设施建设长期以来都是西部建设的重点内容。自2008年以来,西部地区至少经历了三轮基础设施发力、投资增速快速提升的阶段。第一阶段基础设施建设期在2008—2010年,该阶段基础设施投资增速高达45.06%,投资金额达到20 421.98亿元;第二阶段是2012—2014年,这一阶段西部地区投资增速在2014年达到23.98%,投资总额达36 577.61亿元;第三阶段是2016年前后,这一轮西部地区投资增速达到42%,投资总额达到66 078.77亿元。

截至2021年,西部地区基础设施投资总额达72 119.33亿元。但西部地区内部各个省份之间存在较大差异,整体分布不均衡。其中,四川、云南、广西三个省(区)基础设施投资额加总超过西部地区投资总额的60%,且四川、云南作为2021年基础设施投资总额超过1万亿元的两个大省,其投资总额远超西部其他地区。

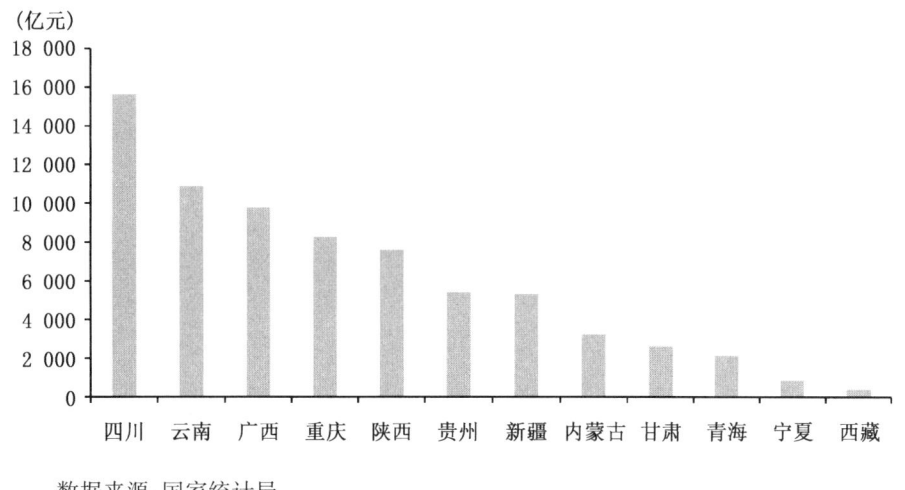

数据来源:国家统计局。

图1-2 2021年西部地区基础设施投资金额

(二)交通基础设施

截至2021年,西部地区运营的铁路里程为5.67万公里,占全国铁路里程的37.62%;公路里程为205.83万公里,占全国公路里程的38.98%;高速公路里程为6.16万公里,占全国高速公路里程的36.43%。

从运营铁路里程来看,2021年内蒙古的运营铁路里程在西部地区中排名第一,长达14 200公里,远超排名第二的新疆的7 800公里,四川、陕西、甘肃、广西的铁路运营里程均在5 000公里左右,而西藏由于自然条件限制,运营里程最少,仅有1 200公里。从公路里程来看,四川省公路里程达39.89万公里,在西部地区中排名第一;云南以30.09万公里排名第二;新疆、贵州、内蒙古、重庆、甘肃公路里程均在15万公里到20万公里之间;宁夏、青海公路里程数最少,分别为8.62万公里和3.76万公里。从高速公路里程来看,云南省排名第一,拥有9 900公里;四川和广西高速公路里程分别为8 600公里和7 300公里,分别排第二、第三位;宁夏、西藏仍是最后两位。

表1-3　　　　　　　　　2021年西部地区交通基础设施情况

地区	铁路里程（万公里）	占比（%）	公路里程（万公里）	占比（%）	高速公路里程（万公里）	占比（%）
内蒙古	1.42	9.42	21.26	4.03	0.70	4.14
新疆	0.78	5.18	21.73	4.11	0.70	4.14
四川	0.56	3.72	39.89	7.55	0.86	5.09
陕西	0.56	3.72	18.34	3.47	0.65	3.84
甘肃	0.53	3.52	15.66	2.97	0.55	3.25
广西	0.52	3.45	16.06	3.04	0.73	4.32
云南	0.47	3.12	30.09	5.70	0.99	5.85
青海	0.30	1.99	8.62	1.63	0.35	2.07
重庆	0.24	1.59	18.41	3.49	0.38	2.25
宁夏	0.17	1.13	3.76	0.71	0.21	1.24
西藏	0.12	0.80	12.01	2.27	0.04	0.24

数据来源:国家统计局。

(三)信息基础设施

信息基础设施方面,以光缆线路长度作为评判通信能力的指标。截至2021年,西部地区光缆线路总长增加到了1 685.75万公里。具体来看,四川省光缆线路长度达374.80万公里,在西部地区排名第一,全国排名第四;广西、云南分别以243.05万公里、237.13万公里在西部地区中排名第二和第三;青海、宁夏、西藏光缆线路长度较短,均不足50万公里。

以互联网宽带介入用户作为衡量通信业务的指标。截至2021年,西部地区100Mbps及以上速率固定互联网宽带接入用户达13 077万户,在本地区宽带接入用户中占比92.6%,较上年提高2.3个百分点。2021年,西部地区移动互联网接入流量达655亿GB,仅次于东部地区的947亿GB,较上年增长29.7%。

以电信业务累计收入作为综合指标,2021年西部地区电信业务收入在全国的占比达到23.8%,与2020年持平;但东部地区电信业务收入在全国的占比达到51.1%,

远超其他地区。

第二节 西部地区经济发展现状

一、经济财政方面

(一)经济实力

1. 地区生产总值

2000—2021 年,西部地区生产总值逐年增加。2000 年,西部地区生产总值为 1.72 万亿元;2021 年西部地区生产总值为 24.19 万亿元,相比 2000 年增加了 22.47 万亿元,增长了 13.06 倍。同期,中东部其他 19 省的生产总值从 2000 年的 8.14 万亿元增长至 2021 年的 90.42 万亿元,增长了 10.11 倍,西部地区 21 年间生产总值增长倍数要高于同期中东部地区。从西部地区生产总值在全国的占比情况来看,2000 年西部地区生产总值占全国的比重为 17.23%,2021 年为 20.96%。2000—2010 年,西部地区生产总值占全国比重稳步上升,共增长了 2.52%;2011—2021 年,该比值有所波动,在 2014 年达到峰值 21.46%,2021 年下降到 20.96%。2000—2021 年,西部地区生产总值及占比情况如图 1—3 所示。

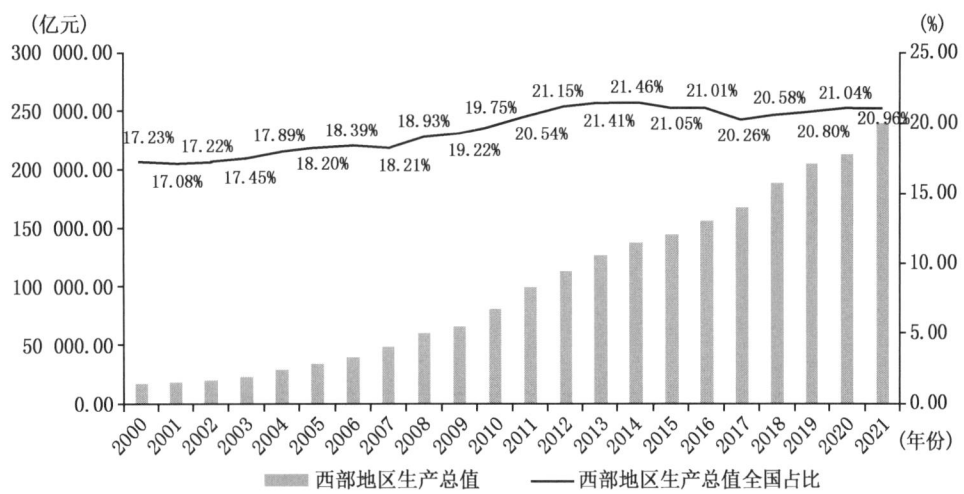

数据来源:国家统计局。

图 1—3 2000—2021 年西部地区生产总值及占比情况

但通过对比西部地区与东部、中部地区在经济总量上的差距发现,西部地区经济发展总体仍较为薄弱。2021 年,东部地区生产总值为 59.22 万亿元,比上年增长

8.1%,占全国GDP的比重约为52%,东部沿海地区经济总量依然保持领先优势。2021年,中部地区GDP为25万亿元,较上年增长8.1%,占全国GDP的比重约为22%,中部地区经济发展相对平稳。2021年西部地区生产总值为23.95万元,较上年增长7.4%,占全国的比重仅为21%。

从西部各省来看,西部地区内部经济发展差异性较大。2000年,西部地区生产总值排名前三的地区分别是四川3 928.20亿元、云南2 011.19亿元和广西2 080.04亿元。宁夏、青海、西藏生产总值不足300亿元,全国排名垫底。2021年,四川以5.39万亿元的GDP总量继续位居西部首位、全国第六位,陕西、重庆、云南、广西、贵州、内蒙古、新疆和甘肃GDP规模均在1万亿~3万亿元之间;西藏、青海和宁夏经济基础相对薄弱,GDP总量均未超过5 000亿元。2000年、2021年西部地区各省份生产总值排名变化情况如表1—4所示。

表1—4　　　　　　　西部地区各省份生产总值排名变化表

地区	2021年GDP（亿元）	西部地区排名	全国排名	2000年GDP（亿元）	西部地区排名	全国排名
四川	53 850.79	1	6	3 928.20	1	10
陕西	29 800.98	2	14	1 804.00	4	20
重庆	27 894.02	3	16	1 791.00	5	23
云南	27 146.76	4	18	2 011.19	2	18
广西	24 740.86	5	19	2 080.04	3	16
内蒙古	20 514.19	6	21	1 539.12	6	24
贵州	19 586.42	7	22	1 029.92	9	26
新疆	15 983.65	8	23	1 363.56	7	25
甘肃	10 243.31	9	27	1 052.88	8	27
宁夏	45 22.31	10	29	295.02	10	29
青海	3 346.63	11	30	263.68	11	30
西藏	2 080.17	12	31	117.80	12	31

数据来源:国家统计局。

2. 西部地区生产总值增速

2000—2021年,西部地区生产总值增速情况如图1—4所示。2000—2021年西部地区生产总值平均增速为13.49%,高于全国12.39%的平均增速。除2015年、2016年、2017年、2021年以外,西部地区生产总值增速均高于全国平均水平。

从西部地区内部来看,2000—2021年西南地区平均增速为13.63%,贵州平均增速最高,达到14.92%,除广西外,其他西南地区各省的平均增速均超过全国平均水平。西北地区平均增速为13.25%,略低于西南地区,其中陕西生产总值平均增速最高,达14.46%,甘肃生产总值平均增速最低,仅有11.55%,比全国平均水平低0.84%。2000—2021年西部地区各省平均增速如表1－5所示。

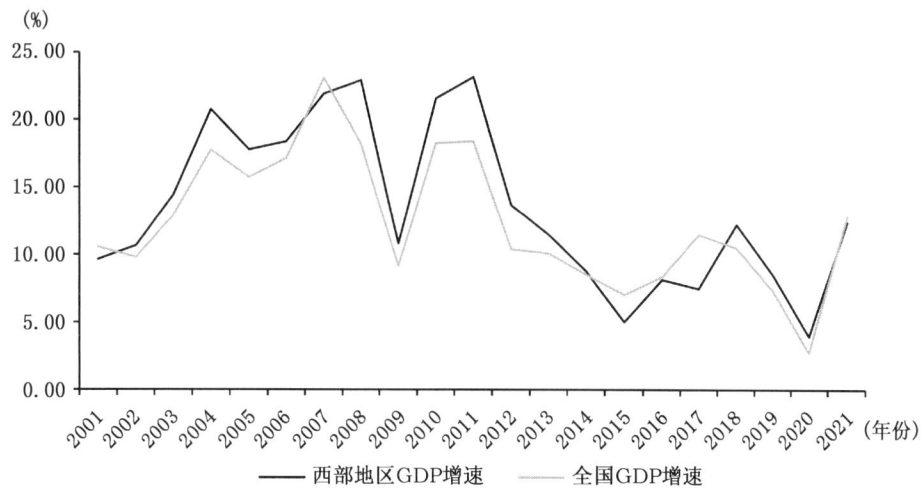

数据来源:国家统计局。

图1－4　2000—2021年西部地区GDP增速

表1－5　　　　　　　2000—2021年西部地区生产总值平均增速

地区	平均增速(%)
贵州	14.92
西藏	14.53
陕西	14.46
宁夏	14.02
重庆	13.88
内蒙古	13.64
四川	13.14
云南	13.01
青海	13.02
新疆	12.09
广西	12.44
甘肃	11.55

数据来源:国家统计局。

3. 西部地区人均生产总值

2000—2021年,西部地区人均GDP变化大致与地方生产总值的变化趋势一致,人均GDP呈现逐年增加的趋势。西部地区人均生产总值从2000年的4 773.53元增长到2021年的62 618.56元,增长了57 845.03元,增加了12.12倍。同期,全国人均GDP从2000年的7 942.07元增长到2021年的80 975.79元,增加了9.20倍,西部地区的增长倍数高于全国平均水平。西部地区与全国其他地区的差距也在逐渐缩小,区域发展的协调性逐步增强。西部地区人均GDP与全国人均GDP的比值从2000年的0.60增长至2021年的0.77,但仍与全国人均GDP存在一定差距。2000—2021年西部地区人均GDP变化情况如图1-5所示。

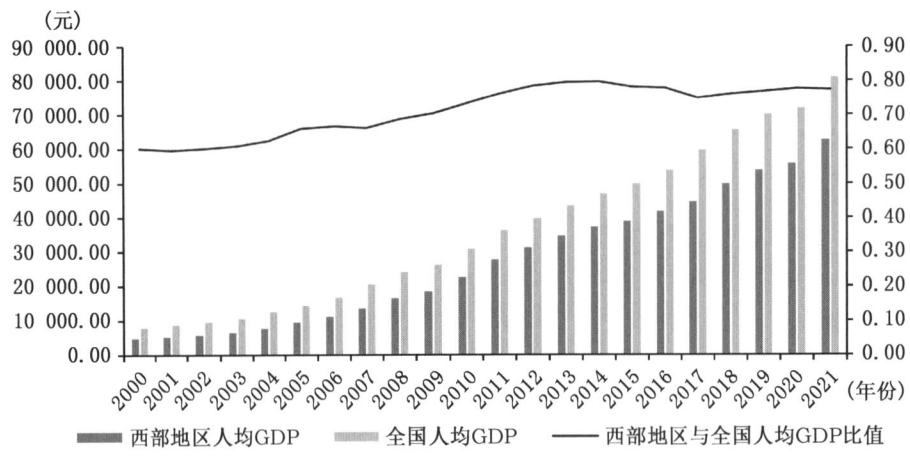

数据来源:国家统计局。

图1-5 2000—2021年西部地区人均GDP

从西部地区各省的人均GDP和排名来看,均发生了很大变化。具体而言,2000年,西部地区人均GDP最高的是新疆,达7 372元,全国排名第十二位。其次分别是内蒙古和重庆,人均GDP均超过5 000元,全国排名分别是第十五位和第十八位。2000年人均GDP排名最后三位的地区分别是西藏、甘肃和贵州,其中贵州人均GDP仅为2 759元。2021年,重庆以86 879元的人均GDP在西部地区中排名第一,全国第八,较其2000年全国排名提高了十个位次。西部地区排名第二和第三的地区分别是内蒙古和陕西,人均GDP达85 422元和75 360元,全国排名分别是第十位和第十二位。排名后三位的地区分别是贵州、广西和甘肃,同时它们在全国范围内的排名也靠后。从2000年与2021年各省人均GDP的排位变化来看,重庆、陕西跃升最快,全国排名分别上升了10位和11位;四川、内蒙古、西藏和云南分别上升了6位、5位、5位和4位;排名下降的地区有新疆、青海、广西和甘肃,其中新疆的全国排名下降了9

位,青海下降了3位,广西和甘肃均下降了1位。西北地区和西南地区比较而言,西北地区由于人口稀少,人均GDP要略高于西南地区,其中内蒙古的人均GDP在西北地区中一直处于领先地位,2021年人均GDP达85 422元,高于全国平均水平,全国排名第10位,但西北其他省(区)人均GDP均小于全国平均水平。西南地区人均GDP一直持续稳定增长,其中重庆的人均GDP一直处于领先地位,2021年人均GDP为86 879元,全国排名第8位。

表1-6　　　　　　　　　西部地区人均GDP及排名变化情况

地区	2021年人均GDP（元/人）	2021年西部地区排名	2021年全国排名	2000年人均GDP（元/人）	2000年西部地区排名	2000年全国排名
重庆	86 879	1	8	5 616	3	18
内蒙古	85 422	2	10	6 502	2	15
陕西	75 360	3	12	4 968	6	23
四川	64 326	4	18	4 956	7	24
宁夏	62 549	5	20	5 376	4	21
新疆	61 725	6	21	7 372	1	12
云南	57 686	7	23	4 769	8	27
西藏	56 831	8	24	4 572	10	29
青海	56 398	9	25	5 138	5	22
贵州	50 808	10	28	2 759	12	31
广西	49 206	11	29	4 652	9	28
甘肃	41 046	12	31	4 129	11	30

数据来源:国家统计局。

4. 产业结构

2021年,西部地区三次产业比重分别为11.45%、38.62%和49.94%,全国三次产业比重分别为7.26%、39.42%和53.31%。其中,西部地区仅第一产业高于全国平均水平,第二、第三产业均低于全国平均水平。第三产业对地区生产总值增长贡献率比第二产业高,但较上年下降1.23%。

表1-7所示为2021年西部地区各省(市、区)三次产业增加值。就2021年西部各省份具体情况而言:广西第一产业增加值占比在西部地区中排名第一,为16.23%;其次为新疆和云南,分别为14.74%和14.26%。西部地区中除重庆外,第一产业增加值比重均高于全国平均水平。陕西第二产业增加值占比在西部地区最高,达

46.32%,比全国 39.4%的平均水平高 6.92%。西藏、重庆和甘肃第三产业增加值占比位列西部地区前三,分别为 55.71%、53.01%和 52.83%,却仅有西藏比全国平均水平高 2.4%。

表 1—7 2021 年西部地区三次产业增加值

地区	第一产业增加值（亿元）	第一产业比重（%）	第二产业增加值（亿元）	第二产业比重（%）	第三产业增加值（亿元）	第三产业比重（%）
新疆	2 356.1	14.74	5 967.4	37.33	7 660.2	47.93
宁夏	364.5	8.06	2 021.6	44.70	2 136.3	47.24
内蒙古	2 225.2	10.85	9 374.2	45.70	8 914.8	43.46
甘肃	1 364.7	13.32	3 466.6	33.84	5 412.0	52.83
青海	352.7	10.54	1 332.6	39.82	1 661.4	49.64
陕西	2 409.4	8.08	13 802.5	46.32	13 589.1	45.60
西藏	164.1	7.89	757.3	36.41	1 158.8	55.71
重庆	1 922.0	6.89	11 184.9	40.10	14 787.1	53.01
云南	3 870.2	14.26	9 589.4	35.32	13 687.2	50.42
贵州	2 730.9	13.94	6 984.7	35.66	9 870.8	50.40
四川	5 661.9	10.51	19 901.4	36.96	28 287.6	52.53
广西	4 015.5	16.23	8 187.9	33.09	12 537.5	50.68
西部地区	27 437.2	11.45	92 570.5	38.62	119 702.8	49.94
全国	83 085.5	7.26	450 904.5	39.43	609 679.7	53.31

数据来源:国家统计局。

自 2000 年以来,西部地区的产业结构也在不断调整、优化。从总体上来看,西部地区第一、第二产业增加值占比不断下降,产业重心不断从第一、第二产业向第三产业转移。提高第三产业增加值占比、优化不同产业增加值比重仍然是新时期西部地区产业结构转型升级的主要目标。从第一产业来看,2000 年西部地区第一产业增加值占比为 21.44%,下降到 2021 年的 11.45%。第二产业占比变化趋势先由 2000 年的 38.97%上升到 2011 年的 50.92%,达到最高值;随后下降到 2021 年的 38.62%。第三产业比重先由 2000 年的 39.59%下降到 2011 年的 36.34%,随后持续上升,并在 2015 年时第三产业占比与第二产业占比几乎持平,2021 年超过第二产业,达到 49.94%的占比。同期,西北地区与西南地区三次产业增加值构成与西部地区的变动趋势相似:第一产业占比逐年下降;第二产业占比先上升后下降,且在 2011 年达到峰值;第三产业占比先下降后上升,分别在 2015 年和 2016 年与第二产业占比持平,之后超过第二产业。西部地区三次产业增加值的构成已由 2000 年的 21.44∶38.97∶39.59 调整为 2021 年的 11.45∶38.62∶49.94。

(二)地方财政

1. 财政收入

2021 年,西部地区一般公共预算收入 2.19 万亿元,同比增长 11.9%,其中税收收入为 15 107.09 亿元,占比达 68.98%。整体来看,西部地区的财力整体处于全国中下游水平,与东部地区之间存在较大差异。东部地区的广东、江苏、浙江、上海、山东和北京 6 省市的一般公共预算收入总量位居全国前六位,2021 年一般公共预算收入均超过 5 900 亿元,大幅领先于全国各省市。相比之下,西部地区除四川 2021 年一般公共预算收入为 4 773 亿元,全国排名在第七位之外,其他省市排名均在 15 位之后,其中宁夏、青海和西藏一般公共预算收入均不足 500 亿元,排名垫底。

从一般公共预算收入增速来看,2021 年陕西和内蒙古的一般公共预算收入增长较快,增速分别为 23.0% 和 14.6%;增速在 12%～15% 之间的地区有甘肃和四川两个省份;增速低于 5.5% 的省份为广西和西藏,其中西藏以 -3.6% 的增速垫底,成为唯一负增长的省份。除上述地区外,西部地区其他省区市增速多在 7%～12% 之间。

从财政收入质量情况看,西部地区财政收入质量较低。2021 年,全国税收比率超过 80% 的地区有 6 个,其中西部地区仅有陕西省,税收占比为 80.60%,其他省市均集中于东部地区;税收占比在 70%～80% 之间的省市有 10 个,其中西部地区仅有 2 个,分别是内蒙古和青海,该比率分别为 71.72% 和 71.40%;税收比率低于 70% 的 14 个省中,西部地区占了 8 个。从一般公共预算收入对一般公共预算支出的覆盖程度看,一般公共预算自给率在 50% 以上的省市有 9 个,均为东部地区。西部地区各省市财政自给率均在 50% 以下,其中青海和西藏该比率均不足 20%,财政自给程度差。

表 1-8　　　　　　　　　　2021 年西部地区财政收入情况

地区	一般公共预算收入（亿元）	税收收入（亿元）	税收收入占比（%）	政府性基金收入（亿元）	财政收入（亿元）	财政自给率（%）
新疆	1 618.60	1 093.24	67.54	449.10	2 067.7	29.96
宁夏	460.01	300.74	65.38	141.75	601.76	32.21
内蒙古	2 329.95	1 671.05	71.72	504.92	2 834.87	44.85
甘肃	1 001.86	667.41	66.62	595.66	1 597.52	24.84
青海	328.76	234.73	71.40	191.03	519.79	17.73

续表

地区	一般公共预算收入（亿元）	税收收入（亿元）	税收收入占比（%）	政府性基金收入（亿元）	财政收入（亿元）	财政自给率（%）
陕西	2 775.42	2 237.04	80.60	2 381.71	5 157.13	45.73
西藏	215.62	142.17	65.94	46.10	261.72	10.64
重庆	2 285.45	1 543.40	67.53	2 358.94	4 643.39	47.27
云南	2 180.00	1 514.21	69.46	1 014.00	3 194.00	30.35
贵州	1 969.39	1 177.15	59.77	2 380.70	4 350.09	35.23
四川	4 773.15	3 334.86	69.87	4 877.38	9 650.53	42.56
广西	1 800.12	1 191.09	66.17	1 729.15	3 529.27	30.98

数据来源：各省（市、区）财政局。

2. 财政支出

2000—2021年西部地区财政支出规模逐渐增加。2000年，西部地区一般公共预算支出仅为2 601亿元；2021年，西部地区一般公共预算支出为6.01万亿元，增长了近22倍。从主要支出方面看，民生保障是重点支出领域，教育支出、社会保障和就业支出、城乡社区支出、农林水支出、卫生健康支出属最主要支出领域。从西部各省份支出规模来看，2021年，四川一般公共预算支出达1.12万亿元，是西部地区中支出规模最大的省份；云南、陕西分别支出6 634亿元和6 069亿元；广西支出5 910亿元；青海和宁夏支出规模较小，均不足2 000亿元，宁夏仅为1 428亿元。

从增速来看，2021年西部地区财政支出增速都比较低，财政支出规模与2019年、2020年相当。除陕西、四川外，西部地区财政支出增速均为负增长，低于2020年支出水平，西部地区一般公共预算支出增速全国排名较低。

3. 地方债务

2021年，西部地区各省（市区）的政府债务余额均在限额之内且大部分省区市的债务规模相对较小。从债务余额来看，全国政府债务余额超过1万亿元的省区市共有14个，西部地区有3个，其中四川政府债务余额较为突出，达15 237.50亿元；贵州债务余额为11 872.29亿元；云南债务余额为10 951.69亿元，首次突破1万亿元。地方政府债务余额在8 000亿元至1万亿元之间的省市区有6个，西部地区占3个，分别是内蒙古债务余额为8 900.50亿元、陕西债务余额为8 687.60亿元和广西债务余额为8 561.15亿元。政府债务规模较小的省份也主要集中在西部地区，西部地区中政府债务余额不足5 000亿元的省份有甘肃、青海、宁夏和西藏，其中西藏仅495.68亿元。

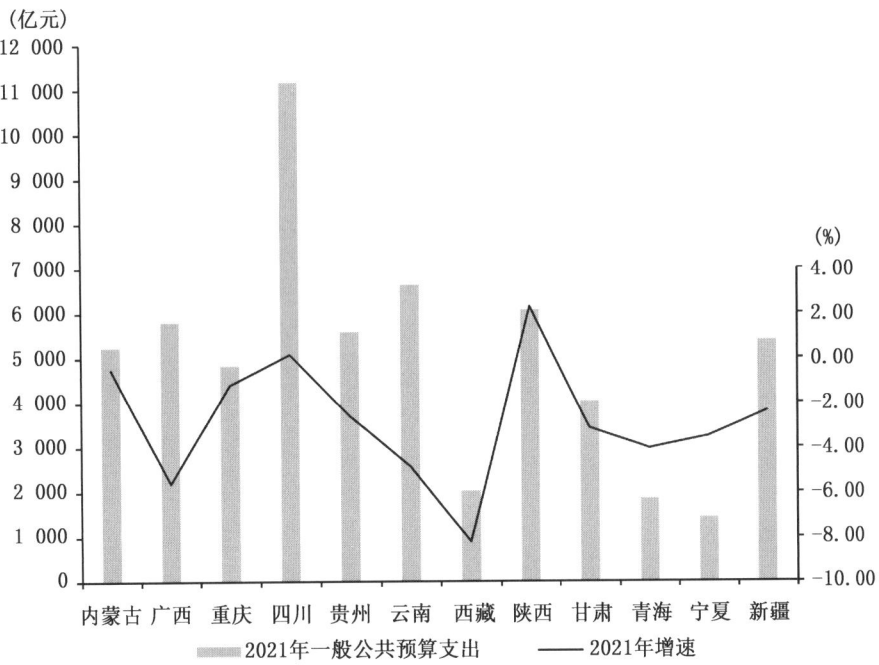

数据来源：各省(市、区)财政局。

图1—6　2021年西部地区一般公共预算支出及增速情况

从债务压力看，西部地区债务压力总体较为突出，债务率较高。具体来看，2021年末债务率超过300%的省份为内蒙古，债务率达308.78%，全国排名第二；其次是新疆，债务率达296.38%，全国排名第三；西藏、重庆、陕西、贵州的债务率在150%~200%之间，债务率分别排在全国第四、第七、第八和第十位；债务率低于100%的地区仅有四川。2021年西部地区各省份债务情况如表1—9所示。

表1—9　　　　　　　　　　2021年西部地区债务情况

地区	地方政府债务余额 （亿元）	地方政府债务限额 （亿元）	债务率 （%）
四川	15 237.50	16 293.00	87.73
贵州	11 872.29	12 365.35	153.86
云南	10 951.69	12 266.05	131.77
内蒙古	8 900.50	9 498.20	308.78
陕西	8 687.60	9 578.10	164.49
重庆	8 610.00	8 903.00	181.36
广西	8 561.15	9 057.25	101.01

续表

地 区	地方政府债务余额（亿元）	地方政府债务限额（亿元）	债务率（%）
甘肃	4 895.60	5 221.80	106.94
新疆	4 268.35	4 634.01	296.38
青海	2 787.19	3 074.70	137.88
宁夏	1 922.26	2 148.90	118.39
西藏	495.68	554.30	189.39

数据来源：各省（市、区）财政局。

二、资本市场

（一）债券市场

1. 西部地区债券市场概况

2021年，西部地区共发行信用债8 698只，发行金额39 102.30亿元，占全国发行金额的9.34%。其中四川、重庆的发行规模分别为9 767.33亿元和8 330.75亿元，在西部地区中排名第一和第二。陕西、贵州、广西的发行规模在4 000亿元左右。信用债发行规模在1 000亿~2 500亿元的省份有云南、新疆、甘肃和内蒙古；西藏、宁夏、青海的发行规模较小，均不足500亿元。

截至2021年末，西部地区存量信用债11 607只，占全国的10.27%，债券余额57 939.64亿元，占全国存量信用债余额的18.78%。具体来看，西部地区存量信用债主要发行地区为四川、重庆、陕西，存量规模分别为14 374.36亿元、12 365.20亿元和8 061.78亿元。这三个地区的信用债存量规模占整个西部地区的60.06%；内蒙古、西藏、宁夏、青海的信用债存量规模较小，均不足1 000亿元。

2. 城投债概况

2021年，西部地区共计发行城投债1 264只，发行额达9 268.86亿元，占全国城投债发行额的16.65%，共涉及395个发行主体。从省份来看，四川、重庆的城投债发行规模较大，发行额分别为3 376.08亿元和2 418.33亿元，全国排名分别是第4位和第7位；发行规模在500亿~1 000亿元之间的省份有陕西、广西、新疆和云南；青海、内蒙古、宁夏发行规模较小，均不足50亿元。

截至2021年末，西部地区存量城投债券共计3 468只，城投债券余额为26 086.52亿元，占全国存量城投债券余额的19.72%。从省份来看，四川存量城投债券余额最大，达8 526.46亿元，全国排名第四；其次分别是重庆、陕西和广西，存量城投债券余额分别为 5 745.24 亿元、2 639.57 亿元和 2 036.04 亿元;新疆、云南、甘肃城投债券余额在 1 000 亿元左右;西藏、青海、内蒙古、宁夏城投债券余额较小,不足 200 亿元。

从行业分布来看,根据 Wind 一级行业划分,存量城投债券主要分布在工业行业,占比达到 93%,包括基础设施开发与建设、土地建设与开发、保障性住房建设等业务;其次是公用事业和房地产行业,占比较小。

3. 信用情况

信用等级方面,在已公布信用评级的发行人中,主体评级主要集中在 AAA 级、AA+级和 AA 级。其中,31.64%的发行主体是 AAA 级,27.60%的发行主体是 AA+级,28.66%的发行主体是 AA 级。全国 AAA 级主体占比为 37.10%,与全国平均水平相比,西部地区发行主体 AAA 级比例较低,但 AA+和 AA 级比例要高于全国平均水平。此外,西部地区主体评级在 A+级及以下的占比略低于全国的平均水平。

从历史违约情况来看,西部地区违约情况整体低于全国平均水平。截至 2021 年末,全国有 688 只债券违约,西部地区有 93 只债券违约;全国违约债券余额为 6 181.62 亿元,西部地区违约债券余额为 667.28 亿元,占比为 10.79%;全国违约发行人数为 206 个,其中西部地区违约发行人数是 38 个。分地区来看,宁夏、青海、内蒙古的违约率高,分别为 13.51%、10.43% 和 8.61%;新疆、西藏的违约率也超过全国平均水平(1.79%)。

表 1-10　　　　　　　　　　西部地区债券违约情况

地区	债券违约余额（亿元）	余额违约率（%）	债券违约只数	违约发行人数	发行人数违约比率（%）
四川	175.44	1.45	27	7	2.16
青海	71.82	10.43	5	2	10.53
重庆	53.51	0.6	10	6	3.21
内蒙古	43.75	8.61	7	5	14.71
新疆	43.72	1.96	6	1	1.18
宁夏	35.11	13.51	10	4	23.53
西藏	33.50	5.87	2	2	14.29
甘肃	26.60	1.56	6	2	5.26
云南	17.60	0.48	3	1	0.57
广西	10.00	0.25	2	1	1.00
陕西	8.50	0.12	2	2	1.56

数据来源:Wind,贵州地区暂未纳入统计。

(二)股权市场

1. 交易所股权市场

2021年,西部地区股权融资规模总计2 628.12亿元,融资企业数量125家,其中包括首发融资419.43亿元,增发1 862.68亿元,配股105.73亿元。从省份来看,2021年新疆上市企业股权融资规模在西部地区中排名第一,共计1 133.51亿元,全国排名第六。新疆首次发行规模较小,仅64.47亿元;大部分股权融资来自企业增发。四川省股权融资规模为362.34亿元,其中首次发行规模为136.21亿元,在西部地区中排名第二。西藏、青海、宁夏融资规模较小,不足10亿元。2021年,仅甘肃、青海尚未有新上市公司。

表1-11　　　　　　　　2021年西部地区股权融资情况

省(直辖市)	总额(亿元)	总家数(家)
新疆	1 133.51	15
四川	362.34	37
陕西	226.29	19
贵州	194.66	10
重庆	186.61	16
云南	183.81	6
内蒙古	162.26	5
甘肃	98.30	4
广西	60.45	8
西藏	9.24	2
青海	8.52	2
宁夏	2.13	1

数据来源:Wind。

截至2021年,西部地区A股上市公司的数量达到555家,较2015年上涨32.40%。在上海证券交易所上市的西部地区公司共计251家,占比45.2%,其中主板企业227家,科创板企业24家;在深圳证券交易所上市的西部地区公司共计292家,占比52.6%,其中,主板企业210家,创业板企业82家;在北京证券交易所上市的西部地区公司共计12家,占比2.2%。西部地区上市公司数量基本与中部地区持平,总体处于稳中有升的发展态势。从上市公司的区域分布情况来看,主要分布在四川、陕西和重庆,并形成以成渝城市圈和关中平原城市群为支撑的核心聚集群。其中,四川上市公司数量达154家,远超排名第二陕西省的65家,重庆市以63家上市公司排名第三,青海省上市公司数量最少,仅有11家。其中,西南地区的上市公司数量占整个西北地区的63.24%;仅四川和重庆的上市公司数量就已经占整个西北地区的39.10%。

从行业分布看,西部地区上市公司涉及Wind资讯10个一级行业,仅电信服务行业未涉及。其中工业企业数量最多,高达129家,占西部地区上市公司数量的23.2%;材料行业上市公司数量为112家,排名第二,占比20.2%;其次是医疗保健行业有65家上市公司,占比达到11.7%。与2015年相比,工业行业替代材料行业成为第一大行业;金融行业增加7家上市公司,增速排名第一;信息技术行业增加13家上市公司,增速排名第二。工业、金融、信息技术行业上市公司数量的提升显示出中国西部地区科技与金融领域的潜力正逐渐显现,发展环境也在逐步改善。

2. 新三板市场

随着2013年新三板挂牌企业从试点地区逐渐扩展到全国,西部地区新三板挂牌企业数量从零起步并快速增长。截至2021年末,西部地区新三板挂牌企业总计753家,占比10.35%,其中做市交易38家,集合竞价交易715家。从省份来看,地域分布不均衡,四川的新三板挂牌企业数量一直处于领先地位,总挂牌企业数量203家;陕西省挂牌企业129家,在西部地区中排名第二;宁夏、贵州、内蒙古、新疆、广西、重庆挂牌企业数量在40~80家;青海挂牌企业数量仅有三家。

与新三板为中小微企业服务的定位相一致,西部地区新三板挂牌公司同样以中小企业为主体,总资产均值在5.10亿元左右,营业收入均值为2.46亿元,大部分企业总股本集中在1 000万~5 000万股。从行业分布来看,工业行业企业共计200家,信息技术服务业共计146家,这两个行业领衔西部地区挂牌企业且优势明显。

3. VC/PE股权融资概况

VC/PE作为新兴的股权投融资方式,近年来在我国得到了迅速发展,由于该种投资方式对投资对象和经济环境有着特殊的要求,因此呈现出区域性差异。2021年,全国VC/PE市场投资案例3 320件,全年募集金额共计10 375.94亿元。其中,超过60%的投资案例分布在华东地区,西部地区共计发生投资案例172件(西北地区53件,西南地区119件);西部地区共计投资金额319.92亿元,占全部投资金额的3.08%,其中西北地区募集资金48.13亿元、西南地区募集资金271.69亿元。四川省发生投资事件74例,募集资金129.39亿元,在西部地区中处于领先地位。

近年来,以成渝为中心的西部股权投资基金发展高地正在加快建设,西部地区的股权投资事业将迎来崛起。2021年12月24日,由中国人民银行等多部门联合印发的《成渝共建西部金融中心规划》中提到:"支持开展私募基金管理模式创新试点,待条件成熟时,优先支持打造西部地区私募股权投资基金服务平台。鼓励以市场化方式设立私募股权投资基金,特别是创业投资基金,引导创业投资基金和天使投资人重点支持初创型企业和成长型企业。探索完善创业投资、私募股权投资退出机制,允许合格的资产管理产品在依法合规、商业自愿、风险可控的前提下投资创业投资基金或私募股权投资基金。"VC/PE作为股权投融资的源头,正成为中小型企业和创新型企业发展的重要动力。未来也将会有越来越多的地区乘着东风设立投资基金或出台相关支持政策,为早期投资注入强心剂。

第三节　西部地区经济发展特点

一、经济政策特点

(一)西部大开发战略

东西部地区发展差距的历史存在和过分扩大已经成为一个长期困扰中国经济和社会健康发展的全局性问题。支持西部地区开发建设,实现东西部地区协调发展,是我国经济工作的一条重要方针,也是我国现代化建设中的一项重要战略任务。西部大开发是中共中央贯彻邓小平关于我国现代化建设"两个大局"战略思想、面向新世纪做出的重大战略决策,是全面推进社会主义现代化建设的重大战略部署。

根据中央部署,西部大开发战略可以划分为三个阶段:第一阶段是2000—2010年,第二阶段是2011—2030年,第三阶段是2031—2050年。从2000年到2010年,重点是调整结构,搞好基础设施、生态环境、科技教育等基础建设,建立和完善市场体制,培育特色产业增长点,使西部地区投资环境初步改善,生态和环境恶化得到初步遏制,经济运行步入良性循环,增长速度达到全国平均增长水平。从2011年到2030年,在前段基础设施改善、结构战略性调整和制度建设的基础上,进入西部开发的冲刺阶段,巩固提高基础,培育特色产业,实施经济产业化、市场化、生态化和专业区域布局的全面升级,实现经济增长的跃进。从2031年到2050年,在一部分率先发展地区增强实力、融入国内国际现代化经济体系自我发展的基础上,着力加快边远山区、落后农牧区开发,普遍提高西部人民的生产、生活水平,全面缩小差距。

为此国家相继出台了一系列政策以保障西部大开发战略的实施。2000年1月,国务院西部地区开发领导小组召开会议,开始部署西部大开发重点工作。2000年10月,中国共产党十五届五中全会通过的《中共中央关于制定国民经济和社会发展第十个五年计划的建议》正式将实施西部大开发、促进地区协调发展作为一项战略任务。

2001年3月,第九届全国人民代表大会第四次会议通过的《中华人民共和国国民经济和社会发展第十个五年计划纲要》对实施西部大开发战略再次进行了具体部署。2006年12月8日,国务院常务会议审议并通过《西部大开发"十一五"规划》。2010年3月,中央把深入实施西部大开发战略作为具有全局意义的重大方针,并作为"十二五"时期经济社会发展的重大任务。2017年,《西部大开发"十三五"规划》编制完成,总目标是到2020年如期全面建成小康社会,西部地区综合经济实力、人民生活、生态环境再上新台阶。2019年,党中央在全面深化改革委员会第七次会议审议通过了《关于新时代推进西部大开发形成新格局的指导意见》,指出要围绕抓重点、抓短板、强弱项,发挥共建"一带一路"的引领带动作用,加快建设内外通道和区域性枢纽,提高对外开放和外向型经济发展水平。注重推动高质量发展,贯彻落实新发展理念,深化供给侧结构性改革。

在实施西部大开发战略的二十余年中,西部地区经济水平不断提高、社会民生持续改善、基础设施日益完善、生态保护成效显著,地区经济社会发展取得历史性成就,对全国发展起到重要促进作用。经济发展方面,西部地区生产总值显著增长,产业结构不断优化,产业支撑和市场体系建设进一步增强。一批特色产业基地逐步成形,建成了一批国家重要的能源基地、资源深加工基地、装备制造业基地和战略性新兴产业基地,成为国民经济的重要支撑。民生方面,如期完成脱贫攻坚任务,农村三级卫生机构建设稳步推进,新型农村合作医疗制度参合率明显提高;覆盖城乡的社会保障体系初步建立,社会保障覆盖面不断扩大。基础设施方面,青藏铁路、西气东输工程、西电东送工程、"五纵七横"国道主干线西部地区重要路段等基础设施建设已取得新的进展。生态保护方面,围绕退耕还林还草、天然林保护、湿地保护与恢复、石漠化治理、自然保护区生态保护与建设等领域的重点生态工程,因地制宜、因时制宜地建立健全生态补偿机制,有效地促进了我国生态文明建设与国家生态安全屏障的巩固提升。

(二)"一带一路"倡议

长期以来,西部地区对外开放程度较低,所以,依靠周边国家,借助区域合作平台,通过发展与沿线国家的经济合作伙伴关系,打造经济融合、文化包容的利益共同体、命运共同体和责任共同体是当前迫切的任务。2013年9月、10月,中国国家主席习近平在出访中亚和东南亚国家期间,先后提出共建"丝绸之路经济带"和"21世纪海上丝绸之路"的重大倡议。随后,2015年3月28日,国家发展改革委、外交部、商务部联合发布了《推动共建丝绸之路经济带和21世纪海上丝绸之路的愿景与行动》,并明确了西部地区在"一带一路"中的定位。

表 1－12　　　　　　　　　西部地区在"一带一路"中的定位

省份	定位	面积（万平方公里）	人口（万）	比较优势及功能定位
新疆	丝绸之路经济带核心区	166.0	2 523.2	拥有区位优势,是向西开放的重要高地,西向交通枢纽和商贸物流、文化科教和医疗服务中心
陕西	丝绸之路经济带新起点	20.6	3 876.2	拥有综合优势和历史文化优势,是内陆开放高地和开发开放枢纽,丝绸之路经济带的重要通道和节点
甘肃	丝绸之路经济带黄金段	42.6	2 647.4	拥有历史文化优势,是丝绸之路经济带的重要通道和节点
宁夏	丝绸之路经济带战略支点	6.6	694.7	拥有民族人文优势,是内陆开放型经济试验区
青海	丝绸之路经济带战略通道、重要支点和人文交流中心	72.2	607.8	拥有民族人文优势,是绿色丝绸之路建设重点区域
内蒙古	向北开放的桥头堡	118.3	2 539.6	拥有联通俄蒙的区位优势,是中蒙俄经济走廊建设重点区域
重庆	"一带一路"的西南枢纽	8.2	3 124.3	拥有综合优势,是内陆开放高地和开发开放枢纽
四川	支撑"一带一路"和长江经济带联动发展的战略纽带	48.6	8 375.0	拥有综合优势,是内陆开放高地和开发开放枢纽
贵州	西部地区"一带一路"陆海连接线	17.6	3 622.9	拥有绿色丝绸之路建设和数字丝绸之路跨境数据枢纽
广西	21世纪海上丝绸之路与丝绸之路经济带有机衔接的重要门户	23.8	4 960.0	拥有与东盟国家陆海相邻的独特优势
云南	面向南亚和东南亚的辐射中心	39.4	4 858.3	拥有区位优势,是大湄公河次区域经济合作新高地
西藏	面向南亚开放的重要通道	122.8	343.8	与尼泊尔等国的南亚合作

数据来源:中华人民共和国商务部。

"一带一路"通过开放助力中国西部地区走向开放前沿。2020年5月17日,新一轮西部大开发文件出炉,中共中央、国务院印发的《关于新时代推进西部大开发形成新格局的指导意见》强调,以共建"一带一路"为引领,加大西部开放力度,明确了六条具体措施。第一,积极参与"一带一路"建设。包括支持新疆加快丝绸之路经济带核心区建设;支持重庆、四川和陕西打造内陆开放高地和开发开放枢纽;支持甘肃和陕西发挥丝绸之路经济带重要通道和节点作用;支持贵州和青海推进绿色丝绸之路建设;支持内蒙古参与中蒙俄经济走廊建设。第二,强化开放大通道建设。包括完善北部湾港口建设,依托长江黄金水道,构建联运服务模式和物流大通道,优化中欧班列组织运营模式,加强中欧班列枢纽节点建设等一系列交通、开放基础设施。第三,构建内陆多层次开放平台。包括加快建设国际门户枢纽城市,提高面向毗邻国家的区域合作能力;支持西部地区自由贸易试验区实验工作;加快内陆开放型经济试验区建设等工作。第四,加快沿边地区开放发展。包括完善沿边重点开发开放试验区、边境经济合作区和跨境经济合作区布局;扎实推进边境旅游试验区、跨境旅游合作区和农业对外开放合作试验区等建设;完善边民互市贸易管理制度,深入推进兴边富民行动等工作。第五,发展高水平开放型经济。包括推动西部地区对外开放由商品和要素流动型逐步向规则制度型转变,落实外商投资准入前国民待遇加负面清单管理制度,有序开放制造业,逐步放宽服务业准入限制,提高采矿业开放水平;支持西部地区按程序申请设立海关特殊监管区域,支持区域内企业开展委内加工业务等工作。第六,拓展区际互动合作。包括支持青海和甘肃等加快建设长江上游生态屏障;鼓励广西积极参与粤港澳大湾区建设和海南全面深化改革开放;加强西北地区与西南地区的合作互动,促进成渝和关中平原城市群协同发展,打造引领西部地区开放开发的核心引擎;推动北部湾、兰州—西宁、呼包鄂榆、宁夏沿黄、黔中、滇中和天山北坡等城市群的互动发展等工作。

"一带一路"经济区开放后,互联互通架构基本形成,一大批重大合作项目落地生根。现承包工程项目突破 3 000 个,中国与沿线国家新增航线 1 239 条,占新开通国际航线总量的 69.1%。中欧班列已连通亚欧大陆 16 个国家的 108 个城市,累计开行 1.3 万列次。中缅油气管道、中泰昆曼公路全线贯通,中老铁路、中泰铁路稳步推进。中国同"一带一路"沿线国家贸易总额超过 6 万亿美元,对"一带一路"沿线国家直接投资 900 亿美元,为各国提供了更良好的营商环境、更便利的生活条件、更多样的发展机遇。"一带一路"正成长为推动我国西部地区、周边国家经济和贸易增长的重要引擎。

(三)经济政策特点

第一,发挥区域比较优势,探索富有地域特色的高质量发展新路径。西部地区面积广阔,自身禀赋条件迥异、发展水平不同,因此需因地制宜、分类施策。例如最新修订的《西部地区鼓励类产业目录(2020 年本)》,增加了高端芯片研发与生产、数控机床研发与生产、氢能燃料电池制造等产业条目,旨在支持西部地区电子信息、装备制造、新能源等战略性新兴产业的有序发展,有利于发挥西部的比较优势,对于优化全国产业分工格局、促进区域协调发展也具有重要意义。

第二,坚持以人民为中心,为人民谋福祉。西部地区始终坚持以人民为中心的发展思想,以共同富裕为方向,把西部地区人民对美好生活的向往作为奋斗目标。西部地区在住房、教育、医疗、就业等民生领域存在不少短板,各类政策都以改善西部城乡基础设施条件,有效提供优质教育、医疗等公共服务资源,提高就业、养老等公共服务水平,逐步缩小城乡发展差距作为首要目标。在过去二十余年中,"两基"攻坚计划如期完成,覆盖城乡的社会保障体系初步建立;西气东输、西电东送等一批重大能源工程相继竣工,最后一批无电人口的用电问题得到有效解决;基础设施通达程度比较均衡、人民基本生活保障水平大体相当,人民群众获得感、幸福感、安全感得到增强。

第三,坚持深化改革,促进陆海内外联动开放。西部地区陆地边境线长,与多个国家接壤,具有良好的对外开放条件,特别是"一带一路"倡议更为西部地区开放发展提供了重大机遇。深入推动西部地区发展,需要加强与境内外的经贸联系,构建内陆和周边国家的多层次开放体系,建设跨境经济合作区。各类经济政策通过优化营商环境、市场主体,加强生产要素的有效流动,实现高质量的"走出去"和高水平的"引进来"。

第四,坚持生态优先,建设美丽西部。西部地区不仅是我国主要的江河发源地,还是森林、草原、湿地和湖泊的集中分布区,是我国重要的生态安全屏障。西部地区建设始终秉持着"绿水青山就是金山银山"的理念,在开发中保护,在保护中开发,贯彻并落实可持续发展道路。退耕还林还草、退牧还草、重点天然林保护,推进自然保护地、湿地修复保护工作,开展三江源、祁连山等区域综合治理工作长期以来都是西部大开发的重点工作。

二、区域经济发展特点

(一)区域间差距缓解,区域内分化明显

自西部大开发战略实施以来,国家通过转移支付、税收优惠等各类经济财政政策向西部地区投入了大量资金,西部地区与中部、东部地区之间的差距有所减少。2000年,东、中、西与东北地区GDP占全国的比重分别为53.44%、19.15%、17.51%与9.90%。2021年,东、中、西与东北地区GDP占全国的比重分别为52%、22%、21.1%与4.9%。在这二十年内,东部地区占比有所下降,但经济总量占全国一半以上的局面并没有变化,中部与西部地区的比重略有上升。从生产总值增速来看,西部地区自2000年以来一直保持着高增长的态势,2008年之后,西部地区的生产总值增速逐渐超过中部地区、东部地区和全国平均值。尽管从2011年以来,西部地区增速有所下降,但仍高于中、东部地区,东西部地区之间的相对差距逐渐缩小。

伴随着西部地区经济发展加快,西部地区内部分化问题开始显现,主要表现为西南地区增长动力要强于西北地区,且区域内分化现象逐渐显现。从地区生产总值来看,2021年西北地区仅内蒙古和陕西GDP超过2万亿元,西北地区生产总值总计为84 427.42亿元;西南地区中,除西藏、贵州外,其他省(区、市)生产总值均超过2万亿元,其中四川省生产总值超过5万亿元。西南地区生产总值总计155 172.09亿元,是西北地区的1.84倍。

此外,西部地区中共有5个国家级城市群,位于西南地区的成渝城市群、北部湾城市群批复时间较早,发展较为成熟,现已经产生了显著的集聚效应与增长效应。在西部地区的国家级新区中,西南地区有四个,分别是重庆两江新区、贵州贵安新区、四川天府新区和云南滇中新区;西北地区仅有甘肃兰州新区和陕西西咸新区。西南地区还拥有成都和重庆两个国家级中心城市,开发区数量达到408个,通过产业和人口集聚为西南地区的经济发展提供了强劲动力。

表1-13　　　　　　　　西部地区城市群、国家级新区、开发区情况

地区	国家级城市群	国家级新区	开发区数量(个)	国家中心城市
西北	关中平原城市群(2018年) 呼包鄂榆城市群(2018年) 兰西城市群(2018年)	甘肃兰州新区(2012年) 陕西西咸新区(2014年)	321	西安
西南	成渝城市群(2016年) 北部湾城市群(2017年)	重庆两江新区(2010年) 贵州贵安新区(2014年) 四川天府新区(2014年) 云南滇中新区(2015年)	408	成都 重庆

数据来源:中华人民共和国商务部、中华人民共和国国家发展和改革委员会。

(二)产业结构逐渐优化,特色产业发展加快

2000—2021年的统计数据表明,西部地区三大产业增加值构成从2000年的21.44∶38.97∶39.59调整为2021年的11.45∶38.62∶49.94。第一产业增加值占比下降9.99%,第三产业增加值占比显著提升10.35%。三次产业增加值占比与同期全国平均水平相比,2000年西部地区第一、二、三产业增加值比全国平均水平分别高6.38%、低6.95%和低0.57%,2021年西部地区第一、二、三产业增加值分别比全国平均水平高7.45%、低5.78%和低1.66%。总体上看,西部地区第一、第二产业增加值占比不断下降,产业重心不断从第一、第二产业向第三产业转移,但第一产业增加值比重仍高于全国平均水平,第三产业增加值比重低于全国平均水平。优化三次产业结构仍然是新时期西部地区产业结构转型升级的主要目标。

近年来,西部地区结合自身自然条件、经济基础和产业特点,将特色农业、新型装

备制造业和生态旅游业作为促进经济增长的主导产业,积极开展产业结构转型升级工作。其中西部地区能源及化工、重要矿产开发及加工、特色农牧业及加工、重大装备制造、高技术产业和旅游业6类特色优势产业得到较快发展。

特色农牧业方面,西部地区现已形成一条类型多样化、品牌地域化、产能规模化的特色农业带。以内蒙古、新疆、甘肃、青海、宁夏、西藏的羊绒、驼绒、牦牛绒及毛纺加工为依托,建设有特色的毛纺织生产基地。云南、贵州、四川等地烟草、酒类、茶叶生产加工基地的品牌竞争力进一步增强;云南、广西、四川、重庆等地大力发展林(竹)浆纸一体化工业,并取得一定成效;陕西、四川、重庆、新疆等地果蔬加工基地和广西、云南糖业生产基地,已成为各省份农业经济高质量发展的基石。

四川、重庆、陕西、贵州等省份装备制造业的规模效应正在形成,且势头迅猛、潜力巨大。重庆、四川成都和绵阳、陕西关中等地的集成电路、软件、网络通信、新型电子元器件、信息安全、数字家电等信息产业的核心竞争力不断增强,产业规模不断扩大;贵州近年来依托得天独厚的地理和资源优势,在大数据、云平台等新兴数字产业的发展上取得了巨大成就,实现了从无到有的跨越式发展。

西部各省份还依托深厚的历史底蕴、特色民族风情和优美的自然风光,因地制宜、因时施策,开发出民族风情游、自然风光游、生态田园游等多种旅游模式。现已开发长征之旅红色旅游区、长江三峡高峡平湖旅游区、丝绸之路旅游区、川渝黔"金三角"生态旅游区等多个旅游区,现已形成协调配套、特色鲜明的旅游产品体系。

(三)开放"末梢"走向开放"前沿",逐步构建开放型经济新格局

1. 对外贸易

自西部大开发战略实施二十余年来,西部地区的经济发展取得了历史性突破,而"一带一路"倡议更是将西部地区的对外开放水平向前推进了一大步。2017年,西部地区进出口总额共计20 950亿元;2021年,进出口总额已增加至35 277亿元,较2017年增长了1.68倍。2017年西部地区占全国进出口总额的7.54%,2021年该比例上升到9.02%,占比有了较大的提升。出口方面,2021年西部12个省份同比均实现增长,增幅较大的宁夏、西藏分别增长1.2倍和85.5%。进口方面,2021年西部地区中有11个省份实现同比增长,增幅较大的西藏、贵州分别增长1.2倍和53.7%。2017—2021年西部地区各省份进出口总额如表1—14所示。

表1—14　　　　　2017—2021年西部地区进出口总额　　　　　单位:亿元

地区	2017年	2018年	2019年	2020年	2021年
四川	4 605.86	5 946.71	6 765.92	8 081.90	9 513.60

续表

地区	2017年	2018年	2019年	2020年	2021年
重庆	4 508.25	5 222.62	5 792.78	6 513.36	8 000.59
广西	3 866.30	4 106.70	4 694.70	4 861.30	5 930.60
陕西	2 714.93	3 513.78	3 515.75	3 775.44	4 757.75
云南	1 578.70	1 973.00	2 323.70	2 680.00	3 134.80
新疆	1 398.43	1 326.17	1 640.90	1 484.30	1 272.80
内蒙古	940.86	1 034.35	1 097.80	1 051.63	1 236.49
贵州	551.28	500.96	453.20	546.52	654.16
甘肃	341.70	394.60	379.90	380.29	490.90
宁夏	341.29	249.16	240.62	123.17	214.04
西藏	58.85	47.52	48.76	21.33	40.16
青海	44.42	46.00	37.25	22.80	31.30

数据来源：国家统计局。

2. 引进外资

图1-7所示是2017—2021年西部各省市区外商直接投资金额、企业数量情况。从外商投资企业数量来看，2017年西部地区外商直接投资企业数量为42 392家，2021年西部地区外商直接投资企业数量增长至54 839家，其中四川省外商投资企业数量最多，达14 733家。从外商投资金额来看，西部地区一直保持着稳定增长。2017年西部地区外商投资金额仅有5 328.79万美元，2021年已增长至1.93亿美元。

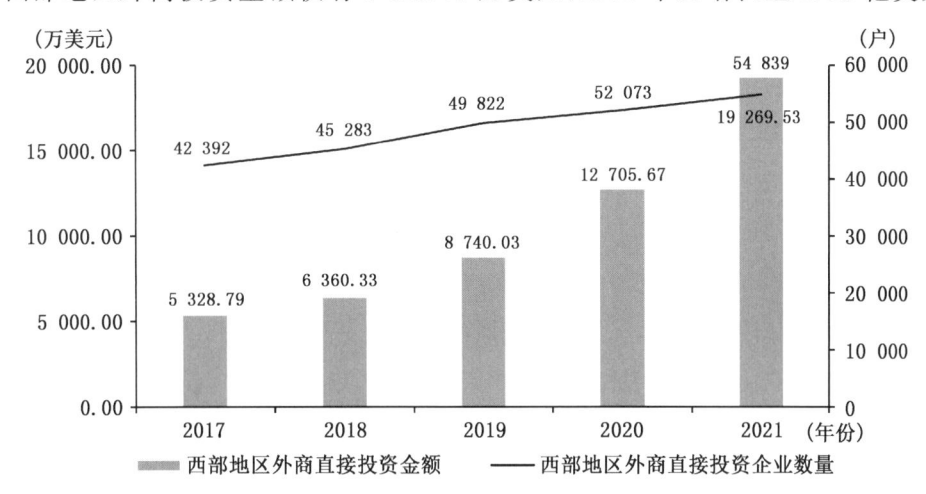

数据来源：中华人民共和国商务部、国家统计局。

图1-7 2017—2021年西部地区外商直接投资金额、企业数量情况

2021年,仅广西外商投资金额达到9 005.51万美元,四川以2 385.67万美元外商投资额排名第二。

3. 对外投资

西部大开发战略的实施和"一带一路"的建设为西部地区的企业走出国门对外投资提供了战略支撑。2003年,全国对外投资流量为7.57亿美元,其中西部地区对外投资总额仅0.40亿美元,占比为5.30%;截至2020年,全国非金融类对外直接投资流量为848.52亿美元,西部地区对外投资金额总计59.05亿美元,占6.95%。不论从流量上还是西部地区在全国的占比来看,西部地区"走出去"的步伐都在不断加快。

(四)脱贫取得巨大成效,居民生活质量提高

1. 脱贫攻坚

党的十八大以来,党中央、国务院实施精准扶贫、精准脱贫基本方略,深入实施东西部扶贫协作,区域性整体贫困明显缓解。西部地区是脱贫攻坚战的主战场,14个集中连片特殊困难地区有12个在西部,中央重点支持的深度贫困地区"三区三州"全部位于西部。按照农村贫困标准,2015年西部地区农村贫困人口为2 914万人,贫困发生率为10%,高于全国平均水平的4.3%,其中农村贫困率最高的地区为西藏。2020年,西部地区农村贫困人口累计减少5 086万人,减贫人口占全国减贫人口的51.4%,年均减少636万人,568个贫困县全部摘帽,圆满交出脱贫攻坚"西部答卷"。

2. 居民收入与消费水平

随着西部地区经济实力不断增强,地区建设更加完善,居民收入也不断提高,生活水平不断改善。从居民收入水平来看,西部地区居民收入增速明显快于其他地区。2021年,西部地区居民人均可支配收入27 798元,与2012年相比,累计增长123.5%,年均增长9.3%。与东部、中部、东北地区相比,西部地区居民收入年均增速最快,分别比东部、中部和东北地区高0.7%、0.4%和1.9%。东部、中部和东北地区与西部地区居民人均收入之比从2012年的1.72、1.10和1.30分别缩小至2021年的1.62、1.07和1.10。2021年西部地区城镇居民人均可支配收入达到4.0万元,较2012年翻一番,西部12个省份中有9个省份的城镇居民人均可支配收入增长倍数高于全国平均水平。2021年西部地区农村居民人均可支配收入1.6万元,是2012年的2.6倍,西部地区12个省份农村居民人均可支配收入增速均高于全国平均水平。

从居民消费水平来看,随着西部地区经济实力的不断增强和居民收入的日益提高,西部地区各省区市社会消费品零售总额呈现明显增长趋势。2000年,西部地区社会消费品零售总额仅6 308.27亿元;截至2021年,西部地区社会消费品零售总额达83 427.7亿元,占全国的比重也由2000年的15.34%提升至2021年的18.92%。

3. 民生保障

民生保障方面,农村三级卫生机构建设稳步推进,新型农村合作医疗制度参合率显著提高,覆盖城乡的社会保障体系初步建立;"两基"计划如期完成;具备条件的乡镇村庄公路硬化工作已基本完成。交通运输网络密度不断拓展,空间可达性大幅增加,其中铁路营业里程已达到6万公里,高铁已连接西部大部分省会城市和70%以上的大城市,高速公路、干线公路建设里程已超过中部、东部地区总和。"五横四纵四出境"综合运输通道初步构建,基础设施通达度、畅通性和均等化水平大幅提升。西气东输、西电东送等重大能源工程相继竣工,西部地区电力外送能力超过2.6亿千瓦。

三、资本市场特点

(一)西部地区股权融资日趋活跃

2020年5月,中共中央国务院发布《关于新时代推进西部大开发形成新格局的指导意见》,提出要"提高西部地区直接融资比例,支持符合条件的企业在境内外发行上市融资、再融资,通过发行公司信用类债券、资产证券化产品融资"。西部贫困地区企业首次公开发行上市、新三板挂牌、发行债券、并购重组等适用绿色通道政策。

在相关政策的支持下,资本市场在服务西部地区企业融资方面,取得了显著的成效。近年来,西部地区股权融资日趋活跃,据Wind资讯统计数据,截至2022年11月,2022年西部地区上市公司达35家,合计首发募资1 029.59亿元。2021年,西部地区新增上市公司41家,上市公司首发融资金额1 041.87亿元,分别同比增长21.95%和8.90%。上市公司再融资方面,62家公司增发募资344.67亿元,14家公司发行可转债募资84亿元,再融资规模合计为428.67亿元。西部地区在新三板挂牌企业727家,在区域性股权市场挂牌7 557家企业,累计为企业融资2 400多亿元。

(二)资本市场服务区域经济发展成效显著

自开展"脱贫攻坚战"以来,证监会多次提及对贫困地区开通直接融资的"绿色通道"。新疆、宁夏等地多家上市公司也因此享受到政策红利,企业发展步入快车道。新天然气、贝肯能源、德新交运、熙菱信息、立昂技术5家新疆企业享受到了"即报即审、审过即发"的绿色通道政策。新疆火炬成为新三板首家享受绿色通道政策的过会企业。2017年7月,嘉泽新能因公司注册地是国家级的贫困县,通过IPO扶贫绿色通道顺利上市,结束了宁夏14年来没有地方企业在主板上市的空白。2018年初,证监会发布《关于延长证监会IPO扶贫申报期限的提案》,建议将"即报即审、审过即发"政策延续到2025年,对新疆、西藏、甘肃、青海等特别偏远的贫困地区给予更加优惠的条件。

在融资便利政策支持下,各类扶贫债券发行量明显提升。自2016年银行间市场和交易所市场推出扶贫中期票据和扶贫专项公司债券以来,截至2020年,全国扶贫债券的发行数量共计98只,发行规模共计809.6亿元,以及资产证券化产品8起,发行规模34.55亿元,合计发行规模844.15亿元。该类创新品种债券年发行量较小,但近三年来均保持约70%的较高增速,并在2019年达到峰值,债券融资便利政策在鼓励和支持扶贫债券发行方面发挥了重要作用。从发行主体地域来看,西部地区中有9个省份发行了扶贫债券,发行规模共计477.55亿元,占全国扶贫债券发行总额的56.6%,其中又以贵州省发行规模最大,约100亿元。

(三)带动西部地区创新发展

国务院西部地区开发领导小组会议提出,"要发挥科技创新的引领带动作用,培育发展特色产业和新兴产业,支持传统产业向中高端升级"。西部地区具有资源、能源优势,充分发挥科创板、创业板、北交所的作用,推动西部地区企业以科技创新引领整合优势资源,加大金融对实体经济的扶持力度,通过金融资源的倾斜提升企业活力,助力实现产业结构优化升级及经济高质量发展。

从行业来看,在555家西部地区上市公司中,制造业企业数量最多。其中,化学原料和化学制品制造企业56家、医药制造企业55家,计算机制造企业36家,软件和信息技术服务企业24家,在555家上市公司中有121家企业属于专精特新企业。从上市板块来看,已有24家公司登陆科创板、84家公司登陆创业板。

上市公司对区域经济发展具有较强的带动作用,资本市场还通过支持上市公司并购重组等方式,优化区域资源配置,进一步支持上市公司的转型升级,带动西部地区新兴产业发展。此外,西部地区还通过定制供应链金融服务方案,沿产业链实现对上下游企业的服务辐射,或是通过贷款、债券、股权和跨境投融资等方面的创新和集成,提供综合方案,以及通过创新资金引导方式,借助转型债、产业引导基金等不断吸引市场资本参与,以多元化金融机构和多层次资本市场共同促进西部地区创新发展。

(四)资产证券化率低,存在明显头部效应

截至2021年末,沪深两市共计有4 140家上市公司,总市值79.72万亿元。西部地区12个省(区、市)仅有555家上市公司,占沪深两市上市公司总数的13.41%。截至2021年末,西部地区资产化率达52.55%,同期,全国资产化率已达到82.73%,与全国平均水平相比,西部地区资产化率仍较低。根据全国各地区上市公司分布情况可知,上市公司主要集中在东部地区,其中广东、浙江、上海、江苏、北京等地上市公司数量超过300家;中部地区、东北地区和西部地区上市公司数量均为300家以下。

具体来看,西部地区中四川表现较为突出,上市公司数量为153家;陕西、重庆、新

疆三个地区上市公司数量在 50～100 家;其他地区上市公司数量较少,都少于 50 家。从市值来看,西部地区仅有四川、重庆、陕西、贵州、宁夏市值在 10 000 亿～30 000 亿元之间,其他地区上市公司总市值均在 10 000 亿元以下。因此,西部地区的上市公司分布和市值情况存在明显的头部效应,主要集中在四川、重庆、陕西等地。从个股来看,2015 年末,贵州茅台市值仅为 2 740 亿元,截至 2021 年末,贵州茅台市值已达到 2.58 万亿元,增长 9.42 倍,占中国西部上市公司总市值的 18.84%;2015 年,贵州茅台实现净利润 164.55 亿元,2021 年实现净利润 557.2 亿元,增长 3.39 倍,占中国西部上市公司净利润总额的比重超过 20%。仅贵州茅台一家公司的市值及净利润就贡献了中国西部上市公司净利润总额的两成左右,以贵州茅台为首的"一股独大"的问题较为凸显。

第二章

西部地区地方政府投融资平台

第一节 西部地区地方政府投融资平台概述

一、地方政府投融资平台产生背景及原因

(一)产生背景

地方政府投融资平台在地方政府融资活动中扮演着至关重要的角色,地方政府投融资平台的产生和发展深刻地反映了我国投融资制度和环境的变化。地方政府在城市基础设施的投资建设中往往需要融资,从而建立了一系列不同类型的公司,如城市建设投资公司、城建开发公司等,这些公司可以统称为地方政府投融资平台。这些公司以融资为主要目的,融入的资金主要用于市政建设和公共事业等项目,它们通过政府拨给的土地等资产组建资产和现金流大致能够达到融资标准的公司,必要时再辅之以财政补贴作为还款承诺。

1. 经济形势

地方政府融资平台产生时,我国正处于改革开放初期,经济一直保持快速稳定的发展态势,财政收支均不断增加。投资是我国经济增长的三大支柱之一,占据着经济发展的主导地位,对经济增长具有重要的推动作用。随着市场经济的不断发展,公共品投资出现问题,公共品供需矛盾被激化,政府与市场的关系未得到妥善处理。市场该做的事情若由政府承担,那必然会导致市场的包袱过重,行为受限,公共品供给可能出现不足;相反,政府应该做的事情若交给市场,往往会出现价格虚高、居民不满等问题。改革开放后,我国形成了"以经济发展为中心"的战略主导,开始从计划经济向社

会主义市场经济转型,发展模式逐渐转变为政府主导型的市场经济,在事权上,政府虽然不再执行计划经济时代"大包大揽"的政策,但是还尚未建成公共服务型政府。

2. 政策形势

在深化社会主义市场经济体制的过程中,我国的宏观调控政策和目标也发生了转变,营利性项目成为社会资本青睐的对象,市场活力被激发,大量的资金寻求投资机会,从而出现货币沉积在银行等部门的情况。而对于地方政府,当时的政策导致地方政府财权上移,事权却没有随之缩减。如2008年,地方政府财政收入占全国的48%,却负担着全国79%的财政支出。财权事权不匹配,导致地方政府普遍面临资金紧缺的问题。社会资本的充足和地方政府资金的短缺为地方政府投融资平台的产生提供了可能。

3. 发展背景

地方政府投融资平台的产生和发展离不开地方国有企业和资产。政府主导型市场经济体主要体现为国有部门在资源配置中起主导作用,地方性国有企业在地方政府主导的项目中获利,但自身缺乏市场竞争力,难以成为真正的市场主体。地方政府在财政短缺和公共基础设施供给不足的压力下,与地方国有企业合作,将其建设成为投融资平台,通过融资解决资金问题,通过投资解决公共基础设施建设问题。

(二)产生原因

1. 政府资金的短缺

改革开放后,我国的总投资在不断膨胀,而其中政府投资又占总投资的很大一部分,各级政府的投资在我国经济发展中起着极其关键的作用。以政府投资为导向的经济发展模式,在城市建设以及项目投资中需要大量的资金。然而,地方当局的财政资源和可支配资金非常有限,所以地区政府投融资平台是地方政府获取资金的重要渠道。

2. 政策因素提供必要性和可能性

1994年,我国推行"分税制"改革,改变了中央与地方的财权和事权的比例关系,地方政府有了较大的自主权,从而激发了地方政府开始陆续建立地方政府投融资平台的热情。同时在《中华人民共和国预算法(2014年修正)》出台之前,地方政府没有自主发行债券的权利。地方政府面临着自身资源不足但仍需满足支出和发展需求的困境,这种困境下的压力转化成了地方政府寻找新的融资渠道的动力。

2008年,我国受到全球经济危机的冲击,为提振经济,刺激消费,保持经济持续稳定的增长,中央银行开始加大政府支出,开始了金额庞大的投资计划并向市场注入流动性。在此过程中就需要地方政府积极配合中央政府投资政策的实施,从而造成了地方政府财政赤字的进一步扩大。因此,央行与银监会联合发布《关于进一步加强信贷结构调整促进国民经济平稳较快发展的指导意见》以解决地方政府资金短缺问题,该文件的出台是对建立地方政府投融资平台措施在政策方面提供的强有力支持。在此背景下,地方政府通过组建投融资平台进行投融资行为的积极性明显增强,在数量和规模上都得到空前快速的发展。

3. 财权与事权的不平衡问题

在地方政府主导型的发展模式下,地方政府财权和事权不平衡的特点也推动了地方政府投融资平台的产生和发展。由于我国国情,我国的发展需要以政府为主导,但我国是一个发展极为不平衡的大国,为降低资源配置的成本和鼓励各地区开展差异化的发展政策,中央政府需要将大部分的事务下放给地方政府。同时,在改革开放初期,我国需要从计划经济向市场经济过渡,在促进地方经济发展的时候需要分散决策,倡导市场竞争以发挥市场的作用,但又不能过快地脱离政府的管控,所以只能把事权交给地方政府。然而地方政府在承担大量事权的同时,财权却未能得到妥善解决。由于省级以下单位财政关系的复杂性,以及地区间资源和经济发展的不平衡性,基层财政困难问题难以解决。与此同时,地方政府的筹资渠道非常有限。最初,地方政府不仅无法自主发行债券,而且根据中国人民银行1996年《贷款通则》中的规定:"借款人应当是经工商行政管理机关(或主管机关)核准登记的企(事)业法人、其他经济组织、个体工商户或具有中华人民共和国国籍的具有完全民事行为能力的自然人",说明地方政府也不具备向银行贷款的能力。

4. 城镇化发展迅速

我国城镇化建设的兴起也极大地推进了地方政府投融资平台的产生和发展。2011年,我国城镇化率为51.27%,首次突破50%,这是我国社会结构的历史性转变,标志着我国从乡村型社会为主体的时代转变为以城市型社会为主体的新时代。城镇化建设的过程中需要大量资金投入道路、绿化、电力等公共事业中,相较于其他经济发达的国家,我国的城镇化建设还有很大提升空间,投资需求大,并且地方政府出于发展地方经济的考虑,也有着推动城镇化建设的诉求,因此给地方政府投融资平台提供了产生和发展的土壤。

二、西部地区地方政府投融资平台特点

(一)平台投融资途径主要依托资源类产业

我国西部地区幅员辽阔,是我国重要的国家安全屏障、生态安全屏障、战略资源储备基地,但同时受自然条件的限制,西部地区相对闭塞,基础设施建设不足,经济发展

水平落后于其他地区。因此,依托西部地区丰富的自然资源和特殊的地理位置,发展西部地区地方政府投融资平台,推动西部地区开发是至关重要的。与中东部核心城市相比,西部地区城市,特别是非中心城市,政府投融资途径存在较大差异。西部地区由于自然资源优势,更加倾向于参与资源类产业。西部地区投融资平台借助其自身优势,高效率开发当地丰富的自然资源,为解决区域发展不平衡问题做出巨大贡献,成为我国进一步扩大内需和提升经济的重要手段。

(二)国家对西部地区政府投融资平台支持力度有所加强,但仍不足

一方面,国家对西部地区基础设施建设投融资政策上的倾斜力度较大。相较于东部地区,对于西部地区的交通、电力、水利等基础设施项目,西部地区企业有"两免三减"的所得税优惠政策。对设立在西部地区的外商投资企业,在 5 年的减免税期满后,还可延长 3 年减半征收所得税。虽然优惠力度有所加大,但税率大体相同,还不足以吸引国外和东部地区资金投向西部基础设施建设产业。另一方面,中央政府没有提供足够的资金向西部地区提供财政转移支付。"西部大开发"政策下的经济刺激措施让西部地区的城市建设、基础设施建设迅速膨胀,这些经济刺激措施同时导致了我国西部地区的资金短缺。加上中央财政和地方财政间存在着纵向不平稳问题、地方财政间存在着横向不平衡问题,所以西部地区大项目、大规模的建设投资问题尚未得到有效解决。

(三)西部地区地方政府投融资平台机会与挑战并存

首先,在西部地区地方政府投融资平台现有业务结构中,地方政府的功能型业务占比较高,自身定位有待强化,市场化业务占比需要提高。对于西部地区平台,在政府参与度已经很高的情况下,要结合本地优势,继续深入挖掘与地方政府合作的新模式。其次,在内部协同上,西部地区各产业多业务、多类型公司并存,尚未形成系统化的发展体系,但西部地区在资源类产业技术成熟,经验丰富,可以依托优势业务板块,进一步提高技术,推动产业链一体化运作。最后,西部地区地方政府投融资平台品牌效应不足,但平台可以依托快速发展的政策优势。《中共中央国务院关于新时代推进西部大开发形成新格局的指导意见》等政策的发布为平台发展提供了更多的机遇,平台可以依托优势开拓其他地区的市场,获得市场认可。

三、西部地区地方政府投融资平台融资渠道

(一)财政资金渠道

财政资金渠道是指西部地区地方政府对投融资平台的财政补贴,是投融资平台中的政府投资建设资金的重要来源,其不同于中央政府对地方政府在基础设施项目建设上的直接财政拨款,财政资金是地方政府投融资平台的部分资金来源,也是投融资平

台最直接的资金来源。

(二)银行及其他金融机构渠道

西部地区地方政府投融资平台与金融机构开展全方位的金融合作,与各类金融机构的关联不断加深,逐渐形成了以投融资平台为承债主体,国家政策性银行和各类商业银行的贷款为基础,其他金融机构的资金为补充的融资渠道格局。其中,以项目为基础的银行贷款是西部地区地方政府投融资平台融资时采取的主要方式。比如在重庆模式下,地方政府通过将城市资产划拨给投资公司的方式,使得投资公司的资产规模达到一定的贷款条件,投资公司依据政府的要求,主要向银行筹措资金,最后再将筹措来的资金转借给项目法人。

(三)债券渠道

债券融资是指西部地区地方政府投融资平台通过发行债券筹集资金,主要包括财政部代发的地方政府债券和城投债。如2018年1月2日,西藏地区发行了首只绿色债券;2019年3月,西藏开投集团成功发行了第二期规模为3亿元、债券期限10年、票面利率4.5%的绿色债券,所筹资金用于水电站项目的建设与运营。

(四)特许权融资

特许权融资是指政府在基础设施项目的建设和经营过程中,提供特许权给为政府提供资金的企业,企业作为项目的投资者,在一定时期内完成项目的建设,承担相应的风险并获取收益。最后根据相关协议,到期后将项目移交给政府部门。其中会涉及许多资本市场融资,常见的模式有BOT、PPP等。特许权融资也是西部地区地方政府投融资平台最常用的融资渠道之一,其进一步拓宽了西部地区地方政府投融资平台的直接融资渠道。比较典型的有西藏地区在PPP项目融资模式下投资的青海格尔木至拉萨的天然气输气管道,政府通过投融资平台进行特许权融资来开展基础设施建设,平台再通过经营权来回收投资并赚取利润,有效地缓解了西部地区政府的经济压力。

四、西部地区地方政府投融资平台发展模式

(一)地方政府统筹协调

与中东部地区相比,西部地方政府在当地投融资需求有限的情况下,资金的需求量也相对有限,西部地区地方政府投融资平台的体量相对较小,地方政府对于投融资平台的管理自然也简单得多。西部地区平台建立起了地方政府统筹协调的发展模式,在政府的主导下,在西部城市建设的不同领域、不同方向上组建政府投融资平台。通过平台,可以将政府职能和社会运作融合,实现融资—投资—建设—管理—收益的发展链条,形成了多元化的投资战略方向。在地方政府的统筹管控下,对融资平台的风

险管控能力的保证力度大,能够发挥国有资产的保值增值职能。但政府主导下平台面临的独立性不足、信息公开度不高等问题,是西部地区地方政府投融资平台在发展过程中仍需平衡处理的问题。

(二)各级政府分散管理

我国西部地区与中东部地区存在较大的区域发展差异,中东部地区地势平坦,人口密集,便于贸易,经济相对发达;西部地区地势高低不平,交通不便,人口稀少,贸易难度大,经济发展相对落后。在这种情况下,西部地区部分地方政府资金短缺,协调起来难度较大,无法获取足够的资金分配,所以将投资项目的审批权下放给各市县级政府,集中各个细分区域的力量,各级政府分散管理的模式下对资金和项目都采取分散管理。各级政府负责本地区项目的资金筹集和项目建设活动,并参与到具体建设项目的推进过程中,简化审批流程,提高管理效率。各级政府分散管理更依赖于市场的作用,所以各级政府需要加大监管力度,以确保平台职能的充分发挥。

(三)融资渠道多元化

西部地区地方政府投融资平台的起步较晚,虽然对于地区性的投融资建设经验较少,但是有国内其他地区的投融资建设经验可供参考。西部地区地方政府投融资平台虽以银行信贷途径融资较多,但可采用的融资方式仍是多样的。首先,可以利用土地资源,通过土地使用权的有偿转让获取资金。从短期看,西部地区利用土地资源获取资金的速度远不及东部地区,尤其是新冠肺炎疫情期间,西部地区房地产市场整体销售面积下降23%,销售金额下降28%,贵州、广西等地很多县域房屋月成交量甚微,而东部的下降比例则远低于此。但从长远来看,西部地区地域广、资源丰富,该发展模式未来潜力比较大。其次,国家主导吸引外资,争取国外贷款,西部地区贫困区域较多,不易找到经济发展的增长点。争取世界银行、亚洲开发银行等的贷款,有利于减少西部地区贫困。再者,发行政府债券吸引社会闲散资金。最后,以特许经营权转让的方式将基础设施建设转化为可收益资产,推行城市公共设施有偿使用,取之于城市,用之于城市。

(四)西部地区经典发展模式

1. 四川模式

四川省采取"1+N"的省级政府投融资平台模式,"1+N"中的"1"为四川发展有限责任控股公司,"1+N"中的"N"为其他专业的产业投资发展公司,共同搭建起四川省政府的投融资平台。在"1+N"模式下,四川省政府整合了22家国有大企业,建成了四川发展控股有限责任公司,合理地引导政府性资金投向合适的领域,扩大了资金的乘数效应。同时以大平台为基础,吸收优质资源,吸引民间信贷资金投入基础设施建设和城市发展中,极大地发挥了地方政府投融资平台在重大项目建设中的作用。

2. 云南模式

云南省政府投资 2 亿元建立了一个专业性强、业务集中的大型水务投融资公司——云南省水务产业投资有限公司。首先,云南省水务产业投资有限公司接管经营了云南省地方政府产权明晰的经营性水利资产。然后,在政府和公司间开展"代建制"运作模式,公司主要负责所承接项目的建设管理工作,在项目周期完成后移交给地方政府,达成融资和效益的统一。最后,拓宽战略合作的范围,在城市供水、水电开发等其他项目上,通过控股或者参股进行经营,使云南省水务产业投资有限公司获得稳定的现金流,成为真正的实体公司。

3. 西藏模式

西藏地区地方政府投融资平台有着浓厚的政治色彩,投资代表政府行为,最具代表性的就是西藏开发集团投资有限公司。其业务流程大体为,首先,公司负责制订项目计划,完成风险评估和拟定资金需求。其次,政府财政部门负责确定项目的可行性和放贷金额,并确定是由政府还是由公司来偿还贷款。西藏政府批准公司投资后,开始融入资金,采取多元化的融资渠道,包括银行贷款、债券发行、特许项目融资等。

西藏开发集团投资有限公司与西藏政府关系密切。一方面,在人事关系上,西藏自治区发展和改革委员会拥有集团 100% 的股份,公司的性质是国有独资企业,公司的高级管理人员均由政府直接任命。另一方面,西藏开发集团投资有限公司的所有权属于西藏自治区政府。西藏开发集团投资有限公司作为西藏自治区最大的基础设施投资管理公司,政府对平台的运作给予了很大的帮助。如提供部分国有资产,为公司提供融资能力,以解决公共建设资金不足的情况。

第二节　西部地区地方政府投融资平台转型发展历程

一、西部地区投融资平台发展历程

(一)探索雏形期(1979—2000 年)

自 1979 年 8 月国务院批准《关于基本建设投资试行贷款办法的报告》后,我国东部地区就率先开始积极探索地方政府投融资平台的建设,为西部地区拓宽资金来源渠道、发展西部地区地方政府投融资平台提供了宝贵的经验。

2000 年国家实施"西部大开发"战略,西部地区发展得到了国家的全力支持,国家对于西部地区的投资从 2000 年的 413 亿元增长到 2009 年的 4 977 亿元,资金投入的增长速度已经超过中部和东部地区,结合西部地区自身努力与对外合作,西部地区经济发展得到了极大的提振。"西部大开发"战略走的就是投资的道路,虽然资金供给不断增加,但由于西部地区基础较弱,生产设备和技术落后,依旧满足不了西部地区发展的资金需求。西部地区地方政府不得不寻求新的投融资模式,西部地区投融资平台开始逐渐发展起来。

(二)发展成熟期(2000—2010年)

西部地区各地政府分别组建了各自的投融资平台,尤其是2008年经济危机之后,在我国的经济刺激政策下,西部地区地方投融资平台迅速增加,拓宽了西部地方政府的投融资渠道,地方政府的资源综合运用能力得到了极大提升,为稳定西部地区经济发挥了积极作用。

(三)转型发展期(2010年至今)

2010年6月10日,国务院正式下发《国务院关于加强地方政府融资平台公司管理有关问题的通知》(国发〔2010〕19号),这是针对融资平台的一份最高规格文件,对于融资平台的管理问题,提出了更细致的要求。投融资平台偏向政府化而非市场化,投融资活动开展多依靠政府信用背书,依靠银行信贷系统实现平台运作,融资平台主要用来承接政策性贷款。但是这种模式难以长久维持,会产生一系列负面影响。西部地区经济较沿海地区落后,融资平台的作用更为突出。随着2014年9月21日《国务院关于加强地方政府性债务管理的意见》的发布,西部地区投融资平台的债务管理力度加大,意见中明确剥离了融资平台公司的政府融资职能,融资平台公司不得新增政府债务。地方政府新发生的或有债务,要严格限定在依法担保的范围内,并根据担保合同,依法承担相关责任。西部地区投融资平台通过银行信贷体系开展投融资活动受到严格监管,开始积极寻求其他投融资渠道,如城投债、信托等,西部地区地方政府投融资平台转型发展在不断深化。

二、东中西部地区投融资平台对比

(一)西部地区投融资平台发展基础薄弱

西部地区的基础环境与中、东部地区存在着较大的差距,客观上又加剧了平台发展的差距。西部地区虽然工业规模巨大,但是西部地区的基础设施建设相对落后,工业技术先进度远不如东中部地区,生产设备相较于东中部地区也存在差距。因此,西部地区投融资平台的发展速度远不如东中部地区。

(二)国家对西部地区投融资平台引导力度相对较低

西部地区投融资平台依托"西部大开发"战略而发展,但自"西部大开发"以来,一直难以形成一套非常成熟的用以促进西部地区开发的政策体系。同时西部地区缺少专业的政策性金融机构为地区发展提供融资服务,更谈不上类似于深圳这样的经济特区,或者上海和北京这样的金融中心,国家对于西部地区的金融政策引导相较于东中部地区偏低,还不足以支持西部地区投融资平台像东中部地区一样发展。

(三)西部地区金融市场发展水平较低

金融市场是投融资的中介市场,金融机构的信贷支持对西部地区金融市场的发展尤为重要。但西部地区相较于东中部地区,长期存在金融市场发展落后、市场运行效率低下的问题。一方面,西部地区许多省份的商业银行长期存在存多贷少的问题,且投资项目大多为长期项目,中短期项目难以及时获得资金。另一方面,西部地区上市公司的数量也远远少于东中部地区,不发达的股票和债券市场也严重扭曲了西部地区资本市场的运作机制。在这样的环境下,西部地区投融资平台的发展远不及东中部地区。

(四)西部地区投融资平台资金流失严重

资本具有逐利的性质,资本会自动流向收益率高的地方,由于西部地区资金投入的收益率要低于东中部地区,资金就会通过各种渠道从西部地区流向东中部地区,从而使得西部地区投融资平台资金流失严重,尤其是新冠肺炎疫情前,我国房地产行业高速膨胀,东中部地区房价上涨更为迅速,造成西部地区大量民间资金流往东中部地区,严重限制了西部地区投融资平台的发展。

(五)西部地区政府承担的实际风险较低

根据隐性债务管理要求,地方政府通常不再与企业签订借款协议,也不会通过财政担保的形式为企业提供担保。西部地区地方政府融资平台通常通过向企业"变相借款"的方式进行融资,比如平台可以依托丰富的自然资源,与目标产业企业签订资源供货协议,企业向平台支付一定金额的预付款,平台公司收到资金后,对挂牌的资源摘牌。西部地区投融资平台让企业出资的最大优点就在于政府不承担实际风险。

(六)西部地区投融资平台产业化退出方式更容易实现

由于投资产品、资金来源方式等方面存在差异,西部地区投融资平台的退出方式通常也不是通过银行信贷体系实现退出的,而是选择产业化的退出方式。只要所投资产业的市场表现好,平台的退出就非常容易。

第三节 西部地区地方政府投融资平台转型发展分析

一、西部地区地方政府投融资平台转型发展现状

西部地区地方政府投融资平台目前发展的规模还相对较小,且分布不均匀,业务

主要集中在省级投融资平台的头部公司。西部地区政府在土地融资的参与上具有独特性：西部地区政府财政困难，无法给平台公司提供土地，且政府不敢参与土地市场。特别是在新冠肺炎疫情期间，政府难以参与土地招标、拍卖和挂牌，房地产市场的总销售额下降28%，政府财政更加紧张，因此平台更需要寻求其他的资金来源。目前西部地区地方政府投融资平台更加倾向于投资资源类产业，地方政府拿到资源之后，以资源作为抵押物向银行贷款，进而自身开发或委托第三方开发，最后向特定产业的企业进行销售，实现产业化后退出。

二、西部地区地方政府投融资平台转型发展问题

(一)政府色彩过重

地方政府投融资平台能够破除地方政府无法从资本市场直接融资的障碍，出资授权各类投资公司将融资、建设和经营、债务偿还等融为一体，本质上是将政府融资行为转化为企业融资行为，是政府"借用管还"政策的实际载体。事实上，西部地区地方政府投融资平台是地方政府的附属机构，导致其定位政企不明、产权模糊、缺乏现代化企业管理机制。在平台的运作过程中，由于政府的参与度过高，导致投融资平台中的公司自身在经营过程中没有话语权和决策力，投融资平台往往只是以政府代理人的身份，将融资获得的资金提供给政府相关部分，最终的投资项目和资金使用的决定权还是在政府手上，市场作用发挥得较少，很大程度上平台丧失了投资项目的收益权，运营效率较低。

(二)政府和平台存在冲突

西部地区地方政府投融资平台管理人员的任聘在很大程度上取决于政府的安排和直接任命，进一步加剧了平台投资决策的政府导向性，削弱了市场的作用。缺乏市场化的经营必然是同当下经济环境背道而驰的，会对平台的发展产生不利的影响。其一，政府任命管理人员，导致平台缺少独立的法人实体承担对投资活动的相应责任，容易出现平台和政府相互推诿的情况，出现的问题得不到妥善解决。其二，治理结构的不完善。政府指派人员对于公司管理的经验不足，不可避免会出现管理体系上的漏洞。管理分散、项目分线、决策分散，会导致资金分散，难以高效率投资高价值项目。资金的筹措、借用、使用、管理、债务偿还需要各部门相互协作，缺乏合理的协调机制会严重影响到工作的效率，难以发挥地方政府平台的工作职能。其三，缺少专业的投融资人才。政府直接任命的管理人员可能不仅在公司管理上缺乏经验，而且在资金的运作上也缺乏相应的专业知识，在项目内在价值的判断上容易出现偏差，不能及时识别质量高的投融资项目，会导致地方政府投融资平台的投资效果不佳甚至出现亏损的

情况。

(三) 定位存在偏差

西部地区地方政府投融资平台首先要解决定位问题。大部分西部地区地方政府投融资平台还是以国家持有的方式设立的,每个平台的目标都是为政府筹集足够的资金。国有资产管理的基本原则是增值,最根本的原则是保值。基于国有资产建设运营的投融资平台的投资项目大多是公共产品,投资周期长,收益率低,甚至回报为零,造成国有资产流失。西部地区地方政府投融资平台的定位是追求利润为国有资产保值,还是为了发展公共事业,补足城市建设资金,在西部地区地方投融资平台中尚不明晰。

(四) 融资渠道较为单一

目前,西部地区地方政府投资活动的资金来源主要是财政拨款和银行贷款,在资本市场上的参与度较低,没有充分发挥资本市场的投融资作用。在西部地区,地方政府投融资平台受整个国家宏观政策环境的影响,属于政策驱动型发展,银行贷款在公共债务中的比例非常高,投融资活动起步较晚,政府投融资平台和投融资活动仍然过度依赖银行贷款。在西部地区地方投融资平台的建设过程中,除了以政府为核心的投资活动,还应当鼓励平台进一步扩大获得资金的其他渠道,激励平台参与直接融资。同时,平台应加强对于自身存量资产的有效利用,提高自身资产运营能力,进而可以提高其再融资的能力。

(五) 风险大且种类繁杂

1. 严重的债务风险

地方政府投融资平台过度负债而产生的严重的债务风险是全国范围内各地方政府投融资平台普遍存在的现象,西部地区地方政府投融资平台也不例外。主要原因是,如果地方政府没有足够的收入支付自身的预算支出,就只能依靠这些投融资平台对外融入资金。然而,由于地方政府推动城镇化建设和投资公共产品与服务所需的资金总额通常非常高,地方政府必须填补政府预算赤字,从而导致投融资平台的公司债务迅速增加。随着经济发展,目前西部地区地方政府投融资平台数量也在稳步增长。如果债务风险不能得到有效控制和缓解,西部地区地方政府投融资平台将承受巨大的负债压力,对西部地区经济发展、金融体系和政府信用都会产生不利影响。同时在平台规模的快速膨胀下,管理水平和规模水平会出现不匹配问题。还有一些地方政府没有建立有效的应对体系以应对地方债务带来的负向冲击,甚至出现非法集资和非法借贷的问题。因此,西部地区地方政府有必要改善其投融资平台的管理制度,建立完备的债务管理体系。

2. 发展过程中面临的经营风险

西部地区地方政府投融资平台在发展过程中面临的经营风险主要可以分为偿债能力风险、信用风险和流动性风险三大类。

首先,对于偿债能力风险,主要体现为西部地区地方政府融资平台不能及时偿还举债带来的债务,可能出现利息成本升高、资产信用度降低的问题。西部地区地方投融资平台面临着巨大的偿债压力,未能履行偿还义务将面临偿债能力风险。因此,西部地区政府应当积极与融资平台协同合作,控制债务存量,提高平台经济效益,防范偿债能力风险。

其次,西部地区地方政府投融资平台在投融资上会面临信用风险。在平台与商业银行之间的投融资过程中,商业银行通常作为平台投资人,也就是地方政府投融资平台的资金供给者。但由于存在信息不对称和地位不对等的问题,商业银行在与政府投融资平台的交易中往往处于劣势。在地方政府背书下,地方政府投融资平台信息披露不够透明,商业银行难以评估其风险和资质。此外,政府干预使得银行难以施行对平台的有效风险管理。综上所述,西部地区地方政府投融资平台和商业银行借贷双方之间会产生信用风险。

最后,对于流动性风险,指的是西部地区地方政府投融资平台虽然有清偿债务的能力,但无法及时获得充足资金或无法以合理成本及时获得充足资金以应对支付到期债务的风险,会给平台自身运营带来潜在不利影响。尤其是中小规模的投融资平台,这些平台存在高的流动性风险,是因为它们业务规模相对较少、融资回报相对较低、抵御风险的能力相对较差、资金周转能力相对较弱。考虑到这类风险虽然单个实体的风险溢出效应不大,但是对西部地区地方政府投融资平台整体而言具有风险积累的作用,容易聚集成大的系统性风险。因此,地方政府必须警惕此类风险,并采取有效的监管措施来控制此类风险。

3. 国家宏观政策变动带来的风险

国家宏观政策的变动会影响西部地区地方政府投融资平台的经营情况。一般来说,商业银行贷款是西部地区地方政府投融资平台的主要资金来源,但是商业银行的放贷行为对国家政策变动的敏感性极高。对于不同的财政政策和货币政策,商业银行会很快做出适应性调整。当经济周期下行时,中央政府会实施扩张型的财政政策,货币当局会采取扩张型的货币政策,而商业银行作为财政政策和货币政策传导机制中至关重要的一环,它们会增加贷款额度,地方政府投融资平台获得资金的难度就会下降。相反,如果实施紧缩型财政和货币政策,商业银行则会减少信贷的资金供应量。在这种情况下,地方政府投融资平台通过商业银行获得资金的渠道就会受限。当平台短期内无法获得所需的资金,就会激发各种潜在风险。

(六)对城市的建设作用有待提高

西部地区地方政府投融资平台对城市建设的推进作用存在局限性,这主要体现在以下两个方面:

一方面,西部地区地方政府投融资平台存在运作不规范问题,许多的空壳公司在其中滥竽充数,主要工作只是进行贷款对接,自身没有实质的营利性主营业务,对推动地方经济发展和城市基础设施建设的贡献有限。

另一方面,资源配置过程存在负面效应。西部地区地方政府投融资平台数量快速增加,不同的平台间若未处理好沟通协作问题,会导致重复投资和低质量建设,损害地区的经济效益。其一,投融资平台快速稳定扩张会加剧区域产业结构失衡。为了提高支付能力,地方政府倾向于通过提高房价来增强还款能力,这将加剧区域产业结构的不平衡。其二,西部地区地方政府投融资平台由地方政府主管,很容易偏离规定,项目决策的失败会造成大量的浪费。其三,地方政府投融资平台的快速持续发展会提供融资,不利于私营经济和国民经济之间的平等竞争。

三、西部地区地方政府投融资平台转型发展要求

(一)政府与平台关系层面

1. 去政府信用化

随着经济政策的不断改革以及当下经济环境的不景气,西部地区地方政府投融资平台转型发展的压力也更大,投融资平台需要谋求新的发展模式。西部地区地方政府投融资平台的转型发展,首要要求就是去政府信用化,厘清当地政府与西部地区地方政府投融资平台之间的关系。对于融资平台来说,失去政府信用背书后面临的最核心的问题是如何以市场化方式筹集建设资金并独立化运营。融资平台公司需要通过转型使其自身达到现代企业标准,创新项目融资方式,提升主体信用资质,即按照政策要求实现政企分离,成为市场化独立主体,承担部分政府公益性项目投资建设和运营管理职能。

2. 在管理和债务层面做到政企分明

从管理层面看,西部地区地方政府投融资平台同样需要在管理上去政府化,减少地方政府对投融资平台人事任命的直接干预,投融资决策不再由政府直接决定。完善现代化企业的法人治理结构,形成股东会、董事会、监事会和经理层的监督管理机制,各司其职,相互协调。健全公司治理体系可以促进公司按照市场规律运作,市场化投融资势必是西部地区地方政府投融资平台未来转型发展的趋势。

从债务层面看,债务问题也是西部地区地方政府投融资平台需要解决的核心问题。西部地区地方政府投融资平台一直发挥着为政府投融资的职能,平台自身财务和政府财务的界限模糊,债务披露透明度低,隐藏债务风险较高。所以在债务层面做到政企分明也是转型发展的要求之一,明晰两者财务权责,规范管理政府和平台的债务。

(二)市场层面

1. 坚持市场运作机制

市场运作机制是责任、权力和利益相统一,坚持市场运作机制就要求西部地区投融资平台明确谁投资、谁受益和谁承担风险。着手培养市场运作主体,将原本依靠行政手段组织运营的项目,经过合理评估后交由市场主体承担,在项目投融资、建设、运营、管理等多个方面引入竞争机制。

2. 鼓励社会参与

鼓励社会各类投资者以独资、合资、特许经营等各种方式参与到公共基础设施建设和公益事业项目建设中来,为社会资本明确投资的领域,明确国有资本和社会资本运作的范围,建立高效的投融资服务体系。

(三)平台自身层面

1. 创新融资模式

随着地方政府债务管理力度的不断加强,西部地区地方政府投融资向市场化运营方向转型发展成为主流,银行信贷渠道获取的资金难以满足平台的持续发展。因此,平台需要加大融资模式创新力度,拓宽融资渠道,保障平台正常运营的资金来源,降低财务风险、优化债务结构。

2. 加速平台整合

我国对西部地区地方政府投融资平台的监管政策逐渐趋严,监管从单独部门独立执行向多部门协同执行转变,平台本身对监管政策的变化非常敏感,强势平台可以顺应政策发展,弱势平台则可能受到政策约束。因此,通过地区内优质的高级别平台开展平台整合是未来的必然趋势。

四、西部地区地方政府投融资平台转型发展思路

(一)明晰政府定位,分层级转型发展

从政府的角度看,对于主要业务范围在公共基础设施建设、城市建设、公益事业等领域的西部地区地方政府投融资平台,要合理地限制政府对平台的掌控程度,政府适度对平台投融资活动进行干预和制定规则。要注重政府职能规范化,在投融资过程中充分遵循市场经济的发展规律,充分发挥宏观调控作用。然而西部地区不同行政层级的平台有

着不同的发展基础,对不同行政层级的平台需要开展差异化的分层级转型发展。

西部地区较为富裕的部分省份和城市的融资平台资质较高,市场运作条件比较成熟。因此,这部分平台必须优先转型发展,加快向市场化过渡,使它们成为地区发展的主要贡献者和其他地方政府投融资平台转型发展的"领头羊"。相反,对于发展相对落后或县级投融资平台,它们起步较晚,发展缓慢,经济实力弱,服务市场能力低,市场化运作模式不够成熟,转型发展过程中面临的困难较多。所以需要在转型初期,政府支持和龙头平台的帮扶力度需要加大,逐步培育其市场生存发展能力。待其运营模式成熟,具备独立自主的投融资经营管理能力后,再加速推动其向一般商业性国有企业的转型。

(二)深化西部地区投融资体制改革

转型发展过程中要放弃过往依赖财政拨款和银行贷款的做法。政策上,要加大社会资金的吸引力度,不仅要持续发展西部地区现有的资源类产业,还要着力于发展有利于西部开发的金融类产业,与地方金融组织协调合作,加大对西部地区的货币政策的倾斜力度。资本市场上,要促进资源高效整合和资金合理流动,加大对西部地区地方债、企业债、产业投资基金、信托融资等各类金融工具和融资方式的研究和发展力度,促进各类资金进入西部地区基础设施建设领域。

(三)优质平台加速整合,提高自身实力

西部地区地方政府投融资平台可以结合自身资源优势,发展目前平台规模大、转型效率高、业务经验丰富、专业性强的省级投融资平台作为龙头平台,对市县级投融资平台资源进行整合,以特色行业的发展带动其他行业的参与,构建紧密型集团,形成一带多的发展格局,形成省级平台带动市县级平台、发展势头好的行业带动多行业的全方位发展模式。只要是在有竞争性的行业开展投融资业务的西部地区地方政府投融资平台,就有必要加快速度向现代企业治理结构下的市场化运作模式转型和向国有商业企业过渡,注重发挥市场的作用,提高自身竞争优势。

(四)创新西部地区政府投融资平台运作机制

西部地区政府投融资平台需要结合当地省市县域的实际情况,探索适合地区的平台运作机制,培养自身的可持续投融资功能。融资能力方面,提高平台直接融资比例,加大对债券、股票、产业基金等各类金融工具和融资方式的运用。投资能力方面,在一些大型产业项目投资上,积极寻求外部战略合作者,以参股或者以主要出资人的方式进行合作开发,加强东部发达地区的金融企业合作,既能给西部地区地方政府投融资平台发展带来机遇,又能很大程度上提高平台投资能力。

第三章
地方政府投融资平台转型发展评价

本书借鉴国内外构建指标体系的相关经验,结合国内地方政府投融资平台的实际情况,以往年构建的中国地方政府投融资平台转型发展评价报告指标体系为基础,不断改进完善,形成了省、直辖市、地级市、区县四级评价体系,旨在客观、系统地评价全国公开融资的地方政府投融资平台的经营发展情况,为地方政府投融资平台的转型与发展提供建设性思路。

第一节 地方政府投融资平台转型发展评价指标说明

一、指标体系构建的原则

为了直观、准确地反映全国范围内的地方政府投融资平台的营运情况及发展情况,本书从公司业绩、市场转型以及社会责任三个维度构建评价体系,然后从一个较为全面的视角,对各地方政府投融资平台的经营状况以及未来如何发展进行系统的分析。在构建评价指标体系的过程中,本报告坚持以下六项基本原则。

(一)全面性原则

选取指标时注重指标的全面性,确保指标充分发挥作用。在对全国各地方政府投融资平台进行评价时,尽可能使选取的指标能够较为全面地反映地方政府投融资平台的实际经营情况。在以往的报告中,企业的经营业绩通常被视为最主要或唯一的评价指标来评价企业的发展水平以及价值,为了更全面地反映出地方政府投融资平台的经营及发展情况,本评价指标体系在重视企业经营业绩的同时,充分考虑各地方政府投融资平台所处行业的不同属性。

（二）典型性原则

为确保本评价指标体系具有一定的典型性，在构建体系时需要注重以下两方面，一是在评价省、直辖市、地级市、区县四级地方政府投融资平台时，对指标的选取有所侧重，最大限度反映相同行政级别的地方政府投融资平台的发展情况，使本评价指标体系具有一定的客观性；二是尽可能反映东部、中部、西部等不同区域地方政府投融资平台的社会经济及发展情况的差异。本评价指标体系在选取指标、分配各指标权重以及划分评价标准时，注重其与不同行政级别的地方政府投融资平台相适应。

（三）系统性原则

本评价指标体系各指标间存在合理的逻辑关系，每一个一级指标由一组指标构成，各一级指标之间相互独立又彼此关联，可以从不同角度反映各地方政府投融资平台的经营及发展情况，从而使评价指标体系具有一定层次性，共同形成一个有机整体。

（四）问题导向性原则

本评价指标体系结合目前各平台在发展过程中存在的问题，选择靶向性指标，针对平台未来发展与市场化转型等核心问题进行分析，旨在一定程度上对地方政府投融资平台的发展路径进行有效梳理。

（五）可比性、可操作、可量化原则

选择指标时，保持总体范围内的一致性，注重统一指标的计算量度与计算方法，各指标简单明了、微观性强、便于获取，具有很强的操作性和可比性。同时，充分考虑能否量化处理，以便于数据计算与分析，满足数据分析的可行性。

（六）动态性原则

各地方政府投融资平台的发展情况需要通过一定的时间才能显现出来。因此，评价指标的选取要充分考虑相关指标的动态变化，应以若干年度的变化数据为基础。

二、指标体系的研究设计

构建中国地方政府投融资平台转型发展评价指标体系主要包括明确体系范围、设计评价指标体系、分配指标权重以及选择测算方法等环节。

本指标体系旨在对全国地方政府投融资平台的营运及发展情况进行较为客观综合的评价，因此评价指标体系的样本为在中华人民共和国境内注册、已公开进行市场融资、由地方政府或其相关部门控股的、承担政府投资项目投融资功能的企事业单位（即地方政府投融资平台）。

在设计指标体系的过程中，本书尽可能涵盖所有公开融过资且目前仍在运营的地方政府投融资平台，从公司业绩、社会责任、市场化转型三个维度对地方政府投融资平台进行评价,汇总成地方政府投融资平台转型发展评价指标体系(见表3—1)。由于不同行政级别的地方政府投融资平台间差异较大,本书将按省、直辖市、地级市、区县四级行政级别对融资平台进行划分,分别评价,形成四级地方政府投融资平台发展评价结果。

表3—1　　　　　　　　地方政府投融资平台转型发展评价指标体系

总指标	一级指标	二级指标	三级指标
地方政府投融资平台转型发展评价指标体系	公司业绩	基础指标	总资产
			净资产
		财务效益指标	资产收益率
			总资产报酬率
			主营业务利润率
			盈余现金保障倍数
			成本费用利润率
		资产运营指标	总资产周转率
			流动资产周转率
			存货周转率
			应收账款周转率
		偿债能力指标	资产负债率
			EBITDA利息保障倍数
			现金流动负债比率
			速动比率
			流动比率
		发展能力指标	总资产增长率
			销售增长率
			三年资本平均增长率
			三年销售平均增长率
	社会责任	国资运营指标	资本金利润率
			资本保值增值率
		企业责任指标	综合社会贡献
			纳税管理
			企业社会责任报告制度
			失信被执行人
			监管函、处罚决定
	市场化转型	市场化转型指标	公司在所属区域市场占有度
			主营业务集中度
			融资渠道单一程度

在构建中国地方政府投融资平台转型发展评价指标体系的过程中,本书始终坚持从公司业绩、社会责任、市场化转型三个维度进行客观综合的评价。本评价指标体系将上述三个维度作为一级指标,下设相应的二级指标。由于不同一级指标的侧重点有

所不同,二级指标可能会有较大不同。

(一)公司业绩指标

现代企业的经营权与所有权分离,企业信息具有一定的不对称性。由于财务层面的评价指标具有综合性、数据可收集性强等特点,在企业评价体系中往往占有较大比重,是企业经营情况分析的重要组成部分。此外,企业财务业绩指标是企业持续经营的动力,也是构成本评价体系的重要内容。所以,为了客观、全面地量化公司实际营运情况,在一级指标公司业绩指标项下,下设五个二级指标,即基础指标、财务效益指标、资产运营指标、偿债能力指标和发展能力指标。

1. 基础指标

本评价指标体系在基础指标项下选取了总资产与净资产作为评价指标,旨在一定程度上客观地反映企业的经营规模。

(1)总资产

总资产是指某一经济实体拥有或控制的、能够带来经济利益的全部资产。我国资产负债核算中的资产为经济资产,所谓经济资产,指的是资产所有权已确定,在一定时期内所有者通过对它们的有效使用、控制或处置,可以从中获取经济利益的资产。

(2)净资产

净资产就是所有者权益,是指所有者在企业资产中享有的经济利益,其金额为资产减去负债后的余额。所有者权益包括实收资本(或者股本)、资本公积、盈余公积和未分配利润。

2. 财务效益指标

本评价体系在财务效益指标项下选取了资产收益率、总资产报酬率、主营业务利润率、盈余现金保障倍数、成本费用利润率 5 个指标来评价企业的经营情况及盈利能力。

(1)资产收益率

资产收益率,又称资产回报率,是用来评价每单位资产能够带来多少净利润的指标。

$$资产收益率 = \frac{净利润}{平均资产总额} \times 100\% \qquad (3-1)$$

(2)总资产报酬率

总资产报酬率,又称资产所得率,是指企业一定时期内获得的报酬总额与平均资产总额的比率。它表示企业包括净资产和负债在内的全部资产的获利能力,是评价企业资产运营效益的重要指标。

$$总资产报酬率=\frac{息税前利润}{平均资产总额}\times100\% \qquad (3-2)$$

总资产报酬率表示企业全部资产获取效益的水平,该指标越高,代表企业投入产出的水平越好,企业整体资产的运营越有效,直观反映了企业的投入产出情况与盈利能力。

(3)主营业务利润率

主营业务利润率是指企业一定时期内主营业务利润同主营业务收入净额的比率。它表明企业每单位主营业务收入能带来多少主营业务利润,反映了企业主营业务的获利能力,是评价企业经营效益的主要指标。

$$主营业务利润率=\frac{主营业务收入-主营业务成本-主营业务税金及附加}{主营业务收入}\times100\%$$
$$(3-3)$$

(4)盈余现金保障倍数

盈余现金保障倍数,又称利润现金保障倍数,是指企业一定时期内经营现金净流量同净利润的比值,反映了企业当期净利润中现金收益的保障程度,真实地反映了企业的盈余的质量。

$$盈余现金保障倍数=\frac{经营现金净流量}{净利润}\times100\% \qquad (3-4)$$

(5)成本费用利润率

成本费用利润率是指企业在一定期间内的利润总额与其成本、费用总额的比率。

$$成本费用利润率=\frac{利润总额}{成本费用总额}\times100\% \qquad (3-5)$$

3. 资产运营指标

本评价指标体系在资产运营指标项下选取了总资产周转率、流动资产周转率、存货周转率、应收账款周转率4个指标来评价企业的整体资产运营能力,反映了企业对其资产的利用效果。

(1)总资产周转率

总资产周转率是指企业在一定时期内主营业务收入净额与平均资产总额的比率。

$$总资产周转率(次)=\frac{营业收入净额}{平均资产总额} \qquad (3-6)$$

(2)流动资产周转率

流动资产周转率是指企业在一定时期内主营业务收入净额与平均流动资产总额的比率,它是衡量企业资产利用率的一个关键指标。

$$流动资产周转率(次)=\frac{主营业务收入净额}{平均流动资产总额} \quad (3-7)$$

(3)存货周转率

存货周转率是企业一定时期内销售成本与平均存货余额的比率,用于反映存货的流动性及存货资金占用量是否合理,促使企业在保证生产经营连续性的同时,提高资金的使用效率,增强企业的短期偿债能力。

$$存货周转率(次)=\frac{销售成本}{平均存货余额} \quad (3-8)$$

(4)应收账款周转率

应收账款周转率是反映公司应收账款周转速度的比率,它说明一定时期内公司应收账款转为现金的平均次数。用时间表示的应收账款周转速度为应收账款周转天数,也称平均应收账款回收期或平均收现期,它表示公司从获得应收账款的权利到收回款项、变成现金所需要的时间。

$$应收账款周转率=\frac{销售收入}{平均应收账款余额} \quad (3-9)$$

4. 偿债能力指标

本评价指标体系在偿债能力指标项下选取了资产负债率、EBITDA 利息保障倍数、现金流动负债比率、速动比率及流动比率 5 个指标来衡量企业偿还到期债务的能力。

(1)资产负债率

资产负债率是期末负债总额除以资产总额的百分比,是负债总额与资产总额的比例关系。资产负债率反映在总资产中有多大比例是通过借债来筹资的,也可以衡量企业在清算时保护债权人利益的程度。该指标是评价公司负债水平的综合指标,同时也是一项衡量公司利用债权人资金进行经营活动能力的指标,反映债权人发放贷款的安全程度。

$$资产负债率=\frac{负债总额}{资产总额}\times100\% \quad (3-10)$$

它包含以下几层含义:①资产负债率能够揭示出企业的全部资金来源中有多少是由债权人提供的;②从债权人的角度看,资产负债率越低越好;③对投资人或股东来说,负债比率较高可能带来一定的好处[财务杠杆、利息税前扣除、以较少的资本(或股本)投入获得企业的控制权];④从经营者的角度看,他们最关心的是在充分利用借入资金给企业带来好处的同时,尽可能降低财务风险;⑤企业的负债比率应在不发生偿债危机的情况下,尽可能择高。

(2) EBITDA 利息保障倍数

EBITDA 利息保障倍数,又称已获利息倍数,是企业生产经营所获得的息税前利润与利息费用之比。它是衡量企业长期偿债能力的指标。利息保障倍数越大,说明企业支付利息费用的能力越强。因此,债权人要分析利息保障倍数指标,以此来衡量债务资本的安全程度。

$$利息保障倍数 = \frac{EBIT}{利息费用} \qquad (3-11)$$

$$息税前利润(EBIT) = 净销售额 - 营业费用 \qquad (3-12)$$

利息保障倍数不仅反映了企业获利能力的大小,还反映了获利能力对偿还到期债务的保证程度,它既是企业举债经营的前提依据,也是衡量企业长期偿债能力大小的重要标志。要维持正常偿债能力,利息保障倍数至少应大于 1,且比值越高,企业长期偿债能力越强。如果利息保障倍数过低,企业将面临亏损、偿债的安全性与稳定性下降的风险。

(3) 现金流动负债比率

现金流动负债比率,是企业一定时期内的经营现金净流量同流动负债的比率,它可以从现金流量角度来反映企业当期偿付短期负债的能力。

$$现金流动负债比率 = \frac{年经营现金净流量}{年末流动负债} \times 100\% \qquad (3-13)$$

(4) 速动比率

速动比率是指速动资产对流动负债的比率,是衡量企业流动资产中可以立即变现用于偿还流动负债的能力。

$$速动比率 = \frac{速动资产}{流动负债} \qquad (3-14)$$

其中:

$$速动资产 = 流动资产 - 存货 \qquad (3-15)$$

(5) 流动比率

流动比率是流动资产对流动负债的比率,用来衡量企业流动资产在短期债务到期以前,可以变为现金用于偿还负债的能力。

$$流动比率 = \frac{流动资产合计}{流动负债合计} \times 100\% \qquad (3-16)$$

5. 发展能力指标

本评价指标体系在发展指标项下选取了总资产增长率、销售增长率、三年资本平均增长率、三年销售平均增长率 4 个指标来衡量企业在一段时间内的发展能力。

(1)总资产增长率

总资产增长率是企业本年总资产增长额同年初资产总额的比率,反映企业本期资产规模的增长情况。

$$总资产增长率=\frac{本年总资产增长额}{年初资产总额}\times 100\% \quad (3-17)$$

其中:

$$本年总资产增长额=年末资产总额-年初资产总额 \quad (3-18)$$

总资产增长率越高,表明企业一定时期内资产经营规模扩张的速度越快。但在分析时,需要关注资产规模扩张的质与量的关系,以及企业的后续发展能力,避免盲目扩张。

(2)销售增长率

销售增长率是企业本年销售收入增长额同上年销售收入总额之比,是评价企业成长状况和发展能力的重要指标。该指标越大,表明其增长速度越快,企业市场前景越好。

$$\begin{aligned}销售增长率&=\frac{本年销售增长额}{上年销售总额}\\&=\frac{本年销售额-上年销售额}{上年销售总额}\end{aligned} \quad (3-19)$$

(3)三年资本平均增长率

三年资本平均增长率表示企业资本连续三年的积累情况,在一定程度上反映了企业的持续发展水平和发展趋势。

$$三年资本平均增长率=\left[\left(\frac{当年净资产总额}{三年前净资产总额}\right)^{1/3}-1\right]\times 100\% \quad (3-20)$$

(4)三年销售平均增长率

三年销售平均增长率表明企业主营业务连续三年的增长情况,体现企业的持续发展态势和市场扩张能力,尤其能够衡量上市公司的持续性盈利能力。

$$三年销售平均增长率=\left[\left(\frac{当年主营业务收入总额}{三年前主营业务收入总额}\right)^{1/3}-1\right]\times 100\% \quad (3-21)$$

(二)社会责任指标

1. 国资运营指标

(1)资本金利润率

资本金利润率是利润总额占资本金总额的百分比,是反映投资者投入企业资本金的获利能力的指标。企业资本金是所有者投入的主权资金,资本金利润率的高低直接关系到投资者的权益,是投资者最关心的问题。

$$资本金利润率 = \frac{利润总额}{资本金总额} \times 100\% \qquad (3-22)$$

此外,会计期间内若资本金发生变动,则公式中的"资本金总额"要用平均数,其计算公式为:

$$资本金平均余额 = \frac{期初资本金余额 + 期末资本金余额}{2} \qquad (3-23)$$

资本金利润率这一比率可以直接反映企业资本金的利用效果,进而影响企业资本金盈利能力。资本金利润率较高,表明企业资本金的利用效果较好,资本金利润率偏低,表明资本金的利用效果不佳,企业资本金盈利能力较弱。

(2)资本保值增值率

资本保值增值率反映了资本的运营效益与安全状况,是企业资本运营情况的核心指标。

$$资本保值增值率 = \frac{期末所有者权益}{期初所有者权益} \times 100\% \qquad (3-24)$$

其中,期末所有者权益需扣除企业接受捐赠、资本金增加等客观增减因素。

2. 企业责任指标

(1)综合社会贡献

在现代社会,企业经营不仅要考量自身效益,还需要考量企业为社会创造或支付价值的能力。

(2)纳税管理

加强纳税管理不仅可以降低税收成本,还可以促进企业内部调整产品结构、合理配置资源。在履行纳税义务的过程中,依据税法对纳税期限的规定,通过预缴与结算的时间差管理,合理处理税款,减少企业流动资金利息的支出。全面衡量不同的纳税方案对企业整体税负的影响,选择合适的纳税方案,提升企业经营效益。

(3)企业社会责任报告制度

企业社会责任报告(简称CSR报告)是企业非财务信息披露的重要载体。近年来,优秀的企业社会责任案例不断涌现,CSR报告制度可促进企业履行社会责任。

(4)失信被执行人

被执行人具有履行能力而拒不履行生效法律文书确定的义务,并具有下列情形之一的,人民法院应当将其纳入失信被执行人名单,依法对其进行信用惩戒:①以伪造证据、暴力、威胁等方法妨碍、抗拒执行的;②以虚假诉讼、虚假仲裁或者以隐匿、转移财产等方法规避执行的;③违反财产报告制度的;④违反限制高消费令的;⑤被执行人无正当理由拒不履行执行和解协议的;⑥其他有履行能力而拒不履行生效法律文书确定

（5）监管函、处罚决定

受到证监会、上交所、深交所处罚、重点监管决定。

（三）市场化转型指标

1. 公司在所属区域市场占有度

在市场规模不变的前提下，公司产品的销售量随市场占有率的提升而增加。通常市场占有率越高，企业的竞争力越强，因此，企业的竞争能力可以通过市场占有率进行考量。同时，由于规模经济效应，提高市场占有率可能会在一定程度上降低单位产品成本，提升利润率。

2. 主营业务集中度

主营业务集中度为逆向指标，主营业务集中度越高，公司经营过程中对单一业务的依赖性越强，更有可能面临经营风险。

3. 融资渠道单一程度

融资渠道单一程度为逆向指标，企业的融资渠道越单一，越有可能面对资金流动性风险。

三、指标体系的测算方法

本评价指标体系在各地方政府投融资平台 2019—2021 年经营数据的基础上，通过相关数据的测算，对平台的发展情况进行评价。

（一）指标赋权

通过对各一级指标下的二级指标数及三级指标数的考量，本评价指标体系在对地方政府投融资平台进行评价时侧重于公司自身的财务经营状况，我们以 72.5%、20%、7.5% 的比例来对公司业绩、社会责任、市场化转型三个一级指标进行赋权。

各指标权重情况见表 3—2，对标准化的三级指标值进行加总可获得最终评价得分。

表 3—2　　　　　　　　　各指标权重设置

一级指标	权重	二级指标	权重	三级指标	权重
公司业绩	72.5%	基础指标	10%	总资产	5%
				净资产	5%
		财务效益指标	16%	资产收益率	3.2%
				总资产报酬率	3.2%
				主营业务利润率	3.2%
				盈余现金保障倍数	3.2%
				成本费用利润率	3.2%

续表

一级指标	权重	二级指标	权重	三级指标	权重
公司业绩	72.5%	资产运营指标	15.5%	总资产周转率	3.875%
				流动资产周转率	3.875%
				存货周转率	3.875%
				应收账款周转率	3.875%
		偿债能力指标	15.5%	资产负债率	3.1%
				EBITDA利息保障倍数	3.1%
				现金流动负债比率	3.1%
				速动比率	3.1%
				流动比率	3.1%
		发展能力指标	15.5%	总资产增长率	3.875%
				销售增长率	3.875%
				三年资本平均增长率	3.875%
				三年销售平均增长率	3.875%
社会责任	20%	国资运营指标	6.67%	资本金利润率	3.333%
				资本保值增值率	3.333%
		企业责任指标	13.33%	综合社会贡献	3.333%
				纳税管理	2.5%
				企业社会责任报告制度	2.5%
				失信执行人	2.5%
				监管函、处罚决定	2.5%
市场化转型	7.5%	市场化转型指标	7.5%	公司在所属区域市场占有度	2.5%
				主营业务集中度	2.5%
				融资渠道单一程度	2.5%
合　计					100%

（二）标准化处理

为避免不同单位和范围会对各三级指标的可比性产生影响，保证三级指标之间具有可加性，我们会以0—1标准化（0—1 Normalization）方法对指标进行标准化处理，最终结果会以[0,1]区间分布的形式呈现。

具体的处理过程如下：

X为某具体指标的原始测算值，$X_{\min}$为某具体指标中的最小值，$X_{\max}$为某具体指标中的最大值，X即为经过标准化处理后的指标标准值。上述处理的优势在于经过处理的标准值均分布在相同区间，为后期的数据处理及权重赋值提供了便利。

正向指标、逆向指标标准化处理公式分别如下：

$$X' = \frac{X - X_{\min}}{X_{\max} - X_{\min}} \tag{3-25}$$

$$X' = \frac{\dfrac{1}{X} - \dfrac{1}{X_{\max}}}{\dfrac{1}{X_{\min}} - \dfrac{1}{X_{\max}}} \qquad (3-26)$$

四、指标体系的数据来源

本评价指标体系中的数据来源于市场公开披露的数据,指标数据涵盖 2019—2021 年,主要数据来源如下表 3—3 所示。在数据使用过程中,按指标需求对初始数据进行相应处理。

表 3—3　　　　　　　　　　　数据来源

序号	数据来源
1	Wind
2	中国债券信息网
3	中国外汇交易中心网
4	上海证券交易所——公司债券项目信息平台
5	深圳证券交易所——固定收益信息平台
6	各省、市、自治区政府工作报告

在计算指标时,我们会根据不同指标对数据进行调用,若存在个别年份缺少数据的情况,则会以年平均增长率计算或求取相邻年份指标的算术平均值替代空缺。

第二节　地方政府投融资平台转型发展排名及分析

我们通过整理计算 2019—2021 年的指标数据,获得全国已公开融资的地方政府投融资平台得分,针对平台实际控制人不同的行政属性,分别选取省级 80 强、直辖市级[1]50 强、地市级 200 强、区县级 150 强榜单列示分析。在排名中,若母公司与其控股或参股子公司同时入选,则剔除控股或参股的子公司,只对母公司列示分析。若平台的实际控制人为港澳台公司,则不列示。

---

[1]　北京、上海、重庆、天津地区的地方政府投融资平台按直辖市级参与排名,不再在省级、地市级、区县级地方政府投融资平台排名中列示。

一、省级80强

表3—4　　　　　　　　　　　省级地方政府投融资平台排名

排名	公司名称	省份	城市
1	山东高速集团有限公司	山东省	济南市
2	四川发展(控股)有限责任公司	四川省	成都市
3	浙江省交通投资集团有限公司	浙江省	杭州市
4	广东省环保集团有限公司	广东省	广州市
5	广西投资集团有限公司	广西壮族自治区	南宁市
6	陕西建工集团有限公司	陕西省	西安市
7	湖北交通投资集团有限公司	湖北省	武汉市
8	甘肃省公路航空旅游投资集团有限公司	甘肃省	兰州市
9	福建省能源集团有限责任公司	福建省	福州市
10	湖南省交通水利建设集团有限公司	湖南省	长沙市
11	江苏交通控股有限公司	江苏省	南京市
12	河南投资集团有限公司	河南省	郑州市
13	湖北省联合发展投资集团有限公司	湖北省	武汉市
14	福建省国有资产管理有限公司	福建省	福州市
15	广东粤海控股集团有限公司	广东省	广州市
16	山西建设投资集团有限公司	山西省	太原市
17	陕西投资集团有限公司	陕西省	西安市
18	福建省高速公路集团有限公司	福建省	福州市
19	安徽省投资集团控股有限公司	安徽省	合肥市
20	华远国际陆港集团有限公司	山西省	太原市
21	云南省交通投资建设集团有限公司	云南省	昆明市
22	陕西旅游集团有限公司	陕西省	西安市
23	宁夏国有资本运营集团有限责任公司	宁夏回族自治区	银川市
24	水发集团有限公司	山东省	济南市
25	江西省天然气集团有限公司	江西省	南昌市
26	江西省交通投资集团有限公司	江西省	南昌市
27	长江产业投资集团有限公司	湖北省	武汉市
28	内蒙古高速公路集团有限公司	内蒙古自治区	呼和浩特市

续表

排名	公司名称	省份	城市
29	中原豫资投资控股集团有限公司	河南省	郑州市
30	贵州乌江能源投资有限公司	贵州省	贵阳市
31	湖南省高速公路集团有限公司	湖南省	长沙市
32	广西北部湾国际港务集团有限公司	广西壮族自治区	南宁市
33	安徽省国有资本运营控股集团有限公司	安徽省	合肥市
34	山东省鲁信投资控股集团有限公司	山东省	济南市
35	河南省交通运输发展集团有限公司	河南省	郑州市
36	云南省建设投资控股集团有限公司	云南省	昆明市
37	新疆交通投资(集团)有限责任公司	新疆维吾尔自治区	乌鲁木齐市
38	广西交通投资集团有限公司	广西壮族自治区	南宁市
39	新疆投资发展(集团)有限责任公司	新疆维吾尔自治区	乌鲁木齐市
40	海南省发展控股有限公司	海南省	海口市
41	四川省投资集团有限责任公司	四川省	成都市
42	福建省投资开发集团有限责任公司	福建省	福州市
43	广西北部湾投资集团有限公司	广西壮族自治区	南宁市
44	河北建设投资集团有限责任公司	河北省	石家庄市
45	云南省投资控股集团有限公司	云南省	昆明市
46	福建建工集团有限责任公司	福建省	福州市
47	安徽省交通控股集团有限公司	安徽省	合肥市
48	山东省财金投资集团有限公司	山东省	济南市
49	贵州高速公路集团有限公司	贵州省	贵阳市
50	山东港口日照港集团有限公司	山东省	日照市
51	浙江交工集团股份有限公司	浙江省	杭州市
52	山东省土地发展集团有限公司	山东省	济南市
53	山西路桥建设集团有限公司	山西省	太原市
54	陕西交通控股集团有限公司	陕西省	西安市
55	陕西省水务集团有限公司	陕西省	西安市
56	河南水利投资集团有限公司	河南省	郑州市
57	陕西环保产业集团有限责任公司	陕西省	西安市
58	广西农垦集团有限公司	广西壮族自治区	南宁市

续表

排名	公司名称	省份	城市
59	吉林省高速公路集团有限公司	吉林省	长春市
60	贵州省水利投资(集团)有限责任公司	贵州省	贵阳市
61	江西省铁路航空投资集团有限公司	江西省	江西省
62	新疆能源(集团)有限责任公司	新疆维吾尔自治区	乌鲁木齐市
63	河北高速公路集团有限公司	河北省	石家庄市
64	广西旅游发展集团有限公司	广西壮族自治区	南宁市
65	河北交通投资集团有限公司	河北省	石家庄市
66	甘肃省电力投资集团有限责任公司	甘肃省	兰州市
67	江西省港航建设投资集团有限公司	江西省	南昌市
68	广东省公路建设有限公司	广东省	广州市
69	陕西文化产业投资控股(集团)有限公司	陕西省	西安市
70	新疆新业国有资产经营(集团)有限责任公司	新疆维吾尔自治区	乌鲁木齐市
71	贵州交通建设集团有限公司	贵州省	贵阳市
72	江苏省沿海开发集团有限公司	江苏省	南京市
73	湖南高速投资发展有限公司	湖南省	长沙市
74	内蒙古水务投资集团有限公司	内蒙古自治区	呼和浩特市
75	广东省高速公路有限公司	广东省	广州市
76	新疆交通建设投资控股有限公司	新疆维吾尔自治区	乌鲁木齐市
77	广东省路桥建设发展有限公司	广东省	广州市
78	福建省漳州高速公路有限公司	福建省	漳州市
79	湖南发展资产管理集团有限公司	湖南省	长沙市
80	贵州铁路投资集团有限责任公司	贵州省	贵阳市

全国前80位省级地方政府投融资平台公司排名情况如上表所示,其中陕西省入选7家平台,在榜单入选数量位居第一,福建省、广西壮族自治区、山东省各入选6家,在榜单入选数量并列第二。从质量上来看,榜单前十中,山东省、四川省、浙江省、广东省、广西壮族自治区、陕西省、湖北省、甘肃省、福建省以及湖南省各入选1家,其中山东高速集团有限公司位居榜单首位。

在排名中位于前列的山东高速集团有限公司、四川发展(控股)有限责任公司等公司的资产体量较大。截至2021年末,山东高速集团有限公司总资产规模为11 391.85亿元,负债规模合计8 463.41亿元,资产负债率为74.29%;2021年,公司营业收入为 1 850.47 亿元,净利润为 112.41 亿元。截至 2021 年末,四川发展(控股)有限责任公司总资产规模为 15 081.02 亿元,负债规模合计 10 977.53 亿元,资产负债率为 72.79%;2021 年,公司营业收入为 3 381.94 亿元,净利润为 84.21 亿元。根据证监会行业分类标准,山东高速集团有限公司在交通运输、仓储和邮政业,道路运输业位居第一名,四川发展(控股)有限责任公司在综合类位居第一名。

二、直辖市级 50 强

(一)直辖市本级 20 强

全国排名前 20 位的直辖市市本级地方政府投融资平台见表 3-5,其中北京入选 9 家平台,在榜单入选数量位居第一位。从质量上来看,榜单前十中,北京平台入选 5 家,上海平台入选 3 家,其中北京国有资本运营管理有限公司位居榜单首位。截至 2021 年末,北京国有资本运营管理有限公司总资产规模达 33 373.05 亿元,负债规模达 21 558.05 亿元,资产负债率为 64.60%;2021 年,公司营业收入为 14 049.88 亿元,净利润为 653.68 亿元。根据证监会行业分类标准,北京国有资本经营管理中心在综合类位居第一名。

表 3-5 直辖市本级地方政府投融资平台排名

排名	公司名称	直辖市
1	北京国有资本运营管理有限公司	北京市
2	北京首都创业集团有限公司	北京市
3	重庆水务环境控股集团有限公司	重庆市
4	上海城投(集团)有限公司	上海市
5	北京市基础设施投资有限公司	北京市
6	天津城市基础设施建设投资集团有限公司	天津市
7	北京首都旅游集团有限责任公司	北京市
8	北京市国有资产经营有限责任公司	北京市
9	上海地产(集团)有限公司	上海市
10	上海城建(集团)有限公司	上海市
11	北京市首都公路发展集团有限公司	北京市
12	重庆市水利投资(集团)有限公司	重庆市
13	北京保障房中心有限公司	北京市
14	北京城市排水集团有限责任公司	北京市
15	重庆发展投资有限公司	重庆市

续表

排名	公司名称	直辖市
16	上海临港经济发展(集团)有限公司	上海市
17	天津泰达投资控股有限公司	天津市
18	天津能源投资集团有限公司	天津市
19	天津渤海国有资产经营管理有限公司	天津市
20	中关村发展集团股份有限公司	北京市

(二)直辖市下辖区级 30 强

全国排名前 30 位的直辖市下辖区级地方政府投融资平台见表 3－6,其中,重庆入选 11 家平台,天津入选 9 家平台,在榜单入选数量方面分别位居第一、第二位。从质量上来看,榜单前十中,天津平台入选 4 家,北京平台入选 3 家,其中,北京朝阳国有资本运营管理有限公司位居榜单首位,北京市海淀区国有资本运营有限公司、北京金融街资本运营集团有限公司分居榜单第二、第三位。根据证监会行业分类标准,北京朝阳国有资本运营管理有限公司在综合类位居第一名;北京金融街资本运营集团有限公司在建筑业－土木工程建筑业位居第一名。

表 3－6　　　　　　直辖市下辖区级地方政府投融资平台排名

排名	公司名称	直辖市
1	北京朝阳国有资本运营管理有限公司	北京市
2	北京市海淀区国有资本运营有限公司	北京市
3	北京金融街资本运营集团有限公司	北京市
4	上海金桥(集团)有限公司	上海市
5	上海大宁资产经营(集团)有限公司	上海市
6	天津市西青经济开发集团有限公司	天津市
7	天津海泰控股集团有限公司	天津市
8	天津津南城市建设投资有限公司	天津市
9	重庆市万州三峡平湖有限公司	重庆市
10	天津东方财信投资集团有限公司	天津市
11	北京市顺义区国有资本经营管理有限公司	北京市
12	天津临港投资控股有限公司	天津市
13	重庆市江津区华信资产经营(集团)有限公司	重庆市
14	天津宝星建设发展集团有限公司	天津市

续表

排名	公司名称	直辖市
15	北京未来科学城发展集团有限公司	北京市
16	重庆市南川区城市建设投资(集团)有限公司	重庆市
17	天津保税区投资控股集团有限公司	天津市
18	天津市北辰区建设开发有限公司	天津市
19	重庆市合川城市建设投资(集团)有限公司	重庆市
20	上海浦东发展(集团)有限公司	上海市
21	重庆国际物流枢纽园区建设有限责任公司	重庆市
22	上海新长宁(集团)有限公司	上海市
23	北京亦庄投资控股有限公司	北京市
24	重庆长寿开发投资(集团)有限公司	重庆市
25	重庆市南州水务(集团)有限公司	重庆市
26	重庆九龙园高新产业集团有限公司	重庆市
27	重庆百盐投资(集团)有限公司	重庆市
28	天津市武清区国有资产经营投资有限公司	天津市
29	重庆渝隆资产经营(集团)有限公司	重庆市
30	重庆万州经济技术开发(集团)有限公司	重庆市

三、地市级200强

排名前200位的地市级地方政府投融资平台见表3—7。与省级平台公司的分布情况不同,在前200名中,江苏省、广东省、四川省、浙江省、山东省等地的平台公司占据多席,反映出这些省份的地市级平台公司具有较强的竞争力。其中江苏省共40家地市级平台公司入选,入选数量位居第一,广东省、四川省分别以22家、20家位居第二、第三,表现较为出色。在排名前10位的公司中,有6家公司来自广东省,广西壮族自治区、山东省、四川省、浙江省各入选1家,其中广州市建筑集团有限公司位居榜单榜首。根据证监会行业分类标准,在市级平台200强榜单中,广州市建筑集团有限公司在建筑业—土木工程建筑业位居第一名。

表 3—7　　　　　　　　　　地市级地方政府投融资平台排名

排名	公司名称	省份	城市
1	广州市建筑集团有限公司	广东省	广州市
2	桂林市交通投资控股集团有限公司	广西壮族自治区	桂林市
3	珠海华发集团有限公司	广东省	珠海市
4	宜宾发展控股集团有限公司	四川省	宜宾市
5	科学城(广州)投资集团有限公司	广东省	广州市
6	珠海港控股集团有限公司	广东省	珠海市
7	青岛海发国有资本投资运营集团有限公司	山东省	青岛市
8	杭州市城市建设投资集团有限公司	浙江省	杭州市
9	深圳市投资控股有限公司	广东省	深圳市
10	广州地铁集团有限公司	广东省	广州市
11	广州发展集团股份有限公司	广东省	广州市
12	佛山市公用事业控股有限公司	广东省	佛山市
13	成都兴城投资集团有限公司	四川省	成都市
14	绍兴市交通投资集团有限公司	浙江省	绍兴市
15	深圳市地铁集团有限公司	广东省	深圳市
16	西安高新控股有限公司	陕西省	西安市
17	广州珠江实业集团有限公司	广东省	广州市
18	苏州工业园区国有资本投资运营控股有限公司	江苏省	苏州市
19	郑州地产集团有限公司	河南省	郑州市
20	舟山海城建设投资集团有限公司	浙江省	舟山市
21	西安城市基础设施建设投资集团有限公司	陕西省	西安市
22	晋城市国有资本投资运营有限公司	山西省	晋城市
23	石家庄国控城市发展投资集团有限责任公司	河北省	石家庄市
24	成都高新投资集团有限公司	四川省	成都市
25	乌鲁木齐城市建设投资(集团)有限公司	新疆维吾尔自治区	乌鲁木齐市
26	合肥市建设投资控股(集团)有限公司	安徽省	合肥市
27	临沂投资发展集团有限公司	山东省	临沂市
28	江东控股集团有限责任公司	安徽省	马鞍山市
29	广州港集团有限公司	广东省	广州市
30	拉萨市城市建设投资经营有限公司	西藏自治区	拉萨市

续表

排名	公司名称	省份	城市
31	舟山海洋综合开发投资有限公司	浙江省	舟山市
32	广元市投资发展集团有限公司	四川省	广元市
33	南京扬子国资投资集团有限责任公司	江苏省	南京市
34	乌鲁木齐高新投资发展集团有限公司	新疆维吾尔自治区	乌鲁木齐市
35	唐山市城市发展集团有限公司	河北省	唐山市
36	成都轨道交通集团有限公司	四川省	成都市
37	广州环保投资集团有限公司	广东省	广州市
38	汉江国有资本投资集团有限公司	湖北省	襄阳市
39	福州国有资本投资运营集团有限公司	福建省	福州市
40	龙岩交通发展集团有限公司	福建省	龙岩市
41	广州高新区投资集团有限公司	广东省	广州市
42	洛阳城市发展投资集团有限公司	河南省	洛阳市
43	昆明滇池投资有限责任公司	云南省	昆明市
44	深圳高速公路集团股份有限公司	广东省	深圳市
45	广州交通投资集团有限公司	广东省	广州市
46	伊犁哈萨克自治州财通国有资产经营有限责任公司	新疆维吾尔自治区	伊犁哈萨克自治州
47	江苏方洋集团有限公司	江苏省	连云港市
48	青岛国信发展(集团)有限责任公司	山东省	青岛市
49	青岛西海岸新区海洋控股集团有限公司	山东省	青岛市
50	无锡市交通产业集团有限公司	江苏省	无锡市
51	衢州市国有资本运营有限公司	浙江省	衢州市
52	广州市公共交通集团有限公司	广东省	广州市
53	武汉市城市建设投资开发集团有限公司	湖北省	武汉市
54	邯郸城市发展投资集团有限公司	河北省	邯郸市
55	建发房地产集团有限公司	福建省	厦门市
56	杭州市地铁集团有限责任公司	浙江省	杭州市
57	巴中市国有资本运营集团有限公司	四川省	巴中市
58	盐城东方投资开发集团有限公司	江苏省	盐城市
59	赣州发展投资控股集团有限责任公司	江西省	赣州市
60	成都环境投资集团有限公司	四川省	成都市

续表

排名	公司名称	省份	城市
61	泸州市兴泸投资集团有限公司	四川省	泸州市
62	成都天府新区投资集团有限公司	四川省	成都市
63	山东公用控股有限公司	山东省	济宁市
64	三明市城市建设投资集团有限公司	福建省	三明市
65	焦作市投资集团有限公司	河南省	焦作市
66	深圳市特区建设发展集团有限公司	广东省	深圳市
67	南昌市政公用集团有限公司	江西省	南昌市
68	三门峡市投资集团有限公司	河南省	三门峡市
69	苏州工业园区兆润投资控股集团有限公司	江苏省	苏州市
70	绵阳科技城发展投资(集团)有限公司	四川省	绵阳市
71	乌鲁木齐经济技术开发区建设投资开发(集团)有限公司	新疆维吾尔自治区	乌鲁木齐市
72	南通城市建设集团有限公司	江苏省	南通市
73	嘉兴市高等级公路投资有限公司	浙江省	嘉兴市
74	无锡城建发展集团有限公司	江苏省	无锡市
75	江苏瀚瑞投资控股有限公司	江苏省	镇江市
76	淄博市城市资产运营有限公司	山东省	淄博市
77	鹰潭市国有控股集团有限公司	江西省	鹰潭市
78	龙岩投资发展集团有限公司	福建省	龙岩市
79	晋中市公用基础设施投资控股(集团)有限公司	山西省	晋中市
80	南宁高新产业建设开发集团有限公司	广西壮族自治区	南宁市
81	银川通联资本投资运营有限公司	宁夏回族自治区	银川市
82	珠海大横琴集团有限公司	广东省	珠海市
83	巴州国信建设发展投融资有限公司	新疆维吾尔自治区	巴音郭楞蒙古自治州
84	泰州市城市建设投资集团有限公司	江苏省	泰州市
85	福州城市建设投资集团有限公司	福建省	福州市
86	浙江嘉兴国有资本投资运营有限公司	浙江省	嘉兴市
87	许昌市投资集团有限公司	河南省	许昌市
88	湖州市城市投资发展集团有限公司	浙江省	湖州市
89	郑州公共住宅建设投资有限公司	河南省	郑州市

续表

排名	公司名称	省份	城市
90	湖北省科技投资集团有限公司	湖北省	武汉市
91	阜阳投资发展集团有限公司	安徽省	阜阳市
92	成都文化旅游发展集团有限责任公司	四川省	成都市
93	珠海水务环境控股集团有限公司	广东省	珠海市
94	建安投资控股集团有限公司	安徽省	亳州市
95	盐城市城市资产投资集团有限公司	江苏省	盐城市
96	菏泽投资发展集团有限公司	山东省	菏泽市
97	郑州公用事业投资发展集团有限公司	河南省	郑州市
98	南宁建宁水务投资集团有限责任公司	广西壮族自治区	南宁市
99	临沂城市建设投资集团有限公司	山东省	临沂市
100	常州市交通产业集团有限公司	江苏省	常州市
101	咸阳市城市建设投资控股集团有限公司	陕西省	咸阳市
102	郑州高新投资控股集团有限公司	河南省	郑州市
103	绵阳市投资控股(集团)有限公司	四川省	绵阳市
104	嘉兴市现代服务业发展投资集团有限公司	浙江省	嘉兴市
105	郑州经开投资发展有限公司	河南省	郑州市
106	常州投资集团有限公司	江苏省	常州市
107	嘉兴滨海控股集团有限公司	浙江省	嘉兴市
108	南京市交通建设投资控股(集团)有限责任公司	江苏省	南京市
109	镇江城市建设产业集团有限公司	江苏省	镇江市
110	武汉城市建设集团有限公司	湖北省	武汉市
111	乌鲁木齐经济技术开发区建发国有资本投资运营(集团)有限公司	新疆维吾尔自治区	乌鲁木齐市
112	常州东方新城建设集团有限公司	江苏省	常州市
113	日照市城市建设投资集团有限公司	山东省	日照市
114	成都产业投资集团有限公司	四川省	成都市
115	厦门火炬集团有限公司	福建省	厦门市
116	佛山市建设开发投资有限公司	广东省	佛山市
117	周口市投资集团有限公司	河南省	周口市
118	徐州市交通控股集团有限公司	江苏省	徐州市
119	淄博高新国有资本投资有限公司	山东省	淄博市

续表

排名	公司名称	省份	城市
120	达州市投资有限公司	四川省	达州市
121	杭州市交通投资集团有限公司	浙江省	杭州市
122	淮安新城投资开发有限公司	江苏省	淮安市
123	长沙高新控股集团有限公司	湖南省	长沙市
124	泰州市交通产业集团有限公司	江苏省	泰州市
125	广西柳州市东城投资开发集团有限公司	广西壮族自治区	柳州市
126	连云港市城建控股集团有限公司	江苏省	连云港市
127	湖南湘江新区发展集团有限公司	湖南省	长沙市
128	扬州绿色产业投资发展控股(集团)有限责任公司	江苏省	扬州市
129	乐山国有资产投资运营(集团)有限公司	四川省	乐山市
130	株洲市城市建设发展集团有限公司	湖南省	株洲市
131	温州市交通发展集团有限公司	浙江省	温州市
132	潍坊市城市建设发展投资集团有限公司	山东省	潍坊市
133	济南高新控股集团有限公司	山东省	济南市
134	江苏大丰海港控股集团有限公司	江苏省	盐城市
135	宝鸡市投资(集团)有限公司	陕西省	宝鸡市
136	保定市国控集团有限责任公司	河北省	保定市
137	沧州市建设投资集团有限公司	河北省	沧州市
138	阿克苏地区绿色实业开发有限公司	新疆维吾尔自治区	阿克苏地区
139	青岛华通国有资本投资运营集团有限公司	山东省	青岛市
140	盐城海瀛控股集团有限公司	江苏省	盐城市
141	泰州市金东城市建设投资集团有限公司	江苏省	泰州市
142	常德市经济建设投资集团有限公司	湖南省	常德市
143	南昌市交通投资集团有限公司	江西省	南昌市
144	徐州经济技术开发区国有资产经营有限责任公司	江苏省	徐州市
145	泰州华诚医学投资集团有限公司	江苏省	泰州市
146	郑州发展投资集团有限公司	河南省	郑州市
147	岳阳市城市建设投资集团有限公司	湖南省	岳阳市
148	赣州民晟实业投资有限责任公司	江西省	赣州市

续表

排名	公司名称	省份	城市
149	南宁威宁投资集团有限责任公司	广西壮族自治区	南宁市
150	龙城产业投资控股集团有限公司	江苏省	常州市
151	福州水务集团有限公司	福建省	福州市
152	无锡市市政公用产业集团有限公司	江苏省	无锡市
153	福建漳州城投集团有限公司	福建省	漳州市
154	铜陵大江投资控股有限公司	安徽省	铜陵市
155	株洲市国有资产投资控股集团有限公司	湖南省	株洲市
156	青岛地铁集团有限公司	山东省	青岛市
157	宿迁市城市建设投资(集团)有限公司	江苏省	宿迁市
158	镇江市风景旅游发展有限责任公司	江苏省	镇江市
159	泸州产业发展投资集团有限公司	四川省	泸州市
160	南通经济技术开发区控股集团有限公司	江苏省	南通市
161	江苏新海连发展集团有限公司	江苏省	连云港市
162	赣州城市开发投资集团有限责任公司	江西省	赣州市
163	无锡市建设发展投资有限公司	江苏省	无锡市
164	曹妃甸国控投资集团有限公司	河北省	唐山市
165	成都经开产业投资集团有限公司	四川省	成都市
166	南昌市建设投资集团有限公司	江西省	南昌市
167	抚州市市属国有资产投资控股集团有限公司	江西省	抚州市
168	克拉玛依市城市建设投资发展有限责任公司	新疆维吾尔自治区	克拉玛依市
169	宁波开发投资集团有限公司	浙江省	宁波市
170	宜昌城市发展投资集团有限公司	湖北省	宜昌市
171	渭南市城市投资集团有限公司	陕西省	渭南市
172	江苏叠石桥家纺产业集团有限公司	江苏省	南通市
173	宁德市交通投资集团有限公司	福建省	宁德市
174	西安航空城建设发展(集团)有限公司	陕西省	西安市
175	泰州凤城河建设发展有限公司	江苏省	泰州市
176	泰州东部新城发展集团有限公司	江苏省	泰州市
177	江苏世纪新城投资控股集团有限公司	江苏省	盐城市
178	绍兴市城市建设投资集团有限公司	浙江省	绍兴市
179	铜仁市黔东汇能物流有限公司	贵州省	铜仁市

续表

排名	公司名称	省份	城市
180	苏州中方财团控股股份有限公司	江苏省	苏州市
181	眉山市宏顺停车管理服务有限公司	四川省	眉山市
182	长沙市轨道交通集团有限公司	湖南省	长沙市
183	自贡市国有资本投资运营集团有限公司	四川省	自贡市
184	衡阳市城市建设投资有限公司	湖南省	衡阳市
185	武汉地铁集团有限公司	湖北省	武汉市
186	昆明市交通投资有限责任公司	云南省	昆明市
187	怀化高新产业投资发展集团有限公司	湖南省	怀化市
188	宁乡经济技术开发区建设投资有限公司	湖南省	宁乡市
189	苏州城市建设投资发展有限责任公司	江苏省	苏州市
190	杭州市钱江新城投资集团有限公司	浙江省	杭州市
191	孝感市城市建设投资公司	湖北省	孝感市
192	湘潭高新集团有限公司	湖南省	湘潭市
193	娄底市城市发展集团有限公司	湖南省	娄底市
194	中山城市建设集团有限公司	广东省	中山市
195	扬州市城建国有资产控股(集团)有限责任公司	江苏省	扬州市
196	成都城建投资管理集团有限责任公司	四川省	成都市
197	江门市高新技术工业园有限公司	广东省	江门市
198	宣城市国有资本投资运营控股集团有限公司	安徽省	宣城市
199	西安经发集团有限责任公司	陕西省	西安市
200	温州市交通运输集团有限公司	浙江省	温州市

四、区县级 150 强

排名前 150 的区县级地方政府投融资平台见表 3－8，入选榜单的平台所属区域中，江苏省、浙江省、山东省三个地区分别以 53 家、44 家、15 家位列第一、第二和第三名。整体来看，江浙地区地理位置优越，经济实力较强，地方政府能够给予平台公司更多的资源和资金支持。

表 3-8　　　　　　　　　　　　区县级地方政府投融资平台排名

排名	公司名称	省份	城市
1	广东南海控股集团有限公司	广东省	佛山市
2	神木市国有资本投资运营集团有限公司	陕西省	神木市
3	常高新集团有限公司	江苏省	常州市
4	东台市城市建设投资发展集团有限公司	江苏省	东台市
5	绍兴市柯桥区国有资产投资经营集团有限公司	浙江省	绍兴市
6	桐乡市城市建设投资有限公司	浙江省	桐乡市
7	常熟市发展投资有限公司	江苏省	常熟市
8	江阴城市建设投资有限公司	江苏省	江阴市
9	厦门海沧投资集团有限公司	福建省	厦门市
10	绍兴市上虞区国有资本投资运营有限公司	浙江省	绍兴市
11	库尔勒城市建设(集团)有限责任公司	新疆维吾尔自治区	库尔勒市
12	常熟市城市经营投资有限公司	江苏省	常熟市
13	嘉善县国有资产投资集团有限公司	浙江省	嘉兴市
14	新沂市城市投资发展集团有限公司	江苏省	新沂市
15	义乌市国有资本运营有限公司	浙江省	义乌市
16	嵊州市投资控股有限公司	浙江省	嵊州市
17	南京六合经济技术开发集团有限公司	江苏省	南京市
18	伟驰控股集团有限公司	江苏省	常州市
19	江苏武进经济发展集团有限公司	江苏省	常州市
20	南京高淳国有资产经营控股集团有限公司	江苏省	南京市
21	建德市国有资产经营有限公司	浙江省	建德市
22	温岭市国有资产投资集团有限公司	浙江省	温岭市
23	张家港市直属公有资产经营有限公司	江苏省	张家港市
24	苏州苏高新集团有限公司	江苏省	苏州市
25	南京江宁城市建设集团有限公司	江苏省	南京市
26	海宁市资产经营公司	浙江省	海宁市
27	张家港保税区金港资产经营有限公司	江苏省	张家港市
28	杭州萧山国有资产经营集团有限公司	浙江省	杭州市
29	瑞安市国有资产投资集团有限公司	浙江省	瑞安市
30	南京溧水城市建设集团有限公司	江苏省	南京市

续表

排名	公司名称	省份	城市
31	昆山国创投资集团有限公司	江苏省	昆山市
32	桂林新城投资开发集团有限公司	广西壮族自治区	桂林市
33	杭州余杭创新投资有限公司	浙江省	杭州市
34	宁波杭州湾新区开发建设有限公司	浙江省	宁波市
35	昆山创业控股集团有限公司	江苏省	昆山市
36	青岛市即墨区城市开发投资有限公司	山东省	青岛市
37	南安市能源工贸投资发展集团有限公司	福建省	南安市
38	诸暨市国有资产经营有限公司	浙江省	诸暨市
39	余姚市舜财投资控股有限公司	浙江省	余姚市
40	南京溧水产业投资控股集团有限公司	江苏省	南京市
41	杭州西湖投资集团有限公司	浙江省	杭州市
42	南京市六合区国有资产经营(控股)有限公司	江苏省	南京市
43	睢宁县润企投资有限公司	江苏省	徐州市
44	乐清市国有投资有限公司	浙江省	乐清市
45	西安国际陆港投资发展集团有限公司	陕西省	西安市
46	平湖市国有资产控股集团有限公司	浙江省	平湖市
47	海盐县国有资产经营有限公司	浙江省	嘉兴市
48	福清市国有资产营运投资集团有限公司	福建省	福清市
49	浏阳现代制造产业建设投资开发有限公司	湖南省	浏阳市
50	成都空港城市发展集团有限公司	四川省	成都市
51	江苏华靖资产经营有限公司	江苏省	靖江市
52	溧阳市城市建设发展集团有限公司	江苏省	溧阳市
53	滕州信华投资集团有限公司	山东省	滕州市
54	江阴市公有资产经营有限公司	江苏省	江阴市
55	太仓娄城高新集团有限公司	江苏省	太仓市
56	宁波市镇海区海江投资发展有限公司	浙江省	宁波市
57	昆山高新集团有限公司	江苏省	昆山市
58	靖江港口集团有限公司	江苏省	靖江市
59	南京浦口经济开发有限公司	江苏省	南京市
60	西安曲江文化控股有限公司	陕西省	西安市
61	成都市兴城建实业发展有限责任公司	四川省	成都市

续表

排名	公司名称	省份	城市
62	浙江杭州青山湖科技城投资集团有限公司	浙江省	杭州市
63	南京市建邺区高新科技投资集团有限公司	江苏省	南京市
64	成都香城投资集团有限公司	四川省	成都市
65	昆山交通发展控股集团有限公司	江苏省	昆山市
66	湘潭九华经济建设投资有限公司	湖南省	湘潭市
67	德清县建设发展集团有限公司	浙江省	湖州市
68	慈溪市国有资产投资控股有限公司	浙江省	慈溪市
69	台州市路桥公共资产投资管理集团有限公司	浙江省	台州市
70	苏州市吴江城市投资发展集团有限公司	江苏省	苏州市
71	宁波市镇海投资有限公司	浙江省	宁波市
72	成都武侯资本投资管理集团有限公司	四川省	成都市
73	南京汤山建设投资发展有限公司	江苏省	南京市
74	登封市建设投资集团有限公司	河南省	登封市
75	平阳县国资发展有限公司	浙江省	温州市
76	淄博市临淄区公有资产经营有限公司	山东省	淄博市
77	广州市番禺交通建设投资有限公司	广东省	广州市
78	南通市崇川国有资产经营控股（集团）有限公司	江苏省	南通市
79	杭州临平城市建设集团有限公司	浙江省	杭州市
80	青岛胶州城市发展投资有限公司	山东省	胶州市
81	荥阳城市发展投资集团有限公司	河南省	荥阳市
82	邹城市城资控股集团有限公司	山东省	邹城市
83	建湖县城市建设投资集团有限公司	江苏省	盐城市
84	江苏金灌投资发展集团有限公司	江苏省	连云港市
85	江苏润城资产经营集团有限公司	江苏省	邳州市
86	余姚市城市建设投资发展有限公司	浙江省	余姚市
87	靖江市城投基础设施发展有限公司	江苏省	靖江市
88	长兴交通投资集团有限公司	浙江省	湖州市
89	辽宁冠隆建设集团有限公司	辽宁省	沈阳市
90	江苏海晟控股集团有限公司	江苏省	南通市
91	泰兴市成兴国有资产经营投资有限公司	江苏省	泰兴市

续表

排名	公司名称	省份	城市
92	阳城县国有资本投资运营有限公司	山西省	晋城市
93	成都西盛投资集团有限公司	四川省	成都市
94	启东城投集团有限公司	江苏省	启东市
95	眉山市东坡发展投资集团有限公司	四川省	眉山市
96	宁波市奉化区交通投资发展集团有限公司	浙江省	宁波市
97	济宁市兖州区惠民城建投资有限公司	山东省	济宁市
98	浙江安吉两山国有控股集团有限公司	浙江省	湖州市
99	福建省晋江城市建设投资开发集团有限责任公司	福建省	晋江市
100	台州恒金实业投资有限公司	浙江省	台州市
101	东阳市国有资产投资有限公司	浙江省	东阳市
102	成都温江兴蓉西城市运营集团有限公司	四川省	成都市
103	江阴临港新城开发建设有限公司	江苏省	江阴市
104	如东县金鑫交通工程建设投资有限公司	江苏省	南通市
105	成都武侯产业发展投资管理集团有限公司	四川省	成都市
106	浙江安吉国控建设发展集团有限公司	浙江省	湖州市
107	江苏省溧阳高新区控股集团有限公司	江苏省	溧阳市
108	南京市高淳区建设发展集团有限公司	江苏省	南京市
109	长沙市芙蓉城市建设投资集团有限公司	湖南省	长沙市
110	昆山文商旅集团有限公司	江苏省	昆山市
111	寿光市城市建设投资开发有限公司	山东省	寿光市
112	台州市椒江区国有资本运营集团有限公司	浙江省	台州市
113	新疆润盛投资发展有限公司	新疆维吾尔自治区	伊犁哈萨克自治州
114	龙港市国有资本运营有限公司	浙江省	龙港市
115	靖江市滨江新城投资开发有限公司	江苏省	靖江市
116	江苏海润城市发展集团有限公司	江苏省	南通市
117	杭州良渚文化城集团有限公司	浙江省	杭州市
118	沛县国有资产经营有限公司	江苏省	徐州市
119	青岛市即墨区城市旅游开发投资有限公司	山东省	青岛市
120	青岛全球财富中心开发建设有限公司	山东省	青岛市
121	湖北夷陵经济发展集团有限公司	湖北省	宜昌市

续表

排名	公司名称	省份	城市
122	浏阳市城市建设集团有限公司	湖南省	浏阳市
123	绍兴市柯桥区城建投资开发集团有限公司	浙江省	绍兴市
124	南昌市红谷滩城市投资集团有限公司	江西省	南昌市
125	青岛胶州湾发展集团有限公司	山东省	胶州市
126	南京江宁国有资产经营集团有限公司	江苏省	南京市
127	武汉洪山城市建设投资有限公司	湖北省	武汉市
128	武汉市硚口国有资产经营有限公司	湖北省	武汉市
129	合肥鑫城国有资产经营有限公司	安徽省	合肥市
130	扬州市邗江城市建设发展有限公司	江苏省	扬州市
131	滕州市城市国有资产经营有限公司	山东省	滕州市
132	青岛海创开发建设投资有限公司	山东省	青岛市
133	宁海县城投集团有限公司	浙江省	宁波市
134	威海市中城公有资产经营有限公司	山东省	威海市
135	浙江省新昌县投资发展集团有限公司	浙江省	绍兴市
136	泗洪县宏源公有资产经营有限公司	江苏省	宿迁市
137	宁波市鄞城集团有限责任公司	浙江省	宁波市
138	蒙城县城市发展投资控股集团有限公司	安徽省	亳州市
139	杭州萧山环境集团有限公司	浙江省	杭州市
140	荣成市经济开发投资有限公司	山东省	荣成市
141	巢湖市城镇建设投资有限公司	安徽省	巢湖市
142	淄博市博山区公有资产经营有限公司	山东省	淄博市
143	苏州汾湖投资集团有限公司	江苏省	苏州市
144	杭州钱塘新区产业发展集团有限公司	浙江省	杭州市
145	江苏金坛投资控股有限公司	江苏省	常州市
146	杭州钱塘智慧城投资开发有限公司	浙江省	杭州市
147	宁乡市城市建设投资集团有限公司	湖南省	宁乡市
148	江苏大行临港产业投资有限公司	江苏省	扬中市
149	福建石狮产业投资发展集团有限责任公司	福建省	石狮市
150	广州市番禺信息技术投资发展有限公司	广东省	广州市

其中广东南海控股集团有限公司位居区县级榜单榜首,截至2021年末,该公司总

资产规模383.29亿元,负债合计225.50亿元,资产负债率为58.83%;2021年,公司营业收入140.09亿元,净利润15.26亿元。根据证监会行业分类标准,广东南海控股集团有限公司在电力、热力、燃气及水生产和供应业位居第一。

第四章

西北地区投融资平台转型发展评价研究

本书按照现实地理区位情况,将西部地区分为西南区域和西北区域,西北区域除包括传统行政区域划分中的西北五省(自治区)——新疆、宁夏、甘肃、青海及陕西外,还加入了位于华北地区的内蒙古。本章将对新疆、宁夏、内蒙古、甘肃、青海、陕西六省(自治区)及新疆生产建设兵团的投融资能力及经济发展、转型发展能力展开研究。

第一节 新疆维吾尔自治区投融资平台转型发展评价

新疆维吾尔自治区地处祖国西北边陲,是我国向西开放的重要窗口,政治和战略地位极其突出。2021年,新疆维吾尔自治区实现GDP 15 983.65亿元,在全国31个省、自治区、直辖市中排名第25;GDP同比增长7.0%,在全国31个省、自治区、直辖市中排名第19。作为陆上丝绸之路和向西开发开放的重要核心节点,近几年新疆经济总量稳步上升且发展趋势较好,地方投融资平台在西北六省(自治区)中发展情况总体较好,区域经济的持续快速发展为当地投融资平台的发展壮大提供了重要机遇。

2021年,新疆维吾尔自治区GDP位居西北六省(自治区)第3位,但仍与陕西省2021年GDP 29 800.98亿元差距较大。由于新疆区位优势和资源优势明显,在新一轮西部大开发加快推进、丝绸之路经济带核心区加快建设的背景下,新疆发展前景十分广阔。

一、基本情况简介

(一)经济发展水平分析

2018—2021年,新疆地区生产总值分别为12 809.39亿元、13 597.11亿元、

13 797.58亿元和15 983.65亿元,同比分别增长6.1%、6.2%、3.4%和7.0%。2022年前三季,受新冠肺炎疫情影响,全区经济下行压力加大。但在自治区党委的坚强领导下,全区上下扎实推进稳增长一揽子政策措施,1—8月经济运行总体保持平稳。实现地区生产总值13 023.82亿元,同比增长3.9%。

作为我国向西开发开放的桥头堡和丝绸之路经济带核心区,新疆区位优势和资源优势明显,煤炭、天然气、石油及风能、太阳能等储量丰富,叠加新疆在维护国家统一、民族团结和社会稳定等方面的突出地位,新疆持续受到国家重点扶持。全国19个省市对口支援新疆,持续加强产业援疆力度,支持新疆承接东部沿海发达地区产业转移,助力新疆加快推进"一港""两区""五大中心"及"口岸经济带"的建设。其中,喀什、霍尔果斯两个经济开发区,成为新疆乃至我国向西开放的重要窗口,助力新疆进一步深化同周边国家的交流与合作。2021年,新疆对外贸易进出口总值达1 569.07亿元,同比增长5.71%,前三大贸易伙伴分别为哈萨克斯坦、吉尔吉斯斯坦、塔吉克斯坦。其中,同哈萨克斯坦之间的进出口额达到681.1亿元,下降10.1%;同吉尔吉斯斯坦之间的进出口达352.1亿元,增长243.3%;同塔吉克斯坦之间的进出口达63.4亿元,增长52.1%,三者合计占同期新疆外贸总值的69.9%。

产业结构方面,新疆产业结构不断优化升级。第一产业、第二产业和第三产业结构由2015年的15.3∶39.1∶45.6调整为2021年的14.8∶37.3∶47.9,供给侧结构性改革成效显著。

2018—2021年,新疆维吾尔自治区主要经济指标如表4—1所示。

表4—1　　　　　　　新疆维吾尔自治区2018—2021年主要经济指标数据

项目	2018年 指标值	2018年 增长率(%)	2019年 指标值	2019年 增长率(%)	2020年 指标值	2020年 增长率(%)	2021年 指标值	2021年 增长率(%)
地区生产总值(亿元)	12 809.39	6.10	13 597.11	6.20	13 797.58	3.40	15 983.65	7.00
第一产业(亿元)	1 692.09	4.70	1 781.75	5.30	1 981.28	4.30	2 356.06	7.90
第二产业(亿元)	4 657.16	4.20	4 795.50	3.70	4 744.45	7.80	5 967.36	0.07
第三产业(亿元)	6 460.14	8.00	7 019.86	8.10	7 071.85	0.20	7 660.23	0.07
固定资产投资(亿元)	—	−25.20	—	2.50	—	16.20	—	15.00
社会消费品零售总额(亿元)	3 186.97	5.20	3 361.60	5.50	3 062.55	−15.30	3 584.62	17.00

续表

项目	2018年 指标值	增长率(%)	2019年 指标值	增长率(%)	2020年 指标值	增长率(%)	2021年 指标值	增长率(%)
城镇居民人均可支配收入（元，实际增长）	32 764.00	6.50	34 664.00	5.80	34 838.00	0.50	37 642.00	8.00
农村居民人均可支配收入（元，实际增长）	11 975.00	8.40	13 122.00	9.60	14 056.00	7.10	15 575.00	10.80
居民消费价格指数（上年同期＝100）	102.00	2.00	101.90	1.90	101.50	1.50	101.20	1.20

数据来源：新疆维吾尔自治区统计局网站。

近年来，新疆持续推动三次产业结构优化升级，未来发展态势进一步清晰。第一产业方面，稳粮、优棉、促畜、强果、兴特色，加快构建现代农业产业体系、生产体系和经营体系；第二产业方面，在持续推进石油、电力、化工、煤炭、有色金属等传统支柱产业转型发展的同时，积极培育新材料、新能源、生物医药及信息技术等新兴产业，持续推动工业转型升级；第三产业方面，持续推动旅游业、商贸物流、电子商务和金融等行业快速发展，推动现代服务业做大做优，释放需求潜力。特别是旅游业，依托丰富的旅游资源，新疆着力加快旅游基础设施建设、完善旅游公共服务体系，包括冰雪旅游、自驾旅游、低空旅游、度假旅游及民俗旅游等。2021年，新疆共接待国内外游客1.91亿人次，实现旅游收入1 415.69亿元。

随着西部大开发及"一带一路"建设的持续深入推进，新疆作为向西开发开放的桥头堡地位将进一步稳固，有望持续获得国家各项政策支持，在对口援疆政策的支持下持续推进产业结构优化升级。在此背景下，新疆各地区的投融资平台依托区位优势和资源优势，有望在政策指导下走出一条转型升级的特色道路，并为自身和区域经济的可持续发展注入新的动力。

（二）财政预算能力分析

2018—2021年，新疆维吾尔自治区一般公共预算收入分别为1 531.46亿元、1 577.60亿元、1 477.21亿元和1 618.60亿元，2021年同比增长9.6%，2021年一般公共预算收入在全国31个省市中排第24位。依靠突出的政治和战略地位，中央政府的转移支付对新疆财力形成重要支撑，2018—2021年的复合增速达到4.9%。2020年，新疆全区获得一般公共预算补助收入3 621.70亿元，地区财力5 707.77亿元，较2019年增长4.10%。2018—2021年新疆维吾尔自治区财政收入规模如表4-2所示。

表 4—2   2018—2021 年新疆维吾尔自治区财政收入规模

项　目	2018 年	2019 年	2020 年	2021 年
地方一般公共预算收入(亿元)	1 531.46	1 577.60	1 477.21	1 618.60
其中:税收收入(亿元)	1 051.76	1 016.10	951.07	1 093.24
政府性基金预算收入(亿元)	614.30	527.47	591.41	606.10
国有资本经营预算收入(亿元)	8.1	52.8	17.45	13.4

数据来源:新疆维吾尔自治区财政厅。

从收入结构来看,2018—2021 年,新疆全区税收收入占地方一般公共预算收入的比例分别为 68.68%、64.41%、64.38% 和 67.54%,均低于同期全国水平的 85.30%、82.99%、84.36% 和 85.24%,一般公共预算收入的稳定性相对较弱。2021 年,受土地出让节奏放缓影响,新疆全区政府性基金预算收入为 606.1 亿元,为预算的 141.1%,下降 23.4%。2021 年新疆维吾尔自治区与其他各省一般公共预算收入对比如图 4—1 所示。

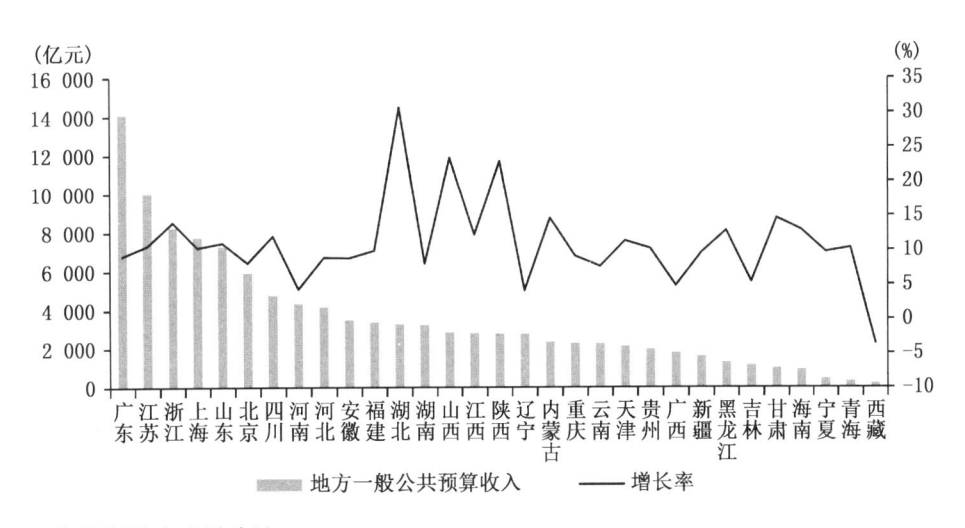

数据来源:各省财政局。

图 4—1   2021 年新疆维吾尔自治区与其他各省一般公共预算收入对比

从经济发展情况来看,新疆以省会乌鲁木齐为中心的北疆地区经济财政实力相对较强,南疆地区相对较弱,呈北强南弱态势。结合各地财政情况来看,乌鲁木齐市、昌吉州、阿克苏地区及克拉玛依市财政实力相对较强,伊犁州、巴音郭楞州、喀什地区、哈密市、塔城地区及吐鲁番市等处于中游水平,阿勒泰地区、和田地区、博尔塔拉蒙古自治州及克孜勒苏州相对较弱。

伴随"西部大开发""一带一路"等重大战略的深入实施,新疆不断深化供给侧结构性改革,在产业结构进一步得到优化的同时,一般公共预算收入有望持续增长,叠加中央对新疆提供的大量财政支持,新疆整体财政实力有望稳步增长,区域债务压力较为可控。

(三)地方整体债务评价

2021年末,新疆全区政府债务余额为4 268.35亿元,低于财政部规定的当年末债务限额的7 167.86亿元,债务规模水平居全国中下游。从债务资金投向来看,新疆政府债务主要用于基础设施建设,其中市政建设、保障性住房和棚户区改造、农田水利建设、政权建设等建设项目形成的政府债务占比分别为24.44%、22.40%、9.77%和8.11%。上述建设项目形成了大量有一定经营性收入的优质资产,在一定程度上保障了相关债务的本息偿还。从债务期限结构来看,新疆政府债务期限结构相对合理,不存在债务大规模集中到期兑付的情况,2022—2024年,新疆到期政府债务分别为495.89亿元、628.46亿元和377.36亿元。

2021年,新疆(不含生产建设兵团)累计发行地方政府债券1 456.4亿元,其中一般债券297亿元,上述债券资金主要用于义务教育、脱贫攻坚、农林水利、市政基础设施等领域;专项债券766亿元,上述债券资金主要用于交通、能源、农林水利、生态环保、社会事业、城乡冷链物流基础设施、市政和产业园区基础设施、保障性安居工程等重点领域。

结合新疆各地经济发展水平和债务情况来看,乌鲁木齐市地方政府债务规模最高,2021年末达到1 335.47亿元,但其相对较强的财政实力确保了到期债务偿付风险较为可控,博尔塔拉蒙古自治州、克孜勒苏州、和田地区及阿勒泰地区等受经济发展水平影响,债务负担相对较重,其他地市州的债务负担则相对可控。

2015—2021年,从信用债(包括企业债、公司债、中期票据、短期融资券、定向工具等)的发行只数和发行规模来看,同陕西省的1 272只、15 028.24亿元相比,新疆地区共发行1 295只、6 681.52亿元,单只债券发行规模相差一倍以上。而从新疆各地区城投债的实际发行情况来看,新疆城投债的发行主体主要集中在国家级开发区、乌鲁木齐市及生产建设兵团,而包括伊犁州、昌吉州、塔城地区、克拉玛依市、哈密市、巴音郭楞州及阿克苏地区等地市州在内的城投平台资质差异较大。整体来看,新疆当前整体经济体量相对较小,得益于中央提供的转移支付支持,新疆区域债务风险相对可控。借助西部大开发及"一带一路"建设的历史机遇,新疆有望在未来迎来经济持续快速发展的黄金期,为当地投融资平台进一步转型升级提供重要的发展机会。

二、投融资平台排名

(一)省级平台排名情况

新疆维吾尔自治区省级政府投融资平台排名如表4—3所示。

表4—3　　　　　　　新疆维吾尔自治区省级政府投融资平台排名

排名	发行人中文名称	自治区	城市	行政级别
1	新疆交通投资(集团)有限责任公司	新疆维吾尔自治区	乌鲁木齐市	省级
2	新疆投资发展(集团)有限责任公司	新疆维吾尔自治区	乌鲁木齐市	省级
3	新疆能源(集团)有限责任公司	新疆维吾尔自治区	乌鲁木齐市	省级
4	新疆新业国有资产经营(集团)有限责任公司	新疆维吾尔自治区	乌鲁木齐市	省级
5	新疆交通建设投资控股有限公司	新疆维吾尔自治区	乌鲁木齐市	省级

数据来源:课题组整理计算得出。

(二)地市级(含国家级开发区)平台排名情况

表4—4　　　　　　　新疆维吾尔自治区市级政府投融资平台排名

排名	发行人中文名称	自治区	城市	行政级别
1	乌鲁木齐城市建设投资(集团)有限公司	新疆维吾尔自治区	乌鲁木齐市	地市级
2	乌鲁木齐高新投资发展集团有限公司	新疆维吾尔自治区	乌鲁木齐市	地市级
3	伊犁哈萨克自治州财通国有资产经营有限责任公司	新疆维吾尔自治区	伊犁哈萨克自治州	地市级
4	乌鲁木齐经济技术开发区建设投资开发(集团)有限公司	新疆维吾尔自治区	乌鲁木齐市	地市级
5	巴州国信建设发展投融资有限公司	新疆维吾尔自治区	巴音郭楞蒙古自治州	地市级
6	乌鲁木齐经济技术开发区建发国有资本投资运营(集团)有限公司	新疆维吾尔自治区	乌鲁木齐市	地市级
7	阿克苏地区绿色实业开发有限公司	新疆维吾尔自治区	阿克苏地区	地市级

续表

排名	发行人中文名称	自治区	城市	行政级别
8	克拉玛依市城市建设投资发展有限责任公司	新疆维吾尔自治区	克拉玛依市	地市级
9	乌鲁木齐经济技术开发区高铁枢纽综合投资(集团)有限公司	新疆维吾尔自治区	乌鲁木齐市	地市级
10	博尔塔拉蒙古自治州国有资产投资经营有限责任公司	新疆维吾尔自治区	博尔塔拉蒙古自治州	地市级
11	昌吉州国有资产投资经营集团有限公司	新疆维吾尔自治区	昌吉回族自治州	地市级
12	乌鲁木齐房地产开发(集团)有限公司	新疆维吾尔自治区	乌鲁木齐市	地市级
13	乌鲁木齐城市轨道集团有限公司	新疆维吾尔自治区	乌鲁木齐市	地市级
14	塔城地区国有资产投资经营公司	新疆维吾尔自治区	塔城地区	地市级
15	新疆维吾尔自治区哈密市国有资产投资经营有限公司	新疆维吾尔自治区	哈密市	地市级
16	和田玉鑫国有资产投资经营有限责任公司	新疆维吾尔自治区	和田地区	地市级
17	阿克苏纺织城发展有限责任公司	新疆维吾尔自治区	阿克苏地区	地市级
18	阿勒泰地区国有资产投资经营有限公司	新疆维吾尔自治区	阿勒泰地区	地市级
19	吐鲁番地区国有资产投资经营有限公司	新疆维吾尔自治区	吐鲁番市	地市级

数据来源:课题组整理计算得出。

(三)区县级平台排名情况

新疆维吾尔自治区区县级政府投融资平台排名如表4—5所示。

表4—5　　　　新疆维吾尔自治区区县级政府投融资平台排名

排名	发行人中文名称	自治区	城市	行政级别
1	库尔勒城市建设(集团)有限公司	新疆维吾尔自治区	库尔勒市	区县级
2	新疆润盛投资发展有限公司	新疆维吾尔自治区	伊犁哈萨克自治州	区县级
3	昌吉市国有资产投资经营有限公司	新疆维吾尔自治区	昌吉市	区县级

续表

排名	发行人中文名称	自治区	城市	行政级别
4	伊宁市国有资产投资经营(集团)有限责任公司	新疆维吾尔自治区	伊宁市	区县级
5	阿克苏信诚资产投资经营有限责任公司	新疆维吾尔自治区	阿克苏市	区县级
6	喀什城建投资集团有限公司	新疆维吾尔自治区	喀什市	区县级
7	乌苏市兴融建设投资集团有限责任公司	新疆维吾尔自治区	乌苏市	区县级
8	哈密市建辉国有资产管理有限公司	新疆维吾尔自治区	哈密市	区县级

数据来源：课题组整理计算得出。

三、案例分析

(一)省级平台——新疆能源(集团)有限责任公司

1. 公司基本情况分析

新疆能源(集团)有限责任公司(以下简称"能源集团")是由新疆维吾尔自治区人民政府出资组建的国有独资公司，系自治区一类企业，是自治区战略管理、资源控制、资本运营的重要平台，依托新疆的资源、能源优势及股东背景优势，主要从事煤炭及油气资源勘探与开发、供应链贸易、风电及光伏电站项目建设运营及重点铁路项目建设与管理等业务。截至2021年末，能源集团总资产为247.10亿元，净资产为130.71亿元；2021年度，能源集团实现营业收入100.99亿元，净利润1.29亿元。2021年7月，经联合资信评定，能源集团主体评级为AA+，评级展望为稳定。

自成立以来，能源集团与主要金融机构均保持良好合作关系，积极加强与国内主要商业银行的合作，经营发展得到了有力的信贷支持。近年来，能源集团深化改革创新，积极应对挑战，稳妥推进煤炭及油气开发、转化及相关配套业务，电力生产、供应及相关配套业务以及非金属矿产资源开发业务等。截至目前，能源集团已获得准东煤田大井矿区一井田、哈密三塘湖矿区石头梅一号露天煤矿以及准东五彩湾矿区二号露天煤矿等多处煤矿资源，煤炭储量达115亿吨；2018年初，能源集团取得塔里木盆地温宿西区块石油天然气探矿权，探矿权面积1 387平方公里，成为自治区第一家拥有油气探矿权的地方国有企业；2015年底，能源集团建成"疆电外送"配套电源——哈密烟墩20万千瓦风力发电、10万千瓦光伏发电等清洁能源项目，年发电量近5亿千瓦·时，实现良好的经济和社会效益；高纯石英砂、绿碳化硅产业以及相关科研攻关项目，在全球碳化硅生产和研发领域居于领先地位。

2. 公司发展过程分析

(1)围绕能源业务,提升综合实力

能源集团的主营业务紧紧围绕"三主一辅"开展,以煤炭资源及转化、油气勘探开发及管道建设、能源服务业为三大主业,以新能源、非煤资源开发与储备为辅业。以全资或控股方式负责管理经营以及作为参股合作方取得投资收益相结合的项目开发模式,业务范围涉及电力、煤炭、贸易、天然气、金融等行业。

(2)打通融资渠道,增强资金实力

自成立以来,能源集团通过发行私募债、中期票据等共计融资超过30亿元人民币,在国内债券融资市场已经崭露头角。同时,能源集团也在积极拓展海外融资渠道。2020年4月,通过定制化的内保直贷业务,能源集团收到交通银行日本东京分行流动资金贷款9 650万元人民币,标志着2020年首单境外融资业务圆满落地,是能源集团融资模式创新的又一举措,进一步拓宽了能源集团融资渠道,为满足集团当年日常经营流动资金需求提供了有力保障。

3. 公司转型发展启示

(1)把握政策趋势,有机整合产业链

新疆是我国重要的战略能源储备基地,对国家经济安全具有极为重要的战略意义。近年来,伴随着我国经济发展进入"增速换档期",能源产业发展面临新的要求。2021年6月,《新疆维吾尔自治区国民经济和社会发展第十四个五年规划和2035年远景目标纲要》发布(以下简称《纲要》),《纲要》指出:"落实国家能源发展战略,围绕国家'三基地一通道'定位,加快煤电油气风光储一体化示范,构建清洁低碳、安全高效的能源体系,保障国家能源安全供应"。主要包括建设国家大型油气生产加工和储备基地、建设国家大型煤炭煤电煤化工基地、建设国家新能源基地、发展壮大新能源产业和建设国家能源资源陆上大通道。《纲要》还强调"加强风电关键设备及零部件研发和生产,有序发展分布式光伏发电。推进风能、光伏发电进行电解水制氢"。在此背景下,能源集团紧紧围绕"三主一辅"开展主营业务,旗下全资子公司新疆能源(集团)产业链有限责任公司立足于助力集团成为自治区的战略管理、资源控制、资本运营平台。根据新疆优势资源转换战略,借鉴国内外经验和做法,打破传统思维,建立产业链运营体系,围绕新疆区域优势能源产业链的上下游,确定了"为新疆能源行业产业增效提供系统服务"的发展定位,建立了"发现区域价值+建立合作平台+形成产业联盟+提供价值服务"的商业模式。能源集团充分借助政策优势,围绕自身优势产业,加快市场化步伐,加快推进自身业务转型升级,持续提升自身的经营水平。

(2)发挥省级平台优势,积极寻求跨区域合作

能源集团主营业务方向是国家格外重视的能源领域,具备得天独厚的资源优势,通过与央企、科研机构等开展合作,进一步扩大自身产业优势的同时实现发展方式的转变。2018年6月,能源集团与中国能源工程集团在乌鲁木齐举行全面合作协议签约仪式,助推新疆能源领域向绿色化工发展转换。2019年,能源集团与中国能源工程集团、浙江大学热能工程研究所签署了三方战略合作协议,有助于提升能源集团在能源领域的综合科研水平,进一步提升经营效益和可持续发展能力。

(二)地市级平台——伊犁哈萨克自治州财通国有资产经营有限责任公司

1. 公司基本情况分析

伊犁哈萨克自治州财通国有资产经营有限责任公司(以下简称"伊犁财通")系伊犁哈萨克自治州人民政府重点构建的国有企业,控股股东为伊犁哈萨克自治州国资委,持股比例为98.76%。在州政府的支持下,伊犁财通大力开展粮食贸易、基础设施建设和供热供水业务,并逐步涉足有色金属购销、旅游和担保等多个行业。截至2021年末,伊犁财通总资产为600.14亿元,净资产为255.49亿元;2021年度,伊犁财通实现营业收入49.23亿元,净利润1.38亿元。2022年7月,经联合资信综合评定,伊犁财通主体评级为AA+,评级展望为稳定。

伊犁财通作为伊犁哈萨克自治州人民政府授权管理国有资产、开展资本运营的国有控股公司,是负责国有资产经营和基础设施建设的骨干企业,在业务获取及开展方面具有明显的政策优势。当前,伊犁财通的业务共分为五个业务板块:(1)粮食贸易业务,包括下属县市粮食收储贸易业务;(2)基础设施建设业务,包括基础设施项目和保障房项目等;(3)有色金属购销业务,涉及产品包括电解铜、锌锭、铅锭及铝锭等;(4)供热供水业务,包括城市供水和供热业务;(5)其他业务,主要包括租赁和旅游业务,其中,租赁业务为所属草场资产、土地使用权及房屋等的租赁,旅游业务为地理、水体、生物景观、文物古迹、民俗风情、休闲健身6类旅游资源运营。

2. 公司发展过程分析

(1)积极进行资产整合,提升公司综合实力

自成立以来,在州政府的大力支持下,伊犁财通不断进行国有资产整合,公司整体架构日益完善,管理运营体系也日渐成熟。在粮食贸易方面,公司持续加快粮食市场体系建设,充分发挥国有粮食企业在粮食收购中的主渠道作用,构建规范高效的粮食收购服务体系,对保持粮食供求基本平衡和价格基本稳定、促进农民增产增收、保障国家粮食安全等发挥了重要作用;在基础设施建设方面,公司积极响应政府"大建设、大开发、大发展"的号召,承担大量伊犁州城市基础设施建设任务。同时,公司进一步完善供热供水业务,至"十三五"末,州直农村自来水普及率达到96%,城镇集中供水普

及率达到93.65%。"十四五"规划提出,到2025年,农村自来水普及率、城镇集中供水率均达到99%以上。在旅游业务方面,伊犁财通积极整合伊犁州旅游资源,加大对区域内景区基础设施建设的投入,不断提升旅游业务的吸引力。

(2)积极利用政策优势,因地制宜拓展业务

2010年,中央新疆工作座谈会召开后,伊犁州进入"大建设、大开发、大发展"的新时期,国家开发投资公司在伊犁州累计投资800亿元,以支持当地基础性、资源性产业快速发展。2020年,习近平总书记在第三次中央新疆工作座谈会上发表重要讲话,系统阐释了新时代党的治疆方略,明确了当前和今后一个时期新疆工作的指导思想、目标任务、方针政策、战略举措,全面部署了推动新疆社会稳定和长治久安的重点工作。在国家政策和对口援疆工作的支持下,伊犁州持续稳定发展的势头较为强劲。伊犁财通作为伊犁州最重要的国有资产管理平台,广泛参与伊犁州各县市的基础设施建设,持续提升自身在维护粮食安全方面的重要地位。未来还将直接或间接参与各类援疆项目,开发旅游和矿产资源。

3. 公司转型发展启示

(1)积极拓展业务范围,增强发展后劲

伊犁财通主营业务为粮食贸易、基础设施建设、有色金属购销及供热供水,并涉足旅游、租赁及担保等多个行业,经营范围广,有效增强了自身的综合经营能力。以有色金属购销业务为例,借助伊犁州有色金属资源丰富的天然优势,2019年,伊犁财通有色金属购销业务稳步推进,并逐渐向实物贸易转型,通过与供应商签订长期物资供需协议,有效扩大了公司总体的营收规模。

(2)向项目管理运营方倾斜,提升市场化能力

在鼓励城投公司转型的当下,各级城投公司应以服务区域发展为出发点,由城市市政基础设施的投资者积极向城市市政综合运营服务商的角色转变。各层级城投公司作为国有企业,通过承担地方基础设施建设,形成了大量优质的经营性资产,借助经营性资产的经营和管理,可有效促进城投公司业务转型升级,加快提高其市场化经营能力,从而进一步提升其可持续发展潜力。

(三)区县级平台——库尔勒城市建设(集团)有限责任公司

1. 公司基本情况分析

库尔勒城市建设(集团)有限责任公司(以下简称"库尔勒城建")由库尔勒国有资产监督管理委员会控股,持股比例为86.21%,自成立以来,得到巴音郭楞州及库尔勒市两级政府在政策、资金、项目等方面的大力支持,承担了库尔勒城市基础设施建设、保障房开发与经营及棚户区拆迁改造等任务,是库尔勒市城市发展的重要建设力量。

库尔勒城建的业务发展与库尔勒市经济的整体发展密不可分,对提高国有资产运营效率、促进经济社会可持续发展发挥了重要作用。截至2021年末,库尔勒城建总资产为325.17亿元,净资产为122.57亿元;2021年度,库尔勒城建实现营业收入18.43亿元,净利润1.92亿元。2022年6月,经中诚信国际综合评定,库尔勒城建的主体评级为AA,评级展望为稳定。

成立至今,库尔勒城建在库尔勒市城市建设领域发挥了重要作用,积累了大量的项目运作经验,成功开展了各类保障性住房项目、城市基础设施项目的建设工作。在长期的业务发展过程中,公司形成了一套行之有效的科学管理体系,建立起涵盖人事、行政、财务、投资管理、资产运营、安全管理等涉及公司经营各个方面的公司管理制度,培养了专业化的管理团队和经验丰富的业务团队,丰富的项目运作经验也为公司持续发展奠定了坚实基础。

2. 公司发展过程分析

(1)获取政府支持,发挥基建优势

作为库尔勒市主要的基础设施建设投融资主体,库尔勒城建得到了库尔勒市政府在资金、政策等方面的大力支持,在业务获取方面具有显著优势。库尔勒市以较强的经济财政实力,一方面通过优质资产注入及财政补贴等方式不断增强库尔勒城建的经营实力,另一方面大力支持库尔勒城建从事重大项目建设,通过授权经营等方式,为库尔勒城建的业务发展提供良好环境和有力保障。

(2)积极拓展业务,加快转型升级

作为库尔勒市重要的基础设施建设主体,库尔勒城建充分利用自身区位优势及业务优势,积极参与库尔勒市城市工业化、城镇化、城乡一体化的发展进程,努力打造市场化投融资平台,形成集市政工程建设、棚户区拆迁改造和保障性住房运营与管理于一体的产业布局,并积极拓展多元化产业经营模式。随着保障房入住率的提高和服务范围的扩大,公司未来也将重点发展物业管理业务。在强化传统业务的同时,库尔勒城建继续探索业务模式,加快市场化转型步伐。

3. 公司发展模式启示

(1)明确自身定位,有序进行转型

库尔勒城建作为库尔勒国资委出资成立的国有控股企业,是库尔勒城市基础设施和重点项目建设的重要实施主体,在库尔勒城市建设领域居于主导地位。近年来,公司陆续承担了库尔勒三河贯通、库尔勒市供水、孔雀河整治、市政道路、联合办公大楼、园林宾馆、社保大厦等重要工程项目,有力地推动了当地经济社会的快速发展。库尔勒城建找准自身定位,精准对接当地实际需求,在坚持既有的城市基础设施建设、保障房开发与经营及棚户区拆迁改造等业务的基础上,边发展边转型,有序提升自身市场化运营水平。

(2)依法开展业务,强化合规管理

库尔勒城建的保障性住房业务、棚户区拆迁改造业务是受库尔勒市政府或相关部门委托;市政工程建设业务由全资子公司承担,主要通过招投标的方式从库尔勒市住房和城乡建设局获得。已完工及在建项目的保障房建设业务、棚户区拆迁改造业务部分为 BT 项目,已签订相关协议,同时根据项目建设规划、偿债能力进行约定,确定合理的建设规模,并按计划分年偿还,不涉及政府举债行为。各级城投公司在开展基础设施建设业务时,不得存在为地方政府融资的行为,须符合新《预算法》《国务院关于加强地方政府性债务管理的意见》(国发〔2014〕43 号)等相关文件的要求,强化合规管理水平。

(四)国家级经济开发区平台——乌鲁木齐高新投资发展集团有限公司

1. 公司基本情况分析

乌鲁木齐高新投资发展集团有限公司(以下简称"乌高新集团")成立于 2007 年 8 月,注册资本 50 亿元。2018 年,乌高新集团成功入围中国地方政府投融资平台市级百强投融资平台名单,位列第 69 位,是新疆维吾尔自治区入围全国百强市级政府投融资平台名单的 3 家公司之一。作为乌鲁木齐高新区(新市区)唯一的国有资本投资运营平台,近年来,公司不断深化国有企业改革,始终秉承以资本为纽带、以项目为抓手,重点立足"资本招商",利用新区国企政策、资产和信用优势,不断加大资本投资和资本运营力度,加快项目成果转化,助力新区产业发展。现阶段,公司业务可划分为供应链贸易、管养业务、房屋租赁、政府购买服务、工程建设业务、小额贷款及融资担保等多个板块。截至 2021 年末,乌高新集团总资产为 321.52 亿元,净资产为 129.83 亿元;2021 年度,公司实现营业收入 37.58 亿元,净利润 2.04 亿元。2021 年 7 月,经中诚信国际综合评定,乌高新集团的主体评级为 AA+,评级展望为稳定。

2. 公司发展过程分析

在转型发展过程中,乌高新集团主要在业务结构、管理制度及融资渠道三个方面进行探索与尝试,收效颇丰。

业务结构方面,公司不断探索适合公司发展的业务及业务模式,构建更市场化的业务体系,从强化传统业务、拓展新业务与探索新型服务业三个方面发力,构建完善的区域综合运营商服务链。在强化传统业务方面,公司着力保持市政基础设施管理养护、工程建设等传统业务板块的市场垄断优势;在拓展新业务方面,公司结合当地供求关系的实际情况和产业基础,发展供应链贸易、自持物业经营,合理配置资源;在探索新型服务业方面,公司积极开展大数据、智慧城市、创业投资、金融服务等业务,充分发挥国资背景优势,为区域内企业和单位提供更多元化的服务。

管理制度方面,公司不断优化内部管理制度,以适应市场环境。目前,乌高新集团内部已经建立了科学高效的管理与决策机构,对公司的发展方向进行统筹规划,同时,公司建立了独立的管理制度和内控机制,确保决策独立。此外,乌高新集团根据各子公司的业务板块方向,对子公司进行集中归口管理,强化子公司的管控措施,配合集团整体发展规划开展业务工作。

融资渠道方面,公司尝试多种融资渠道,获得了稳定持续的资金来源。信贷业务方面,公司资信状况较好,银行授信额度及剩余额度较大;债券融资方面,公司在交易所、发改委、交易商协会及境外市场等均具有高效稳定的融资渠道,能够根据资金需求开展融资计划,不断优化公司的债务结构和降低融资成本。

通过以上三方面的努力,乌高新集团构建了更加市场化的业务体系,决策环节更为科学高效,融资成本更为可控,为公司日后发展打下了坚实基础。

3. 公司发展模式启示

(1)以产业为核心,构建多层次业务

作为城投公司,拓展新的经营性业务应作为公司转型发展的重中之重,从总体发展战略、竞争战略、业务结构、治理结构等方面向市场经济并轨,形成并培育自身的持续盈利板块。在助力新区产业发展的同时,乌高新集团不断开拓新业务,在自持物业、智慧城市、供应链贸易等领域探索发展,业务结构越来越完善,产业升级如火如荼。

(2)以融资为保障,稳定资金渠道

债务融资方面,对于城投公司来说,市场化债券融资方式包括发行企业债券、公司债券、银行间市场债务融资工具及 ABS 等标准化融资渠道。其他融资渠道包括传统的银行贷款、项目贷款以及融资租赁、信托等。债务融资的优势在于操作效率高、融资条件宽松,能够进一步丰富公司融资渠道,增强融资灵活度。

权益融资方面,城投公司可将现有资产分拆组合,优化结构,组建新的股份有限公司进行上市融资。通过上市,公司可以筹集到长期资本,不涉及到期偿付本息,可以改善公司的资本结构,有利于培育城投公司自身产业优势,为自身业务转型提供有力的资金支持。

四、转型发展建议

新疆各级企业都有较为突出的主营业务和盈利模式,可考虑根据自身发展状况,结合国家及自治区对当地特色产业的相关政策,确定发展战略,整合业务板块,发展特色产业,增强造血能力。

(一)加强制度体系建设

新疆地处祖国西北边陲,政策及市场信息获取不及时的情况较为突出,大量城投公司建立的现代化管理体系不及内地省份的公司贴近市场,规章制度不完善的问题尤为突出,严重制约了城投公司的转型效率和效果。按照"专业化管理、集团化管控"的原则,新疆的城投公司应积极建立专业高效的组织架构,加强集团化组织和管理能力,建立完善的组织架构和治理结构,并通过完善内部管理制度,形成包括重大事项决策制度、财务管理制度、人力资源管理制度、资金管理制度和内部审计制度等在内的完善的内部制度体系,为公司的整体转型提供强有力的制度保障,并应严格按照制度开展业务经营。例如,当前伊犁财通正全方位开展制度体系建设,积极改进限制公司发展的落后机制,建立提升公司运作效率和经营质量的新型制度体系。

在开展制度体系建立的道路上,城投公司尤其要强化集团化组织和管理能力,集团及下属子公司应共同致力于集团整体业务规划的建立与实施,各级子公司的发展路径需与集团整体发展战略相协调,保障集团转型发展计划的顺利实施。

(二)突出地域产业优势

当前,在宏观经济持续下行、中美贸易战的大背景下,各层级城投公司应积极响应国家号召,努力探索出一条适合自身发展的市场化转型升级道路。新疆地域辽阔,矿产资源种类全、储量大、开发前景广阔,新疆能源(集团)有限责任公司依托新疆煤炭、油气资源优势,大力开展煤炭、油气资源勘探与开发及上下游供应链贸易业务,预计将有效提升公司的营业收入及盈利水平;伊犁哈萨克自治州财通国有资产经营有限责任公司依托当地农业产业优势,持续加快粮食市场体系建设,充分发挥国有粮食企业在粮食收购中的主渠道作用,并依托有色金属产业优势,积极开展电解铜、铝锭等有色金属产品购销业务;乌鲁木齐高新投资发展集团有限公司依托疆内企业对有色金属的需求,主动围绕核心企业开展供应链贸易业务,并适时开展黄金原料及棉产品等贸易业务。

综合来看,新疆矿产种类全、储量大、开发前景广阔。目前发现的矿产有138种,占全国已发现矿种的80.7%;查明有资源储量的矿种96种,储量居全国首位的有5种,居前五位的有27种,居前十位的有41种。石油、天然气、煤、铁、铜、金、铬、镍、稀有金属、盐类矿产、建材非金属等蕴藏丰富。各地区产业优势和资源优势各有不同,各地区的城投公司可结合当地实际情况,按照"市场化经营、专业化发展、多元化经营"的指导思想,在传统业务继续发展的同时,通过原有资产整合、对外投资等不同方式,充分挖掘区域产业优势和资源优势,实现多元化经营,建立起具有城市特色的产业结构,从而为自身的持续盈利和可持续发展奠定坚实的基础。

(三)发展新型产业优势

借鉴乌高新集团的发展模式,平台公司可考虑发展智慧城市等相关产业,扩展新型业务,增加新的利润增长点。例如,以顺应地方经济发展作为主要抓手,在将城市做大做强这一道路上,设立高新技术产业开发区、经济技术开发区。城投公司可在新区建设中,逐渐实现自身业务的升级。一方面,城投公司可积极参与新区基础设施建设,利用自身业务优势,打牢新区开发根基;另一方面,城投公司可将自身业务与新区总体产业布局融合,通过持续提供配套的研发办公场所、高效的水电保障系统、科技孵化器等提升服务,实现进一步发展。

借助土地储备及供应、工程建设等方面的先天优势,物业运营是城投公司可重点考虑的发展方向。在"房住不炒"和"三去"政策的背景下,城投公司可寻找时机,因地制宜,更加紧密地跟随政策和市场动向,在深耕多年的领域发展精细化经营的能力,结合 REITs 等创新产品,在长租公寓、养老公寓、商业物业等领域发力,有效提升区域内国有房产的商业运营质量。

且近些年智慧城市的建设逐渐被提上议程,政府也出台了较多关于构建智慧城市的指导意见和政策,在智慧城市建设策略、技术参考以及试点推行等方面做出了指导。全国各省市对智慧城市的建设均予以高度重视,多地陆续发布了与智慧城市建设相关的城市发展规划,力图将信息技术的运用推广到城市管理和大众服务的各个角落。在这一趋势下,城投公司可抓住机会,着力加强与智慧城市建设有关的产业发展。

此外,在当前信息技术飞速发展的背景下,借助自身的股东背景和平台优势,围绕各地资源优势和产业优势,积极开展核心企业的供应链贸易业务,有效提升自身的营收规模和经营性现金流。

(四)增强直接融资能力

2016 年政府工作报告提出,要深化投融资体制改革,继续以市场化方式筹集专项建设基金,推动地方政府融资平台转型改制进行市场化融资,探索基础设施等资产证券化,扩大债券融资规模。2019 年 9 月,在中国人民银行的支持下,经陕西省人民政府同意,省地方金融监管局批准,陕西投融资担保有限责任公司整体变更为陕西信用增进有限责任公司,该公司已获得中诚信国际、联合资信、东方金诚、鹏元资信给出的 AAA 级主体长期信用等级,可为陕西省内企业更好地开展债券融资提供全方位的增信服务,并助力防范化解金融风险。当前,新疆尚无一家专门服务企业直接融资的信用增进公司,所以新疆可效仿陕西省,积极主动同中国人民银行、自治区人民政府和地方金融监管部门对接,通过设立信用增进或专业化担保公司以服务地方投融资平台开展直接融资。此外，新疆地处我国西北部，融资渠道信息获取较其他内地省市存在一定的时滞。在转型发展的关键阶段，新疆各层级城投公司应主动对接金融机构，明确并解决阻碍直接融资的重难点问题，以早日达到直接融资的相关要求，进一步强化直接融资对自身转型发展的支持力度。特别是在鼓励城投公司转型的当下，新疆各级城投公司也可视自身情况以服务区域发展战略为出发点，由市政基础设施的投资者积极向城市市政综合运营服务商的角色转变，依托前期基础设施建设形成的大量优质经营性资产，可尝试通过发行REITs盘活存量资产，为加快城投公司业务转型升级及市场化经营能力提供资金支持，并进一步提升其可持续发展潜力。

第二节　新疆生产建设兵团投融资平台转型发展评价

新疆生产建设兵团是新疆维吾尔自治区的重要组成部分之一，兵团承担着国家赋予的屯垦戍边职责，享有省级行政区的权限，实行党政军企高度合一的特殊管理体制。由于地理位置和体制机制的特殊性，新疆生产建设兵团的平台企业承担的职能范围较广，因此需要开辟自身独特的转型发展道路。兵团在新疆维吾尔自治区中仍有较强的投融资能力，其下辖的平台公司也具有较为稳定的发展潜力。但在目前产业结构转型升级的发展背景下，传统行业发展承压较大。而兵团大多数平台类公司均以上述相关产业为主业，业务单一、行政色彩较为浓郁，从而使得经营业绩受到经济周期与生产成本波动等的影响较大。兵团区域内投融资平台公司应积极拓展业务领域或者转换业务结构，打造市场化综合性平台企业，增强抗风险能力和提升造血能力，进而稳步带动兵团的生产建设及经济发展。

一、基本情况简介

（一）经济发展水平分析

新疆生产建设兵团（以下简称"兵团"）承担着国家赋予的屯垦戍边的职责，是在所辖垦区依照国家和新疆维吾尔自治区的法律、法规，自行管理内部的行政、司法事务，是在国家实行计划单列的特殊社会组织，受中央政府和新疆维吾尔自治区人民政府双重领导。中华人民共和国成立后先后组建的十几个生产建设兵团相继被撤销或者归入地方，而新疆生产建设兵团是目前国内仅存的一个生产建设兵团。1949年新疆和平解放，1954年10月，中央政府命令驻新疆人民解放军第二、第六军大部，第五军大部，第二十二兵团全部，集体就地转业，脱离国防部队序列，组建"中国人民解放军新疆军区生产建设兵团"。新疆生产建设兵团的管理体系主要有兵团、师、团三级，兵团司令部设在乌鲁木齐市,兵团享有省级行政区的权限,而师大多与自治区的地区行政中心对应。兵团推行"党政军企合一"体制,司法上受新疆的高法、高检领导管理,由新疆维吾尔自治区人大常委会任免兵团各级法检的组成人员;在行政业务上受国务院和自治区人民政府的双重领导。

新疆生产建设兵团的土地面积为7.06万平方千米,占新疆总面积的4.24%,约占全国农垦总面积的1/5,是全国最大的垦区之一,截至2021年底,兵团总人口348.51万人。兵团有14个师、179个团,有10个兵团管理的师(市)合一的自治区直辖县级市,呈"点、片状"分布在新疆的14个地州内,分布区域主要是1950年之前尚未开发的荒地。多年来,兵团始终坚持走现代化农业之路,建成了全国重要的优质商品棉生产基地、国家粮食高产创建集中示范区。兵团工业从农副产品加工业起步,逐步形成多门类的工业体系。截至目前,已形成食品医药、纺织服装、氯碱化工和煤化工、装备制造等支柱产业。兵团的发展过程是政府职能逐渐强化的表现,2020年9月,兵团的政府职能进一步强化,兵团先后印发《新疆生产建设兵团承接新疆维吾尔自治区人民政府授予行政权力清单》《兵团办公厅贯彻落实〈国务院关于授权和委托用地审批权的决定〉的通知》。兵团及下属28个部门承接了自治区授权的1 302项行政权力,进一步明确了部分土地管理职能。

兵团的经济体量较小,以第一、二产业为主,第三产业为辅。2021年新疆生产建设兵团全年实现生产总值3 395.61亿元,较上年增长8.0%。其中第一产业增加值786.48亿元,同比增长6.3%;第二产业增加值1 285.56亿元,同比增长8%;第三产业增加值1 323.57亿元,同比增长8.9%。第一产业增加值占生产总值比重为23.2%,第二产业增加值占生产总值比重为37.86%,第三次产业增加值占生产总值比重为38.98%。2021年人均生产总值99 265元,同比增长5.2%。与全国其他省份相比,兵团的经济体量仅高于西藏,实力较弱。从第一产业来看,兵团是我国重要的商品棉基地,2021年棉花总产量208.32万吨,基本保持在上年历史高位水平。从第二产业来看,兵团已形成以纺织、食品、化工、建材、矿业、农用装备为支柱的六大产业。总体来看,兵团政治经济地位突出,未来发展潜力巨大,2021年兵团经济持续增长,为当地平台公司发展提供了良好的外部环境。

(二)财政预算能力分析

兵团内部经过长达10年的财务改革,在20世纪70年代中期以前,国家对兵团实行"统收统支""收支两条线"的农垦财务管理体制,1975年兵团建制撤销后,自治区成立农垦局,兵团工交商建企业移交地方管理,农牧团场则由各地州农垦局管理。1981年兵团建制恢复后,国家经由农业部(现农业农村部)对兵团实行"财务包干"管理体制,并一直延续到1997年。1998年之后,兵团作为中央一级预算单位,由财政部直接管理。作为新疆地区生产建设的重要力量,新疆生产建设兵团于2017年起着手财政体制改革,从而基本理顺了内部财政关系,并于2017年12月18日正式设立了国家金库兵团分库。2018年兵团被赋予独立财权,并逐步建立预算管理体制,并于2020年首次制定并披露上年财政预算执行情况及当年财政预算。

兵团一方面发展基础薄弱,基础设施建设不完善;另一方面生态环境较为恶劣,生产成本高昂也制约了兵团发展。2018年是兵团财政体制改革元年,兵团参照地方建立财政管理体制,并在辖区内全面实施。通过履行税收征管职责、完善内部收入分配制度、专项转移支付制度、实施兵团财政直管团场管理体制改革试点、健全团场分类保障和激励机制等各项工作的推行。到2019年,兵团正式实施财政管理体制,财政预算和政府债务管理得到规范。兵团对62个团场实行兵团财政直管团场财政管理体制改革试点,实施规范的财政预算管理体制,参照地方编制兵团财政预算,提前通知师、团年度转移支付补助额度,首次试编了兵团本级部门预算草案,实现了"一个部门一本预算",实施预算绩效管理,健全完善财政运行机制。

兵团原财务管理体制是从农垦建设时代沿用而来的,在实际运行中既有"财务"职能,又有"财政"职能。实行财政体制后,财政资金管理和支付行为都将严格按照预算管理和相关法律规定执行,将有效提升财政资金的预算管理水平和资金使用效益。经过各级财务部门的不懈探索和艰苦努力,逐步建立起了基本符合兵团运行特点、与地方财政相似的兵团、师、团三级预算管理体系,形成了纵向的三级总预算和横向的部门预算框架体系。兵团、各师、大型团场设立财政局,一般团场设置财政所。兵团三级财政机构是主管各级预算收支、财税政策的综合管理部门,三级财政部门下设国库支付中心(核算中心)等事业单位,共同构成兵团履行财政职能的机构体系。

财政方面,2018—2020年,新疆生产建设兵团财政收入呈波动增长趋势,合并师、团的全兵团口径财政于2020年决算中开始披露明细,2020年全年,兵团公共财政预算收入1 357.45亿元,比上年增长2.1%。其中,一般公共预算收入153.28亿元,比上年增长7.1%。兵团一般预算收入仅占一般预算总收入的11.3%,全年兵团实际完成地方税收收入91.64亿元,增长0.9%。全年兵团一般公共预算支出1 166.80亿元,增长0.7%。受制于地理位置、面积、人口数量等区位因素,兵团财政收入规模较小但总体增速较快。兵团尚处于招商引资的发展初期,因此各项税费优惠力度很大,客观上制约了财力增长,基础设施建设需求较多依靠中央补助来满足。

政府性基金预算方面,2019年兵团本级政府性基金收入0.01亿元,除中央补助5.68亿元,兵团主要依赖专项债务实现收入217.3亿元。

(三)地方整体债务评价

由于兵团并非真正意义上的省级政府部门,因此举借地方政府债券需要以自治区的名义公开发行,兵团预算内债务会纳入自治区限额管理,并每年单独列示。2018年10月30日,兵团在北京成功发行财政部安排的60亿元新增政府债券(一般债券40亿元,专项债券20亿元),标志着兵团由财务向财政的转变又迈出重要一步。相比于2018年60亿元的地方政府债限额,2019年兵团预算内限额攀升至350亿元,其中专项债限额新增230亿元。截至2020年11月,兵团现存债务余额为580亿元。兵团2020年已发行债券181亿元,其中发行新增债券175亿元,发行再融资债券6亿元;一般债券发行额为89亿元,专项债券发行额为92亿元。2018—2019年,兵团累计发行地方债333.04亿元,其中一般债券95.74亿元,专项债券237.30亿元。

城投债方面,兵团城投债规模较小,14个师中只有8个师有城投发债平台,数量共13家,截至2020年7月,兵团存量城投债余额为115亿元。其中第四师城投债负担最重,存量城投债余额为44亿元;其次为第二师、第七师和第一师,存量城投债余额分别为17.3亿元、16.8亿元和10.3亿元,其余师存量城投债余额均不超过10亿元。由于兵团特殊的财税和管理体制,应更需考虑其较高的中央返还性收入,通过兵团主体的有息债务与一般预算支出的比值衡量,十一师和十二师债务水平较高(其非师市合一,或与其所承担的刚性支出较小,故而转移支付较少有关),当然兵团主体中经营性资产多带有产业性质,需进一步分析。具体来看,八师经济产业实力以及人口均属兵团当中最强,与此同时,转移支付亦较多;此外,一师所处的阿拉尔市作为新疆重要的垦区有其重要战略意义(转移支付也相对较多),十一师和十二师地处乌鲁木齐,其有不少优良资产,主平台兵团建工及农十二师国资也具有相对较强的投融资实力。

随着地方政府债的陆续发行,兵团的政府债务规模持续增长,政府债务负担或有所加重,但兵团也正积极进行存量债务化解工作,缓解政府债务压力。2019年,兵团通过下拨经营地租赁收入、师市自筹资金、债随资走和加大清欠力度等方式,化解存量经营性债务85.71亿元,超额完成年度化债任务。未来将进一步统筹管理经营地租赁收入,切实做到资产处置与债务化解相结合,并落实单位主体责任,多渠道筹措资金用于还债。

二、投融资平台排名

新疆生产建设兵团市级政府投融资平台排名如表4—6所示。

表 4—6　　　　　　　　新疆生产建设兵团市级政府投融资平台排名

排名	发行人中文名称	自治区	城市	行政级别
1	新疆生产建设兵团第十二师国有资产经营(集团)有限责任公司	新疆维吾尔自治区	乌鲁木齐市	地市级
2	新疆可克达拉市国有资本投资运营有限责任公司	新疆维吾尔自治区	可克达拉市	地市级
3	新疆生产建设兵团建设工程(集团)有限责任公司	新疆维吾尔自治区	乌鲁木齐市	地市级
4	第七师国有资产经营(集团)有限公司	新疆维吾尔自治区	奎屯市	地市级
5	新疆绿原国有资本投资运营有限公司	新疆维吾尔自治区	铁门关市	地市级
6	新疆天恒基投资(集团)有限公司	新疆维吾尔自治区	乌鲁木齐市	地市级
7	阿拉尔市新鑫国有资产经营有限责任公司	新疆维吾尔自治区	阿拉尔市	地市级
8	新疆国恒投资发展集团有限公司	新疆维吾尔自治区	五家渠市	地市级

数据来源:课题组整理计算得出。

三、案例分析

(一)市级平台——新疆生产建设兵团第十二师国有资产经营(集团)有限责任公司

1. 公司基本情况分析

新疆生产建设兵团第十二师国有资产经营(集团)有限责任公司成立于2002年[以下简称"十二师国资(集团)公司"],作为十二师最早成立的投融资平台,是由新疆生产建设兵团第十二师国有资产监督管理委员会出资设立的国有独资管理型公司,注册资本7.65亿元,代表十二师国资委整合并经营国有资产,在盘活存量资产的同时发挥投资导向作用。

十二师国资(集团)公司肩负国家赋予兵团的使命、肩负深化整合十二师各类资源要素及增强十二师自身竞争力和影响力的重任。公司按照国有资本运营公司的属性要求,重组整合师域内优质资源,在原十二师国资(集团)公司基础上重组十二师国有资本运营公司。公司从事多元化产业类经营,经过多年的发展,形成以乳业、贸易批发、建材生产销售、电器制造、建筑施工等业务板块为主的基本业务格局。其他业务板块主要包含纺织服装生产销售业务、运输服务业务及其他业务,占合并口径营业收入及毛利润的比例相对较低。自2012年战略重组以来,十二师国资(集团)公司共出资设立全资控参股企业29家(二级企业),合并范围内企业16家(二级企业),其中全资企业7家、控股企业3家、参股企业6家,涉及食品加工、农产品贸易、节电新能源、新型建材、装备制造和商贸物流等领域。

近几年,十二师国资(集团)公司经济规模和产业都有了较大发展提升,至2021年末,资产总额达到308.61亿元,净资产106.69亿元,资产负债率65.43%,营业收入111.73亿元,营业利润2.51亿元,净利润2.07亿元,归属于母公司的净利润1.05亿元。十二师国资(集团)公司非常注重产业的培育和升级,在资本市场树立了良好形象,也得到了广大投资人的认可。2021年末,十二师国资(集团)公司存量债券余额48.20亿元,银行授信额度为189.75亿元,已使用124.24亿元。

2. 公司发展过程分析

(1)深化国资国企改革,理顺政企关系

受政策环境影响,近年来兵团推进国资国企改革的步伐从未减缓。2018年新疆生产建设兵团出台的《新疆生产建设兵团党委关于深化国资国企改革的实施意见》中提到,将在混改、跨所有制跨区域并购重组、搭建国有投融资平台引领下进一步全面深化国企改革,按照行政引导、市场主导、企业主体、政策支持的原则,充分确立企业的市场主体地位,推进企业跨兵团、师局和团场、跨区域、跨所有制并购重组、合资合作。

2019年末,在十二师党委的指导下,十二师国资(集团)公司按照国有资本运营公司的属性要求,对师域内优质资源进行了重组整合,在原国资(集团)公司基础上重新组建了十二师国有资本运营公司,将原国资集团、九鼎农业集团、中瑞恒远商贸集团、昌平矿业公司整合,并逐步形成了以乳业、贸易批发、建材生产销售、电器制造、建筑施工等业务板块为主的基本业务格局。此举是师域内国企改革的成功典范,发挥了国有资本的重要引领作用。

十二师国资(集团)公司在十二师党委的领导下进行市场化改革,组建国有资本运营公司,统筹运营师国有资产,将国有企业资本所有权与企业经营权分离,为政企分开划出了一条清晰的"隔离带"。"隔离带"的一端是政府职能部门加大放权力度,由"管资产"向"管资本"转变,以战略管控和财务管控为主,对所出资企业履行出资人职责,行使股东权利,重点管好资本投向、运作、回报和安全;而另一端是国有企业在明确市场主体地位的基础上得到松绑,进一步加大国有资本的市场化运作程度,是十二师国资(集团)公司转型发展所迈出的一大步。

此外,十二师国资(集团)公司明晰了政府与集团公司、集团公司与下属企业的产权关系,并在转型发展过程中探索构建了现代化的内部治理结构,集团重组后对下属公司形成以"股权管控、财务管控、风险管控"为主的管理架构,构建混合型战略管控模式,具体包括:建立股权管控模式;依法行权履职;合法自主经营;执行财务监督制度。

(2)立足"十四五"规划,紧抓政策机遇

2021年是"十四五"规划开局之年,在过去的发展中,十二师国资(集团)公司秉持中央的政策精神,紧跟兵团的政策指引谋求自身的转型,而今也立足于新时代的规划,在平台转型中大力发展。根据《中共中央关于制定国民经济和社会发展第十四个五年规划和二〇三五年远景目标的建议》以及自治区、兵团、乌鲁木齐和第十二师国民经济和社会发展第十四个五年规划的要求,集团公司不断增强协助第十二师服务新疆和兵团的能力,助力乌鲁木齐国际大都市、乌鲁木齐(十二师)亚欧自由经贸合作试验区、兵地深度融合合作试验区的建设,在原有产业融合发展的基础上紧密结合各项政策、方案及实施意见,形成新的兵团大宗物流基地与存量基础设施融合,国际物流、贸易与新基建等高质量综合服务融合等发展方向。

例如集团公司下属新疆中瑞恒远商贸集团有限公司积极围绕自治区党委提出的"一港""两区""五大中心"建设方案,凭借自身现有的"商贸+物流+供应链"主业优势,依托已建成运营的五大专业市场,计划提升"智慧物流园区",实现传统批发零售市场的转型升级,给园区商户提供从前端运输到后端交易的整套服务。

(3)整合资源要素,有序推进业务板块扩张

新疆生产建设兵团第十二师为深化整合十二师各类资源要素,增强十二师自身的竞争力和影响力,在原有基础上组建了十二师国有资本运营公司,这极大地支持了产业的发展,也逐步形成了其自身的核心业态。在全球新冠肺炎疫情不断反复、宏观经济下滑的背景下,公司各战略板块也在不断寻求扩张与发展。

(4)依托良好资信水平,实现多渠道融资

投融资平台公司要进行市场化转型,最重要的一点就是打破以往平台为政府违规融资、政府为平台违规担保的乱象,平台公司不得再以政府信用融资筹资,而应转型为"自主经营、自负盈亏、自担风险、自我发展"的市场化运营主体。十二师国资(集团)公司在发展过程中注重厘清自身债务与政府债务的关系,逐渐提升了市场形象,为扩大自身融资规模、扩充企业资本开辟了道路。

融资方式方面,十二师国资(集团)公司采用直接融资与间接融资相结合的融资方式,以在资本市场发行债务与银行融资为主要手段来实现融资渠道的多样化。直接融资方面,集团对产业的培育和升级十分重视,在资本市场树立了良好形象,也得到了广大投资人的认可,截至2022年6月末,公司存量债务余额为48.20亿元。间接融资方面,截至2022年第一季度末,十二师国资(集团)公司授信总额92.11亿元,已使用授信58.24亿元,剩余授信额度33.87亿元,表内授信额度十分充裕。

上级政府及股东还通过向公司工业制造板块(希望电子、希望爱登堡等)、农副产

品市场管理板块（九鼎）、现代物流供应链管理板块（中瑞恒远）等板块中的企业发行专项债的融资方式提供支持，进一步拓宽了公司融资渠道。

债务偿还方面，十二师国资（集团）公司目前的公司债务都是由企业自身通过营业收入、银行融资、发行债券等多种渠道获取资金偿还的。良好的信用状况为集团公司力争打造资本市场 AA+ 平台，成为兵团具有代表性的公众公司创下了坚实基础。公司注重债券期限的匹配，债务长短期比例为 69∶31，长期资金布局较多，和资产端期限相互匹配，其中九鼎是重资产投入企业，回报周期相对较长。

未来，公司还计划在资本市场发行一些中长期的债券，例如永续中票、公司债等，来优化和调整债务结构，保证资金链安全；银行通道方面也将进一步与行业业态契合，选择一些中长期的产品，调优结构、降低偿债风险，进一步优化金融产品结构，并重点与五大行、政策性银行和股份制银行开展合作。

3. 公司转型发展的启示

（1）结合政策背景，落实发展需要

十二师国资（集团）公司作为新疆生产建设兵团十二师的国有资本运营主体，以扎根边疆、屯垦戍边、助力西部地区快速发展为长期使命。十二师国资（集团）公司充分运用中央及地方的利好政策，精准对接当地发展需要，成功走上了市场化转型的道路。

十二师国资（集团）公司有机结合《中共中央关于制定国民经济和社会发展第十四个五年规划和二〇三五年远景目标的建议》以及自治区、兵团、乌鲁木齐与第十二师国民经济和社会发展第十四个五年规划的要求，积极承接大型基础设施项目的建设，由集团下属的新疆九鼎农业集团有限公司和新疆中瑞恒远商贸集团有限公司负责建设的兵团（乌鲁木齐）商贸物流中心项目以及兵团（乌鲁木齐）商贸物流中心（大宗物流产业基地）项目是未来五年十二师乃至兵团的重要经济增长点。公司项目主要分布于丝绸之路经济带和西部大开发核心区、乌昌经济一体化核心区、天山北坡经济带核心区及空港、路陆港、综合保税区、兵地融合试验区和宝武钢正中心，具备独特的区位优势。公司依托现有的产业集中度和商流、物流基础，进一步通过智慧园区提质升级，充分发掘核心区区位优势和政策红利，打造自身成为"丝绸之路经济带"核心区的一颗耀眼明珠。在十二师党委的带领下，十二师国资（集团）公司抓住了丝绸之路经济带核心区建设这个重大历史机遇，以产业发展促进城市建设与区域经济发展，倾力打造产城融合的"产业高地"。

（2）践行供给侧改革，深挖市场资源

公司也立足于新疆及兵团的农业发展，深化农产品供给侧改革，持续挖掘市场资源。十二师国资（集团）公司以新疆九鼎农业集团有限公司为主体，以农副产品市场开发与运营为主业,以品牌建设为核心,以农产品流通平台为基础,以科技创新推动市场转型升级为手段,贯彻落实"依托城市、服务城市、配套城市"的发展思路,整合重组农产品市场的相关业务和优质资源,统筹蔬菜、果品、冻品、副食品市场,对现已建成的乌鲁木齐、伊犁、克拉玛依、石河子、北屯"五大市场"进行规范化运营管理,打造全疆人民的"菜篮子""果盘子"工程,承担起国有企业的社会责任。

我国多数平台企业仍以基建项目为主要业务,但兵团具有特殊的地理位置和军事战略意义,受到中央的极大重视,新时代城镇化建设转型升级和服务功能升级给兵团区域内平台公司带来了难得的发展机遇。十二师国资(集团)公司积极承担了城市规划与发展的职能,主动争取当地的重大项目、示范项目,值得相关平台公司借鉴学习。

(3)因地制宜,建立优势产业经营体系

首先,对于城投平台来说,因地制宜发展优势产业是核心方向。十二师国资(集团)公司的工业制造板块、农副产品市场管理板块、物流板块等都能与新疆的发展特色很好地匹配,满足了当地城镇化建设、农产品贸易以及物流、交通协同发展的需求。其次,发挥科技的引领作用,强化公司产业经营体系是必要条件。公司通过全力支持工业制造高质量发展、快速发展农产品市场管理业务、积极培育现代物流供应链产业、深耕资产业务管理模块,向四大支柱性产业注入新的发展动力。最后,发展高附加值板块。作为兵团十二师的国有资本运营主体,公司强化了股权管理板块,公司根据资本运营的需要和兵师深化国资国企改革的实际,重组整合并做精做强控股业务板块,以资产证券化为目标,对难以实现资产证券化的业务加强对外合作或坚决予以清理退出,逐步创新扩展金融业务,以产促融、以融兴产,实现产融结合的良性发展模式。

不同地区、不同类型的平台公司有其独特的发展特点,转型方式也不可一概而论。但是,因地制宜、立足于当地发展实际与自身优势产业确是平台公司转型发展的"硬道理"。国有资本管理类公司可以学习十二师国资(集团)公司的优秀经验,按照以优势产业为核心、以高新技术产业为引领、以高附加值板块为拓展的思路实现自身的市场化转型。

(4)多措并举实现融资渠道多元化

西部地区虽然不乏主体评级为AAA级或AA+级的优质平台企业,但大多数平台企业的主体评级仍以AA级为主。十二师国资(集团)公司的主体评级为AA+级,其通过资本市场融资的规模十分可观。其发行的20农十二师(疫情防控债)MTN001、可交换债20国资EB等都是新型的债券品种,对主体评级没有严格要求且能为企业以较低成本融入资金。集团公司仍在着力推进融资渠道的多元化,如积极推进新疆九鼎农产品经营管理有限公司股改的相关工作,计划通过2~3年的运作实现

IPO或借壳上市,重组或清退九鼎集团现有的不符合农产品市场管理业务的企业和不良资产,以实现九鼎农产品经营管理有限公司上市的目标;以资产证券化为目标,对难以实现资产证券化的业务加强对外合作或坚决予以清理退出等。

四、转型发展建议

(一)转型发展的必要性

在新疆生产建设兵团所特有的党政军企高度合一的特殊管理体制下,该地区的投融资平台公司,是兵团履行维稳戍边职责使命的重要坚实支柱,是推进兵团经济、社会发展的重要力量。根据国发〔2014〕43号文、财预〔2017〕50号文等中央政策精神,新疆生产建设兵团也制定了一系列政策,为加强地方债务管理、推进地方国企改革指明了方向。2017年兵团地区正式设立新疆生产建设兵团政府性债务管理领导小组,负责统筹、领导兵团的政府性债务管理。国企改革方面,2018年新疆生产建设兵团出台《新疆生产建设兵团党委关于深化国资国企改革的实施意见》,将在混改、跨所有制、跨区域并购重组、搭建国有投融资平台引领下进一步全面深化国企改革,按照行政引导、市场主导、企业主体、政策支持的原则,充分确立企业的市场主体地位,推进企业跨兵团、师局和团场,跨区域、跨所有制并购重组、合资合作;同时鼓励产业上下游关联度强的企业进行整合,打造全产业链竞争优势。在国家对地方政府举债行为进行规范以及深化国企国资改革的背景下,兵团平台公司也具有一定的转型发展需求。

(二)困境与风险

首先,受区域内经济发展较为落后的影响,兵团内国有企业经营业务以传统工业为主,受经济周期影响较大。且兵团的投融资平台公司普遍管理体系松散,对其下属公司的控制力、整合力、决策影响力发挥不充分,各业务板块协调发展、相互整合的制度基础尚未建立。各级平台企业主营业务均包含农业、能源以及配套基础建设等传统行业。我国经济发展已经进入新常态,国民经济总体增速放缓,在此背景下,传统行业发展承压较大。而兵团大多数平台类公司均以上述相关产业为主业,业务单一,从而使得经营业绩受到经济周期与生产成本波动等的影响较大。

其次,兵团也存在融资发债手段偏少、债务压力较大等问题。即使是主体信用评级相对较好的省级平台,其借助资本进行市场融资的手段也相对有限。例如省级平台新疆生产建设兵团投资有限责任公司自公司成立以来,仅发行过2只中期票据和3只一般短期融资券,融资金额共计30亿元。一方面,尽管部分平台企业从组建以来,融资规模不小,一些公司融资总额能达到100亿元,但是其主要的融资手段都是一般短期融资券或者超短期融资债券,只有部分公司少量发行了一般企业债或者私募债,融资渠道较为单一。另一方面,兵团投融资平台公司负债水平较高,随着业务规模的扩张,公司融资规模也需要扩大,债务压力随之上升,财务杠杆水平偏高,一些公司的资产负债率在某些年份甚至超过了70%。

(三)转型发展思路与建议

兵团平台要发展,就必须结合特色产业,转变生产经营模式,改善传统行业组织模式,提升抗风险能力。兵团内各平台企业还应当逐步剥离附加值较低的业务(如矿产加工等),保留发展空间较大、附加值较高的高科技农业、贸易行业等,突出业务重心,以此进一步增强公司自身的造血能力;并着力盘活闲置资产,进而谋求市场化转型,以新疆生产建设兵团第十二师国有资产经营(集团)有限责任公司为例,随着国家对国有资产管理体制的改革和管理思路的转变,平台公司对管理体制进行改革并主动进行投资管理,不仅承担了盘活原有国有资产的责任,还主动拓展经营性业务并加大重组并购的力度,进一步提高了国有资产的经济效益水平。在师属平台中发展得较为优秀,其他平台公司发展时可借鉴相关经验。

近年来,一方面,各地均在积极开展园区建设(包括经开区、高新区等),而各园区通过优惠政策、区位优势、政治定位以及产业集中效应吸引着各类优质产业聚集于园区之内。另一方面,平台企业也需围绕优势产业建立经营体系,改善内部管理结构。兵团平台类公司需要以服从兵团经济结构和产业布局调整为责任,以国有资产保值增值和增强经济主导地位为核心,以权责明确、有效制衡的企业内部监督管理和风险控制制度为保障,发挥产业调整和资产经营过程中的产业经营功能、产业投资功能和资本运作功能。例如师属平台新疆天恒基投资(集团)有限公司为加强公司管理,控制企业风险,建立了全面风险管理流程,具体包括涵盖基本制度、具体制度(各风险类别管理办法)、操作制度(风险管理指引)三个层次的制度体系以及覆盖公司层面、跨部门和部门内部的三级流程管理体系等,为企业完善内部控制、加强风险管理提供了多层次立体化的保障。

业务的拓展也需要选择合适的融资渠道,目前兵团企业融资方式较为传统,渠道受限,需进一步创新融资模式,拓宽融资渠道。一方面,结合兵团企业的业务特色及新疆维吾尔自治区独特的地理位置,平台企业可根据自身情况积极开展相应债券融资。比如省级平台新疆生产建设兵团国有资产经营有限责任公司可以其五大主导行业板块中的高新技术农业为基础,发展生态农林业、节能环保产业、低碳产业等,进而通过绿色债券来募集资金,缓解企业资金压力;兵团平台企业也可以依托新疆位于丝绸之路经济带核心位置的优势,积极承接经省级以上发改委认定的"一带一路"建设项目,发行"一带一路"专项债进行融资。另一方面,兵团企业利用自身资产融资能够通过重置资金链条、提高资金的流动性,解决债务期限错配的难题。

第三节　宁夏回族自治区投融资平台转型发展评价

宁夏回族自治区的经济状况在全国范围内处于下游水平,但受益于西部大开发、"一带一路"倡议的实施以及国家对内陆开放型经济试验区的持续建设,近几年总体处于上升阶段。但从规模方面来看,在全国仍处于低位,与其他西部省份相比,经济发展水平还具有一定差距。受制于宁夏地理区位、人口及面积的影响,宁夏参与排名的投融资平台仅有8家,多数为AA+级以上,均为省级和地市级平台。区县级平台未有发债历史,主要是因为宁夏区县级投融资平台主体较弱,部分平台企业无法满足债券市场的准入条件,因此,应着力开展企业整合和产业升级,积极利用资本市场融资渠道加强投融资能力。未来宁夏也需要继续融入"一带一路"建设,扩大对外开放,积极参与西部陆海新通道建设,构筑内陆地区效率高、成本低、服务优的国际贸易通道。同时加强与京津冀、长三角、长江经济带、粤港澳大湾区的对接合作,探索跨区域共建园区、托管园区和"飞地"经济等合作模式,建设中西部地区承接产业转移示范区。

一、基本情况简介

(一)经济发展水平分析

宁夏回族自治区作为我国五个自治区之一,共辖5个地级市,分别为银川市、石嘴山市、吴忠市、固原市和中卫市。整体而言,人少地小,经济发展水平较低,其支柱产业主要为煤炭、电力、冶金、化工、建材等传统资源依赖性行业。

2022年前三季度,宁夏回族自治区实现生产总值3 599.18亿元,同比增长4.9%;2021年度当地实现地区生产总值4 522.31亿元,在我国省份排名中位于第31位。"十三五"期间,宁夏的经济虽有了较大发展,城乡规划及当地的基础设施建设均有了一定程度的发展,但受限于该地区经济基础薄弱的历史现状,就全国范围来看,仍有较大的发展空间。同时,该地地区生产总值规模虽然不断上升,但增速却呈递减态势,整体而言,宁夏回族自治区的经济规模及增速均有提升空间。宁夏回族自治区2018—2021年主要经济指标数据如表4-7所示。

表4-7　　　　宁夏回族自治区2018—2021年主要经济指标数据

项　目	2018年	2019年	2020年	2021年
地区生产总值 (亿元)	3 705.18	3 748.48	3 920.55	4 522.31

续表

项　目	2018 年	2019 年	2020 年	2021 年
地区生产总值增速(%)	7.00	6.50	3.90	6.70
第一产业(亿元)	279.85	279.93	338.01	364.48
第二产业(亿元)	1 650.26	1 584.72	1 608.96	2 021.55
第三产业(亿元)	1 775.07	1 883.83	1 973.58	2 136.28
第一产业(%)	7.60	7.50	8.60	8.05
第二产业(%)	44.50	42.30	41.00	44.70
第三产业(%)	47.90	50.20	50.40	47.23
固定资产投资增长(%)	−18.20	−10.30	4.00	2.20
社会消费品零售总额累计增长(%)	4.80	5.20	−7.00	2.60
城镇(常住)居民人均可支配收入(元)	31 895.00	34 328.00	35 720.00	38 291.00
农村(常住)居民人均纯收入(元)	11 708.00	12 858.00	13 889.00	15 337.00
居民消费价格指数（上年＝100）	102.30	102.10	101.50	101.40
工业生产者出厂价格指数(上年＝100)	107.30	99.40	96.90	119.90

数据来源：宁夏回族自治区统计局。

近十年宁夏回族自治区三大产业发展趋势如图 4－2 所示。

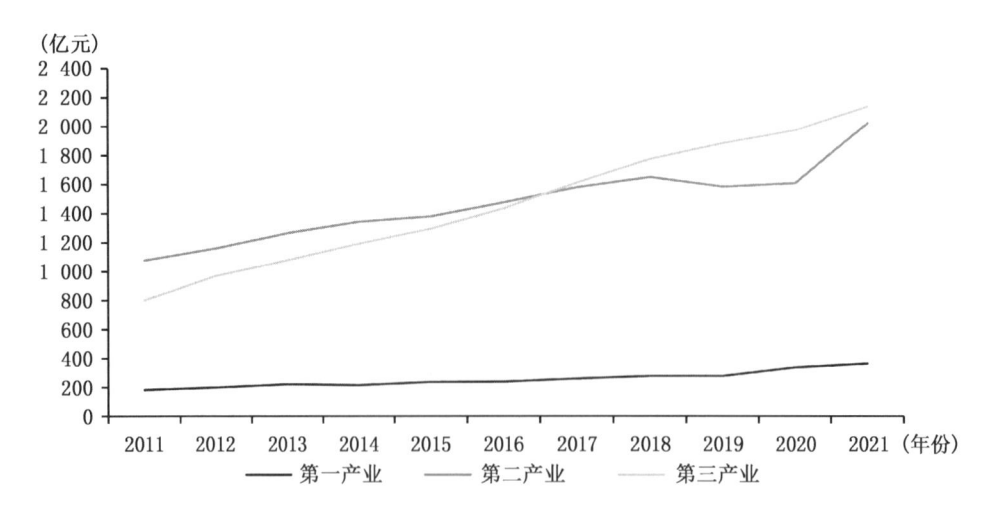

数据来源：Wind。

图 4－2　2011—2021 年宁夏三大产业国内生产总值

2022年宁夏前三季度第一产业增加值为364.48亿元,增长4.7%;第二产业增加值2 021.55亿元,增长6.6%;第三产业增加值2 136.28亿元,增长7.1%。

从宁夏回族自治区产业结构来看,宁夏以第二产业和第三产业为主,其中第三产业占比自2010年以来持续上升,并于2017年超过第二产业占比,成为当地三大产业之首。2021年宁夏也继续呈现"三二一"的产业结构。第二产业方面,宁夏煤炭等能源矿产资源较为丰富,依托资源优势,宁夏已形成了煤炭、电力、冶金、化工、建材等支柱产业,但上述产业基本属于传统高耗能行业,且产业链较短,产品附加值较低,面临着较大的产业转型升级压力,自治区政府目前也在积极出台相关政策,推进当地工业转型升级和科技创新。

第三产业方面,近年来宁夏服务业发展水平稳步提升,产业结构加快调整,吸纳就业人数占比逐步提高。2010—2021年,宁夏服务业增加值稳步增长,从702.45亿元增长至2 136.30亿元,年均增速7.1%,服务业对宁夏经济的带动作用较为明显,为经济增长提供了新支撑。尤其是在旅游业方面,宁夏本身拥有贺兰山、六盘山、黄河、沙湖、沙坡头、西夏王陵等丰富的特色旅游资源,也在着力打造"塞上江南·神奇宁夏"的旅游品牌。2018年10月,宁夏回族自治区人民政府办公厅印发《促进服务业发展的若干政策措施》,从促进现代金融业、旅游休闲业、科技服务业等重点行业加快发展、降低企业成本、促进产业集聚发展、促进品牌化标准化建设、优化营商环境5个方面提出了具体政策。2020年7月,宁夏召开第十二届委员会第十一次全体会议,提出要深入贯彻落实习近平总书记视察宁夏时的重要讲话精神,推动服务业做大规模、做优结构、做高品质。从发展趋势来看,宁夏正在着力打造"一带一路"和向西开放的战略支点,拥有国家内陆开放型经济试验区、中阿博览会两个重要的开放型经济发展平台。宁夏通过"先行先试",践行改革开放要求,提升服务领域开放度,大力发展符合宁夏回族自治区情况和特点的服务业,构筑与宁夏优势农业、制造业发展相适应的生产性服务业体系。

同时,当地的经济发展在区域方面也呈不均衡态势。银川作为宁夏回族自治区首府,地区生产总值占自治区整体生产总值的50%,具有明显的引领优势,当地的国有企业基本集中在银川市,整体看有较大的区域不平衡态势,这与宁夏所处地理位置有着密不可分的关系。首府银川市地处"塞上江南"河套平原,地势平坦、水源充沛,适合农业发展,相对宜居,最早出现人口聚集。目前,银川铁路布局相对发达,对外交流比较便利,但产业方面仍以能源、机械和冶炼为主。宁夏2020年各地级市GDP占自治区比重情况如表4—8所示。

表 4—8　　　　　宁夏回族自治区 2021 年各地级市 GDP 及占自治区比重

地区	GDP(亿元)	占宁夏回族自治区比重(%)
银川	2 262.95	50.03
吴忠	762.47	16.86
石嘴山	617.03	13.64
中卫	504.73	11.16
固原	375.13	8.30
合　计	4 522.31	100

注:合计数与分项之和有差异,系四舍五入造成。

数据来源:宁夏回族自治区统计局。

(二)财政预算能力分析

受益于西部大开发、"一带一路"倡议的实施以及对内陆开放型经济试验区的持续建设,宁夏区域经济受到带动发展。2018 年以来,宁夏经济总体保持平稳增长,经济增速虽有所下降,仍高于全国平均水平,但与全国其他省市相比,宁夏经济体量仍相对较小,宁夏当地财政收入也相对偏低。2022 年前三季度,宁夏完成一般公共预算收入357.95 亿元,同比增长 22.5%;2021 年,宁夏完成一般公共预算收入 460.01 亿元,较上年增加 9.7%。宁夏主要税源产业包括制造业,批发和零售业,电力、燃气及水的生产与供应业等。2018—2021 年宁夏回族自治区各项财政收入具体情况见表 4—9。

表 4—9　　　　　2018—2021 年宁夏回族自治区财政收入规模

项　目	2018 年	2019 年	2020 年	2021 年
地方一般公共预算收入(亿元)	436.52	423.55	419.43	460.01
其中:税收收入	298.30	267.48	263.80	300.73
政府性基金预算收入(亿元)	121.27	118.68	159.80	141.74
国有资本经营预算收入(亿元)	1.77	4.68	2.45	2.10

数据来源:宁夏回族自治区人民政府网。

同时,由于是少数民族自治区,宁夏获得的政府转移性收入较高,对于当地经济的发展和财政收入的增长来说具有一定保障。转移性收入主要包括中央均衡性转移支付、民族地区和重点生态功能区资金支持等,以均衡性转移支付为主。根据宁夏财政厅的财政总决算报表,近四年宁夏分别获得了上级补助收入 868.55 亿、898.56 亿、

1 043.28亿元和1 063.57亿元,其中转移支付收入占比分别为93.61%、93.67%、81.97%和90.99%,转移支付资金远高于地方自身财力,这部分是宁夏持续增长的财政开支的重要支撑。2018—2021年宁夏获得上级补助收入情况如表4—10所示。

表4—10　　　　2018—2021年宁夏获得上级补助收入情况　　　　单位:亿元

项　目	2018年	2019年	2020年	2021年
一般公共预算收入:上级补助收入	861.5	890.2	990.5	1 016.00
1. 返还性收入	48.42	48.42	135.28	48.40
2. 转移支付收入	813.08	841.75	855.22	967.70
政府性基金预算:上级补助收入	7.05	8.39	52.78	47.67
合　计	868.55	898.59	1 043.28	1 063.57

注:合计数与分项之和有差异系四舍五入造成,下同。

数据来源:宁夏回族自治区2018—2021年财政总决算报表。

从下辖各地级市来看,与经济实力情况相匹配,宁夏回族自治区下辖各地级市一般公共预算收入规模分化也同样明显。2021年省会银川市一般预算收入为171.2亿元,显著高于其他地级市,其余4市均不足40亿元,各地级市2021年一般公共预算收入及占比的具体情况详见表4—11。

表4—11　宁夏回族自治区2021年各地级市一般公共预算收入及占自治区比重

地区	一般公共预算收入(亿元)	占宁夏回族自治区比重(%)
银川	171.2	37.22
吴忠	37.5	8.15
石嘴山	24.8	5.39
中卫	22.8	4.96
固原	15.8	3.43
合计	272.1	59.15

注:各市级合计数不等于全自治区数据,全自治区数据包含区本级数据。

数据来源:《宁夏2020年预算执行情况和2021年预算草案》。

(三)地方整体债务评价

2021年末,宁夏政府债务规模为1 922.26亿元,较上年底有所增长。其中,一般债务1 419.57亿元,占73.85%;专项债务502.69亿元,占26.15%。2020年底,宁夏或有债务规模为 179.68 亿元,较上年底有所下降。2021 年底,宁夏政府债务包括地方政府债券 1 900 亿元、外债转贷和国债转贷 22 亿元。目前宁夏已完成非政府债券形式的存量债务置换工作。

债务具体情况详见表 4—12。

表 4—12   2018—2021 年宁夏政府债务情况   单位:亿元

项　目	2018 年	2019 年	2020 年	2021 年
地方政府债务	1 388.45	1 658.63	1 859.65	1 922.26
其中:一般债务	1 068.86	1 186.01	1 335.27	1 419.57
专项债务	319.59	472.62	524.38	502.69
或有债务	211.24	195.36	179.68	—

数据来源:宁夏回族自治区财政厅。

从各级政府债务结构来看,2021 年底,宁夏政府区本级债务为 536.68 亿元,占 27.92%;市县政府债务为 1 385.58 亿元,占 72.08%。或有债务主要集中在自治区本级,占 94.89%。从下属市县政府债务地区分布看,2021 年底政府债务余额最多的是银川市本级和永宁县,分别为 301.93 亿元、203.51 亿元。具体规模情况详见表 4—13。

表 4—13   2021 年宁夏政府性债务规模情况   单位:亿元

举债主体类别	政府债务	或有债务
区本级	536.68	170.49
市县级	1 385.58	9.19
合计	1 922.26	179.68

数据来源:宁夏回族自治区财政厅。

从使用情况来看,政府债务资金主要用于保障性住房、市政、交通等公益性基础设施建设,具体使用情况见表 4—14。

表 4—14   2021 年宁夏政府性债务支出投向情况

债务支出投向类别	政府债务(亿元)	占比(%)
保障房建设	355.8	19
市政建设	459.2	24
交通	254.0	13
生态环保	150.9	8

续表

债务支出投向类别	政府债务(亿元)	占比(%)
农林水利建设	183.2	10
医疗社保	66.4	3
教育科学文化	97.1	5
其他	355.7	18
合　计	1 922.3	100.00

数据来源：宁夏回族自治区财政厅。

从到期债务的年度分布看，2022—2024年，宁夏需要偿还的政府债务合计630亿元，相当于2021年底全部政府债务的32.78%。2025年及以后需要偿还的政府债务合计1 292亿元，占2021年底全部政府债务的67.22%。整体看，宁夏政府集中偿债压力不大。2021年，财政部核定下达自治区地方政府债务限额2 148.9亿元(当年新增政府债务限额108亿元)。截至年末，全区限额内地方政府债务余额1 922亿元，控制在财政部下达的限额范围之内，风险总体可控。分结构看，地方政府债券1 900亿元，占99%；外债22亿元，占1%。分性质看，一般债务1 419亿元，占74%，专项债务503亿元，占26%。分级次看，自治区本级586亿元，占30%，市县级1 336亿元，占70%。从资金投向看，市政建设459.2亿元，占24%；保障房建设355.8亿元，占19%；交通建设254亿元，占13%；农林水建设183.2亿元，占10%；生态环保150.9亿元，占8%；教育科学文化97.1亿元，占5%；医疗社保66.4亿元，占3%；其他领域355.7亿元，占18%。

城投债方面，宁夏跟其他西部省份相比，城投债规模较小。截至2021年末，宁夏城投信用债余额为159.90亿元。省本级及各个地市城投债存续规模及平均发行利率如表4—15所示：

表4—15　　　　截至2020年末宁夏城投债务分布情况

省本级及各地市	发债城投个数 (单位：家数)	城投债务余额 (单位：亿元)	城投平均发行利率 (单位：%)
省本级	4	70.5	2.75
银川	5	92.1	4.62
吴忠	0	—	—
石嘴山	0	—	—
中卫	0	—	—
固原	0	—	—

续表

省本级及各地市	发债城投个数（单位:家数）	城投债务余额（单位:亿元）	城投平均发行利率（单位:%）
合计	9	162.6	—

近年来,当地政府也在不断加强对债务的控制。2019 年,宁夏对债务风险红色等级地区实行限制措施,实施政府债务全口径动态监测,强化县(市、区)举债偿债主体责任,银川市永宁县、吴忠市本级、银川市本级、金凤区、石嘴山市惠农区、中卫市海原县等较高风险地区的债务余额均在限额内。另外考虑到宁夏能够获得较大规模且持续性的上级补助,宁夏政府债务风险总体可控。

二、投融资平台排名

(一)省级平台排名情况

宁夏回族自治区省级政府投融资平台排名如表 4-16 所示。

表 4-16　　　　　宁夏回族自治区省级政府投融资平台排名

排名	发行人中文名称	省份	城市	行政级别
1	宁夏国有资本运营集团有限责任公司	宁夏回族自治区	银川市	省级
2	宁夏交通投资集团有限公司	宁夏回族自治区	银川市	省级

数据来源:课题组整理计算得出。

(二)地市级平台排名情况

宁夏回族自治区市级政府投融资平台排名如表 4-17 所示。

表 4-17　　　　　宁夏回族自治区市级政府投融资平台排名

排名	发行人中文名称	省份	城市	行政级别
1	银川通联资本投资运营有限公司	宁夏回族自治区	银川市	地市级
2	银川高新技术产业开发有限责任公司	宁夏回族自治区	银川市	地市级
3	银川市产城资本投资控股有限公司	宁夏回族自治区	银川市	地市级

数据来源:课题组整理计算得出。

三、案例分析

(一)省级平台——宁夏交通投资集团有限公司

1. 公司基本情况分析

宁夏交通投资集团有限公司(以下简称"宁夏交投")于1998年11月成立,公司注册资本200亿元人民币。第一大股东及实际控制人为宁夏回族自治区人民政府国有资产监督管理委员会。截至2021年底,交投集团资产总额928.83亿元,负债总额532.32亿元,净资产总额396.51亿元;2021年全年实现营业收入35.97亿元,营业利润5.92亿元,上缴税费0.75亿元;在岗职工4811人。

公司拥有全资子公司5家、控股公司3家、参股公司6家。宁夏回族自治区党委、政府赋予宁夏交投"四个主体"的功能定位,即主要承担自治区重大交通基础设施建设项目和重点民生工程,是实现经济社会发展目标的交通行业、交通基础设施建设任务的投资主体;按照市场化、专业化方式运作,是实现国有资本保值增值的责任主体;以股权管理为纽带,是推动交通企业重组改革、国有资本合理流动优化配置、促进产业聚集、转型升级和清理退出的产业整合主体;是实施资本运行、进行改制上市和发行企业债券的融资主体。公司业务范围主要包括交通运输基础设施项目及相关产业的投资、融资、开发建设和经营管理等。

2. 公司发展过程分析

(1)借助PPP项目,进行市场化发展

宁夏交投作为宁夏排名第一的省级平台企业,已率先参与过重点PPP项目。宁夏交通投资集团有限公司与中交第二航务工程局有限公司、宁夏路桥工程股份有限公司三家公司组成联合体,并作为社会资本方参与了宁夏回族自治区宁东至甜水堡(宁甘界)公路项目,该项目是交通运输部公布的第一批PPP项目——银百高速公路的重要组成部分。这也是国家在2017年为完善国家高速公路网络,深入推进西部大开发,促进沿线资源开发和区域经济社会协调发展,推动陕甘宁革命老区打赢脱贫攻坚战,国家发改委特批批准建设的项目。该项目中,上述三家公司于2016年9月6日共同出资14.1亿元(其中宁交投出资比例占40%,为最大股东)组建的宁夏银百高速公路建设管理有限公司作为项目法人单位,负责宁东至甜水堡(宁甘界)公路项目的建设、经营和养护管理。总的来看,这是企业市场化发展的重要举措。

(2)依托主业优势,有机拓展业务板块

宁夏交投以自身的主营业务为核心,依托交通基础设施,并充分结合互联网科技等前沿技术,发展现代物流等产业,拓展经营性业务,打造了以交通产业为核心的综合型现代企业集团,实现了业务范围的合理扩张。

具体来看,2019年宁夏交投通过投资设立宁夏交投科技发展有限公司,以全面承接高速公路运营管理作为新起点,充分发挥投融资管理体制改革优势,立足宁夏、拓展西部。以开展信息化、ETC及电子支付、系统集成、通信管道运营、系统运维、智能产品制造等业务作为公司支撑产业,充分利用互联网、云计算、大数据、物联网、人工智能等新一代信息技术,围绕缓解城市交通拥堵、构建智慧高速路网、提高综合运输协调能力、构建高速公路养护管理信息系统平台框架、实现车车、车路动态实时信息交互等重点工作,积极拓展智慧交通、智慧城市、智能安防等业务市场,不断提高公路运营管理效率,持续提升公路服务水平,培育新的社会经济增长点。

3. 公司转型发展建议

基于企业实际情况并参考其他平台公司经验,宁夏交投可通过以下几个方式实现转型:(1)转变发展思路。借助规范的 PPP 项目实现由"行政化"企业转型为"市场化"企业。宁夏交投已于 2017 年参与国家重点 PPP 项目的建设,可以继续贯彻市场化思路,增加企业产值,促进地方经济发展。(2)通过合理方式扩展业务范围。作为整体实力较强的省级平台企业,宁夏交投可以自身的主营业务为核心,依托交通基础设施,并充分结合互联网科技等前沿技术,发展现代物流等产业,拓展经营性业务,打造以交通产业为核心的综合型现代企业集团,实现业务范围的合理扩张。(3)扩展融资渠道,丰富融资品种。宁夏作为"一带一路"沿线省份,宁夏交投集团主营业务又集中在交通基础设施建设方面,可借助"一带一路"倡议,参与"一带一路"建设及发行"一带一路"专项债等方式进行融资。

4. 公司转型发展的启示

(1)多举措破解业务转型困境

近年来,中央对地方债及其投融资平台治理不断深入,地方投融资平台原有业务运作可能面临停顿。而宁夏交通投资集团有限公司作为交通运输类的政府融资平台,其业务板块项目建设多通过委托代建或政府购买服务进行,融资过程中多以应收政府类款项进行质押的方式进行融资。受政策影响,原有运作模式存在较大不确定性,这对其业务转型提出了更高的要求。宁夏交投通过以 PPP 模式参与项目运营和开拓高新技术产业模块等方式,逐步破解业务转型的难题。

(2)有机整合业务板块

融资平台在地区经济发展中起着至关重要的作用,企业通过同业合并或集团化管理的方式进行了平台规模的扩张,给地区经济发展带来良好的效果。然而如宁夏交投这样的集团,企业规模已达到一定水平,其主要业务的区域垄断性已经十分明显,简单扩张的规模效益将不再明显,更需要业务板块的拓展和内部产业的有机整合。其他交通基建类大型平台也应继续发展壮大集交通基础设施"投融建管养运"为一体的主导产业,并依托主导产业积极开展多元化业务,打造以交通产业为引领的综合性现代企业集团,实现业务范围的合理扩张。

(二)地市级平台——银川通联资本投资运营有限公司

1. 公司基本情况分析

银川通联资本投资运营有限公司(以下简称"银川通联资本")是一个类金融国企,于2008年12月22日注册成立,注册资本为110.36亿元人民币。公司主要开展股权投资、债权融资、金融创新、国有资产运营等业务,实现多元混合发展。银川通联资本自成立以来,在上级部门的正确领导下,领导班子通力合作,带领全体职工开拓创新,成了自治区内国有投资运营公司中融资金额高、投资领域多、涉及行业广、实现了盈利创收的类金融国企。成立以来,银川通联资本的投资大部分是银川市级重点项目,真正发挥了国有投资运营公司市场主体的作用,既得到了资本市场的高度认可,又成为国企改革背景下银川模式的践行者。银川通联资本目前已经成为自治区内国有投资运营公司中的标杆式国企。

公司最终控制人为银川市人民政府国有资产监督管理委员会,旗下共有13家子公司。公司紧跟宁夏和银川市经济发展战略、产业政策和区域经济布局政策,追求经济效益,重视资本经营,充分发挥国有资本的导向作用,积极进行战略投资和外部合作。

2. 公司发展过程分析

首先,银川通联资本投资运营有限公司根据其资产负债情况,完成了资产剥离及负债清理,之后开展业务拓展工作,实现业务板块全面化,集中打造城投、旅游、资产运营、资本运营、房地产等专业国有企业,建立以核心平台为依托的集团化控股公司,实现信用上移和资产下沉。其次,将土地、基础设施、生态环境、服务产业等要素及资本盘活,注入相关平台公司实现资本化运作,通过转变功能定位,实现"融、投、建、管"综合服务,通过纵向的产业链整合加深,公司实现了从投融资平台到产业链运营平台的转变,做强了产业深度。

3. 公司转型发展的启示

银川通联资本投资运营有限公司作为地方国企,融资项目应该尽量充分厘清自身与政府的边界,通过签订相关运营协议,明确价格机制。根据2014年国发〔2014〕43号文的相关规定,未来平台公司的公益性项目、准经营性项目、经营性项目应被区分对待,非经营性项目所产生的债务都由政府负责,从政府归集的偿债基金中分期偿还;准经营性项目由政府负责政策性亏损补贴,其他部分由市场运作的收益进行偿还;经营性项目通过市场运作筹集建设资金,由平台公司对经营性资金进行运作和安排。除去基本业务,银川通联资本在硬性条件上完全可以作为地区金融枢纽,发挥金融服务功能。

(三)地市级平台——银川市城市建设投资控股有限公司

1. 公司基本情况分析

银川市城市建设投资控股有限公司(以下简称"银川城投公司")成立于2001年12月8日,是由银川市政府批准,国资委授权作为银川市城市基础设施国有资产的投资主体并对其实施运营的国有独资公司。公司注册资本5.01亿元,其中通联资本出资3.94亿元,占股78.65%;国开基金出资1.07亿元,占股21.35%。截至2021年底,公司总资产216.74亿元,负债总额89.19亿元,所有者权益127.55亿元,资产负债率为41.15%。公司已具备较强的融资和投资管理能力,有一定的资产经营管理和项目管理能力,拥有相对完善的管理体系、内控机制和人才储备机制。

2. 公司发展过程分析

平台公司的转型发展既是贯彻落实国发〔2014〕43号文的精神,同时也是主动融入国资改革"银川模式"的必然要求。按照银川国资改革管理三级架构的顶层设计,银川城投公司主动找准定位,牢固树立产业创新发展意识。一方面重视产业开发及布局,注重新技术的推广应用等。另一方面积极树立"产融结合"、"互联网+工商联"等新思维,将公司发展与资产经营业务紧密结合,进一步激活资产,使地方政府不仅发挥投融资平台城市建设的作用,还能引导示范城市产业结构优化,充分体现城市建设运营商的价值。

3. 公司转型发展的启示

银川市城市建设投资控股有限公司主体评级为AA+,信用情况良好,若符合相应的条件,可以考虑发行企业债创新品种以及项目收益债等来进行融资,充实企业资本。在近20年持续稳健的开拓与发展中,银川城投公司已成为集城市基础设施建设、投融资主体、项目开发建设、停车场产业、文化产业、物业服务业于一体的多元发展的现代化企业。在上述创新债券品种中,公司可根据自身业务考虑使用如城市停车场建设专项债券等债券品种进行融资,从而扩充企业的资本,使自身做大做强。类似平台企业也可以根据自身业务选择合适的债券品种进行融资,充实企业资本。

四、转型发展建议

(一)现存问题

宁夏回族自治区目前的存续债平台仅有8个,且市级平台都集中在银川,区县级城投基本无发债历史。

(二)转型发展建议

1. 深化债券市场认识,抢抓债市扩容机遇

随着我国多层次资本市场体系逐步完善,债券融资成为企业主要的融资渠道,债券市场将成为金融市场最基础、最重要的组成部分。2015年之前,信用债市场主要以

企业债为主,2015年公司债券准入要求放开,交易所信用债规模持续上升。此外,发改委、交易所近年来也在不断推出新型债券品种,多方位满足企业融资的需求,目前债券已经成为东部发达地区省份的重要融资工具。2020年12月,证监会主席易会满提出要提高直接融资比重,并提出要深入推进债券市场创新发展,丰富直接融资工具。因此宁夏回族自治区要深化对区域债券市场的认识,积极抢抓新一轮债券市场扩容发展的机遇。

2. 培育壮大发债主体,扩大债市融资规模

目前宁夏回族自治区债券融资规模受限的主要原因在于融资平台较少且规模较小。故建议从以下两个角度出发:一是做大做强国有企业。国有企业是宁夏的信用债发行主力,建议通过重组或者资产划拨等途径进行资源整合,发展壮大国有企业,特别是要整合目前已经在债券市场亮相的企业,提高其发债规模。同时推动中小型国有企业整合和产业升级,完善公司治理结构,提高经营管理能力,进而达到债券市场准入门槛,达到拓宽融资渠道的目的。二是引导企业树立市场化运营和管理的理念。完善公司治理,并加强债券业务的宣传和培训,增强企业参与债券市场融资度,提升其直接融资能力。

3. 加强金融投研合作,提高债市知名度

目前债券市场针对宁夏回族自治区的调研较少,在一定程度上影响了市场投资者对宁夏平台企业的认识。建议宁夏回族自治区核心投融资平台可以与券商等金融机构投研部或其他相关业务部门合作,鼓励金融机构前往宁夏现场调研,挖掘宁夏回族自治区投融资平台的投资价值,并通过发布调研报告增加平台公司在投资者中的知名度,为资本市场融资奠定部分基础。

4. 完善自身担保体系,降低债券融资成本

目前宁夏回族自治区主要的担保机构为西部(银川)担保有限公司,该担保机构主要侧重小额贷款担保、票据担保等业务,债券担保业务较少。考虑到宁夏企业整体资质偏低,债券发行存在实质困难的现实,建议宁夏回族自治区政府大力培育专业信用担保机构,进而满足信用类债券市场快速发展过程中对担保的要求,以此来增加宁夏债券的发行成功率,并降低平台企业的债券融资成本。

第四节 内蒙古自治区投融资平台转型发展评价

内蒙古自治区位于我国最北端,横跨东北、华北、西北地区,毗邻8个省份,并与俄罗斯、蒙古国交界,拥有长达4 200多公里的边境线,是连接中俄蒙经济带的重要枢

纽,其独特的地理位置,决定了其在"一带一路"中的重要地位。截至2019年末,内蒙古自治区总面积118.3万平方公里,在全国各省、市、自治区中名列第三,广阔的土地下蕴含着丰富的资源,尤其是矿产资源、森林资源和农牧业生产资源。但从整体来看,内蒙古自治区受传统产业发展限制,在经济发展上存在后劲不足等问题,使得平台公司造血能力不强,需要积极拓展业务领域,创造新的利润增长点,以带动平台公司转型和当地经济发展。

一、基本情况简介

内蒙古自治区简称"内蒙古",地处中国北疆,自东向西,与俄、蒙两国接壤,毗邻黑、吉、辽、冀、晋、陕、宁、甘8省,是中国邻省较多的省级行政区之一,与京津冀、东北、西北经济技术合作关系密切,是京津冀协同发展辐射区,也是中国8个国家级大数据综合试验区之一,是国家实施"西部大开发"战略的前沿阵地。现辖9个地级市和3个盟,面积118.3万平方公里,占全国总面积的12.3%,全境主要分布有汉族、蒙古族,以及满、回、达斡尔、鄂温克等49个民族,是中国5个少数民族自治区之一。

近几年,内蒙古通过实施"向北开放"战略,将区位优势逐渐转化成经济优势,以"向北开放"战略为发展的重要支点,通过加强与俄罗斯、蒙古国的经济贸易合作,实现经济持续平稳增长。

(一)经济发展水平分析

2021年,内蒙古自治区实现地区生产总值20 514.2亿元,经济总量在全国31个省、自治区、直辖市中居第21位,GDP增速6.3%,在全国31个省、自治区、直辖市中居第28位。经济结构方面,相较于2018年,2021年内蒙古自治区第三产业所占比重有所下降,下降至43.46%,第二产业所占比重上升至45.70%,第一产业所占比重基本保持不变。

2021年,内蒙古自治区全年总的工业增加值同比增长6.5%。其中,规模以上工业增加值增长6.0%。在规模以上工业中,分经济类型看,国有控股企业工业增加值增长4.8%,股份制企业增长6.1%,外商及港澳台商投资企业增长5.3%。具体分门类看,制造业增长率达到11.3%,电力、热力、燃气及水的生产和供应业,以及采矿业也保持了持续增长的态势,增长率分别为1.3%和3.4%。从主要工业产品产量看,全区原煤产量10.4亿吨,同比增长2.7%;全年发电总量也居全国前列,共5 952.6亿千瓦·时,比上年增长3.7%。

除传统行业外,"十三五"期间,内蒙古自治区以新能源、新材料、高端装备制造、生物产业、新能源汽车、新一代信息技术、数字创意、节能环保等为代表的战略性新兴产业不断发展壮大,经济效益初步显现。数据显示,2021年内蒙古自治区R&D经费投入与各项产出指标均实现了稳定增长。其中,规模以上工业企业的R&D经费支出154.77亿元,较上一年增长19.6%,增速创近年新高。产出方面,规模以上工业企业申请专利数7 722件,其中发明专利达2 725件,同比增长34.2%和16.9%;规模以上工业企业新产品开发项目达3 645个,同比增长48%,新产品带来销售收入达1 655.49亿元,同比增长33.2%。包头市先后与中科院、清华大学、中国农业大学等国内30多所知名高校院所通过建立产学研合作、共建院士工作站等方式,促进高端科技成果落户包头市,同时积极建设产业示范基地,打通科技成果转移转化链条。鄂尔多斯市除发展能源行业之外,还引进建设了博雷特、融泰、京东方源盛光电等装备制造项目,中国联通、云泰互联等云计算大数据项目,新奥石墨烯、易高碳材料等新材料项目。众多项目落地生根,为鄂尔多斯实现经济高质量发展提供了坚实基础。

总体来看,内蒙古2021年全年规模以上工业企业实现营业收入23 947.1亿元,比上年增长39.4%;实现利润3 380.8亿元,增长1.5倍;营业收入利润率14.1%。全年规模以上工业企业产品销售率99.9%。其中,支柱产业能源行业和采矿业都保持了较高的增长速度,产量也居处于国内前列;同时,战略性新兴产业不断发展壮大,经济效益初步显现。内蒙古自治区2017—2021年主要经济指标数据如表4—18所示。

表4—18　　　　　　内蒙古自治区2017—2021年主要经济指标数据

项　目	2017年	2018年	2019年	2020年	2021年
地区生产总值（亿元）	16 096.21	16 140.76	17 212.53	17 258.04	20 514.19
地区生产总值增速（%）	4.00	5.30	5.20	0.20	6.30
第一产业(亿元)	1 649.77	1 750.67	1 863.19	2 028.82	2 225.23
第二产业(亿元)	6 399.68	6 335.38	6 818.90	6 908.17	9 374.19
第三产业(亿元)	8 046.76	8 054.70	8 530.46	8 321.06	8 914.77
第一产业(%)	10.25	10.85	10.82	11.80	10.85
第二产业(%)	39.76	39.25	39.62	40.00	45.70
第三产业(%)	49.99	49.9	49.56	48.20	43.46
固定资产投资增速（%）	−6.90	−27.13	5.80	−1.70	9.50
社会消费品零售总额（亿元）	4 642.60	4 852.30	5 051.11	4 760.45	5 060.31
城镇(常住)居民人均可支配收入(元)	35 670.02	38 305.68	40 782.00	41 353.00	44 376.86

续表

项 目	2017年	2018年	2019年	2020年	2021年
农村(常住)居民人均纯收入(元)	12 584.29	13 803.56	13 816.00	16 567.00	18 337.00
居民消费价格指数(上年=100)	101.7	101.82	102.4	101.9	100.9
工业生产者出厂价格指数(上年=100)	110.6	103.16	102.1	99.7	128.5

数据来源:内蒙古自治区人民政府网。

根据公开数据,自2020年以来,受新冠肺炎疫情影响,内蒙古自治区经济发展受到一定冲击。2019年5月,包商银行因出现严重信用风险被接管,内蒙古自治区金融业发展有所放缓,同业融资条件收紧,不良资产仍处于高位,金融防控压力较大,因此内蒙古将全区工作重点放在保证经济体运行总体平稳,落实和践行"稳就业、稳金融、稳外贸、稳外资、稳投资、稳预期"上。

(二)财政预算能力分析

相较于2020年,2021年内蒙古自治区一般公共预算收入呈现上涨趋势,达到2 349.95亿元,为近五年最高值。2021年,一般公共预算支出较2020年稍有下降,为5 239.57亿元。2017—2021年内蒙古自治区各项财政收支具体情况见表4—19。

表4—19　　　　　　2017—2020年内蒙古自治区财政收支规模

项 目	2017年	2018年	2019年	2020年	2021年
地方一般公共预算收入(亿元)	1 703.20	1 857.65	2 059.69	2 051.20	2 349.95
其中:税收收入(亿元)	1 282.10	1 399.86	1 539.69	1 457.76	1 671.05
政府性基金预算收入(亿元)	342.77	567.46	637.39	656.43	504.92
国有资本经营预算收入(亿元)	6.97	11.39	23.20	10.04	27.83
地方政府一般债券收入(亿元)	950.70	924.20	791.81	1 094.30	1 082.60
中央补助收入(亿元)	2 523.00	2 623.70	2 642.30	2 787.40	2 880.40
一般公共预算支出(亿元)	4 529.93	4 831.46	5 100.91	5 268.20	5 239.57

数据来源:内蒙古自治区人民政府网。

从地方一般公共预算收入规模看,2017—2021年,内蒙古自治区一般公共预算收入分别为 1 703.20 亿元、1 857.65 亿元、2 059.69 亿元、2 051.20 亿元和 2 349.95 亿元。从结构来看,内蒙古自治区一般公共预算收入以税收为主,2017—2021 年税收收入占比分别为 75.28%、75.36%、74.75%、71.07% 和 71.11%。目前税收收入整体占比较高,基本维持在 70% 以上,可见内蒙古自治区一般公共预算收入稳定性较高。从政府性基金收入来看,内蒙古自治区全区 2021 年政府性基金收入为 504.92 亿元,较 2020 年有所下降。地区财力对政府性基金收入的依赖程度不高,整体规模一般。

2017—2021 年,内蒙古自治区一般公共预算支出保持平稳增长,剔除 2021 年权责发生制列支因素,实际增长 5.2%。从收入结构看,内蒙古自治区财政自给能力较弱。但是通过中央补助收入、地方政府一般债券收入、上年结余收入等方式,基本实现收支平衡。

(三)地方整体债务评价

2021 年末,内蒙古自治区的政府债务余额规模较大,达到 8 900.50 亿元,较 2020 年同比增长 7.63%,增幅较大。

从未来债务偿还情况来看,2022 年需偿还 932.9 亿元,债务集中度相对较低,期限结构相对合理。分级次看,自治区层级政府债务仅占 10.6%,盟市、旗县占 89.4%。从举借主体来看,截至 2019 年末,主要由政府部门、事业单位和融资平台举借,所占比例分别为 47%、22% 和 17%。

从债务投向来看,资金主要用于市政建设、科教文卫、土地收储、保障性住房、交通运输、农林水利、生态建设和环境保护等项目,较好地保证了地方经济社会发展的资金需要,推动了民生改善和社会事业发展,同时形成了一定规模的优质资产,大多有经营收入作为偿债来源,可在一定程度上保障相关债务的偿还。

根据《事业单位国有资产管理暂行办法》(财政部令 36 号)等相关法律法规,目前地方政府拥有的国有股权、行政事业单位国有资产、土地资产、矿产资源和海域使用权等国有资产经同级财务部门批准后可以变现,这为债务偿还和周转提供了一定的流动性支持。内蒙古自治区国资委统计数据显示,内蒙古自治区政府拥有的国有资产规模较大,截至 2021 年 10 月,自治区国资委的直接监管企业和委托监管企业资产总额达到 8 857.2 亿元,同比增长 3.9%;实现利润总额 78.7 亿元,同比增长 81.5 亿元;完成营业收入 2 267.3 亿元,同比增长 27.3%;上缴税费 100.6 亿元,同比增长 26.4%,较大规模的国有资产对内蒙古政府债务偿还和周转提供了流动性支持。

从地级市层面来看,2021 年末,内蒙古自治区各市、盟政府债务积累规模较大,负债率处于较高水平。从债务余额来看,内蒙古各地级市(盟)中,鄂尔多斯市政府债务余额最大,其次是包头市、呼和浩特市、乌兰察布市和通辽市。2021 年,除锡林郭勒盟外,其他地级市(盟)政府债务余额均呈上升趋势。其中,巴彦淖尔市和呼伦贝尔市政府债务余额增长最快,年均复合增长率为23.19%和16.31%。此外,乌兰察布市、通辽市、赤峰市和兴安盟政府债务余额年均复合增长率达到10.00%以上。债务负担方面,截至2021年末,除赤峰市以外,其余各地级市(盟)的政府债务率均超过100%。其中,包头市、鄂尔多斯市、乌海市和阿拉善盟政府债务率超过200%;乌兰察布市、呼和浩特市和巴彦淖尔市政府债务率在160%～200%之间;通辽市、锡林郭勒盟、呼伦贝尔市和兴安盟政府债务率在125%～150%之间。

内蒙古自治区城投平台债券余额在全国各省中相对较少,存续债券区域主要集中在经济发展水平相对较好的"呼、包、鄂"等地。截至2022年9月,从存续债券城投企业来看,其2021年底存量债务余额为575.42亿元。其中,鄂尔多斯市城投企业全部债务余额最高,为193.87亿元,占内蒙古自治区发债城投企业全部债务余额的33.69%。

为控制各地市、县法定限额内的政府债务风险,特别是隐性债务占比情况,内蒙古自治区建立了地方政府隐性债务风险等级评定制度,根据划分的不同债务预警等级对各地债务风险进行实时监控。为缓解经济下行压力给企业带来的系统性风险,内蒙古投放纾困基金和风险防控基金257.4亿元,支持65家企业化解债务风险,清理拖欠民营企业、中小企业账款672.9亿元,超额完成年度任务,全区政府债务率在红色风险等级以下。整体来看,内蒙古自治区政府债务的规模较大且增长速度较快,但当地政府化解债务力度大,效果显著。

二、投融资平台排名

(一)省级平台排名情况

内蒙古自治区省级投融资平台公司排名如表4-20所示。

表4-20　　　　　　　　内蒙古自治区省级投融资平台公司排名

排名	发行人中文名称	省份	城市	行政级别
1	内蒙古高速公路集团有限责任公司	内蒙古自治区	呼和浩特市	省级
2	内蒙古水务投资集团有限公司	内蒙古自治区	呼和浩特市	省级

数据来源:课题组整理计算得出。

(二)地市级平台排名情况

内蒙古自治区市级投融资平台公司排名如表4-21所示。

表 4—21　　　　　　　　　内蒙古自治区市级投融资平台公司排名

排名	发行人中文名称	省份	城市	行政级别
1	鄂尔多斯市国有资产投资控股集团有限公司	内蒙古自治区	鄂尔多斯市	地市级
2	包头交通投资集团交通产业发展有限公司	内蒙古自治区	包头市	地市级
3	内蒙古高新控股有限公司	内蒙古自治区	包头市	地市级
4	兴安盟城市投资集团有限公司	内蒙古自治区	兴安盟	地市级
5	包头市保障性住房发展建设投资有限公司	内蒙古自治区	包头市	地市级
6	赤峰国有资本运营(集团)有限公司	内蒙古自治区	赤峰市	地市级

数据来源：课题组整理计算得出。

三、案例分析

(一)省级平台——内蒙古高速公路集团有限责任公司

1. 公司基本情况分析

内蒙古高等级公路建设开发有限责任公司(以下简称"蒙高路公司")是内蒙古自治区人民政府批准组建的特许经营的大型国有独资企业，于 2004 年 8 月挂牌成立。内蒙古自治区国有资产监督管理委员会履行出资人职责。公司注册资本 35 亿元，目前总资产 1 085.83 亿元，员工 11 000 多人，2015—2020 年连续六年入围"中国服务业企业 500 强"名单。公司改革后内设 13 个部室、2 个中心，下设 3 个二级集团公司和一个运营事业部，9 个分公司(包括 1 个项目管理分公司、8 个区域分公司)、15 个三级子公司，另外设有 3 个控股公司、1 个参股银行。目前，公司运营公路里程 4 528 公里，其中，高速公路 2 141 公里，一级公路 1 351 公里，二级公路 1 036 公里。

2. 公司发展过程分析

(1)转变发展思路，走市场化发展道路

在地方投融资模式重构的大趋势下，地方政府加快构建以地方政府债券和合规 PPP 模式为主的新投融资模式，蒙高路公司抓住机遇，借助规范的 PPP 模式实现由"行政化"企业转型为"市场化"企业。2018 年，内蒙古高等级公路建设开发有限责任公司(联合体牵头人)及其全资子公司内蒙古路桥集团有限责任公司(联合体成员)成功中标成为 S43 呼和浩特机场高速公路 PPP 项目社会资本投资人。

(2)创新融资模式，多元渠道融资

内蒙古高等级公路建设开发有限责任公司已通过发行公司债、企业债及银行间债务融资工具等多种融资渠道进行融资,2019年全年发行各类融资债券超100亿元,远超自治区其他平台企业。蒙高路公司不断创新融资渠道,多措并举充实企业资金。2017年公司的"美元债券"获批发行,这是为金融机构支持内蒙古交通建设起好示范引领作用的有力措施。2019年11月,平安—蒙高路高速公路通行费收费收益权资产支持专项计划推出,发行规模9亿元。

3. 公司转型发展的启示

(1)整合产业链,做强产业深度

公路属于国民经济基础设施行业,是国家近年来投资的重点领域,而蒙高路公司负责建设、运营、管理内蒙古自治区大部分高速公路及其相关的主要骨干公路,在区内主要经济带形成了较完善的高等级公路交通网络,其业务的区域垄断性已经十分明显,因此简单扩张的规模效益将不再明显,更需要业务板块的拓展和内部的有机整合。作为整体实力较强的省级平台企业,蒙高路公司以自身的主营业务为核心,向上下游产业延伸,打造集"融、投、建、管、养、运"为一体的综合服务平台,实现从投融资平台到产业链运营平台的转变,在经济下行压力下提升系统性风险应对能力。

(2)扩展融资渠道,丰富融资品种

丰富的债券融资品种为蒙高路公司带来了相对稳定的资金来源,值得当地其他公司学习。内蒙古作为"一带一路"沿线省份,主营业务集中在交通基础设施建设方面的部分公司,可以借助"一带一路"倡议,参与"一带一路"建设,并通过发行"一带一路"专项债等方式进行融资。股权融资方面,内蒙古还没有一家平台企业成功上市,而股权融资具有使企业获得长期资本,提高企业竞争力,减轻企业债务压力,优化资产负债结构等优点。如条件允许,公司可以尝试进行改制重组,将公司由国有独资企业改制成股份制企业,随后再择机实现公司的整体上市。此外,也可以使用控股重组、剥离重组等方式,通过控制、设立股份制子公司,推动子公司上市,从而实现集团化运作,增强公司整体实力。

(二)地市级平台——呼和浩特春华水务开发集团有限责任公司

1. 公司基本情况分析

呼和浩特是内蒙古自治区首府,兼具政治、经济、文化和金融功能。为满足居民日益提升的民生保障及基础设施建设需求,自2001年起,呼和浩特市启动了大规模的城市改造工程建设,城区面积由2000年的83平方公里扩大到目前的265平方公里。此外,引黄入呼、引天然气入呼、两河一库、电网改造、道路、给排水、集中供热等一批基础设施建设步伐不断加快,提高了城市承载能力和可持续发展能力,同时,区域内平台公司市场化经营建设能力也不断提升。呼和浩特春华水务开发集团有限责任公司(以下简称"春华水务集团公司")是呼和浩特市内国有独资企业,公司拥有呼和浩特市政府授予的供排水特许经营权和原水的控制权,负责统一建设、管理和经营呼和浩特市水务资产,其所属控股子公司和参股公司的生产经营贯穿了呼和浩特全市的水务运营,其行业垄断地位和区域垄断优势非常明显。

2. 公司发展过程分析

(1)生态优先,以绿色发展为主旋律进行改革

我国经济进入了"提质增效"的增速换挡期,生态环境保护成为经济发展的重要主题。污水处理作为环境保护中的重要一环,是绿色发展的重要保障,春华水务集团公司设立春华公司、春源公司、各污水处理厂、环境检测中心、固废处置中心等单位部门,配合卫生、环保部门科学规范处理,确保污水、污泥、医疗废水在各环节、各工序严格遵守各项技术要求和生产操作规范,防止处理、运输过程中发生污染事故,确保工业污水、生活污水得到科学合理的处理,从而减少对生态环境的破坏,促进经济可持续发展。除污水处理以外,春华水务集团公司还积极做好水源保护工作,确保水源的质量和可持续供给,维护水资源生态,贯彻生态优先、绿色发展的道路。坚持绿色发展是国企承担社会责任的体现,这些举措能树立良好的企业形象,为自身转型开辟道路。

(2)有序扩张业务板块

春华水务集团公司主要负责全市供排水、污水处理、再生水回用等业务的建设运营管理。近年来,除水务主业外,公司还积极向房地产业务拓展,创新增量资产。2020年末,公司实现物业费收入2 400.34万元,通过业务板块的有机扩张和造血能力的增强,为集团实现市场化转型奠定了基础。

3. 公司转型发展的启示及建议

春华水务集团公司自成立以来,通过同业合并或集团化管理的方式进行了平台规模的扩张,效果显著。自来水板块是公司的核心业务,具有较强的地区专营性和业务持续性。在保证公司核心业务发展的同时,春华水务集团公司积极拓展公司其他业务收入来源,如物业、奶业等,对公司利润来源形成有效补充。

2020年5月,中共中央、国务院最新出台的《中共中央国务院关于新时代推进西部大开发形成新格局的指导意见》提出,落实市场导向的绿色技术创新体系建设任务,推动西部地区绿色产业加快发展。呼和浩特市作为呼包鄂榆主体功能区的核心区域、沿黄线经济带建设的重要主体,在新西部大开发战略背景下极具发展潜力。春华水务集团公司应牢抓政策利好,大力拓展绿色业务等板块,为绿色经济发展做出贡献。

(三)地市级平台——鄂尔多斯市国有资产投资控股集团有限公司

1. 公司基本情况分析

鄂尔多斯市国有资产投资控股集团有限公司（以下简称"鄂国资"）是于2001年4月注册成立的全资国有企业，鄂尔多斯市国有资产监督管理委员会出资40.01亿元人民币，持股比例为100%，为公司的控股股东和实际控制人。目前，公司注册资本40.01亿元，总资产602亿元，净资产271亿元。产业主要涉及交通运输、能源开发、现代金融服务、现代物流等领域。鄂国资实际履行出资人职责的出资企业共28家。

2. 公司发展过程分析

在十多年的发展过程中，鄂国资始终以资本运营为核心，通过灵活管理项目的建设及运营盘活了国有资产，同时不断探索和实践混合所有制改革，出资企业中有2/3按照混合所有制模式组建运营，通过股权运作、有序进退，促进国有资本合理流动；通过股权流动实现国有资本战略布局调整，成功实现了由管资产向管资本的转变，国有资本运营效益显著提高。

此外，鄂国资通过各类资本，服务当地建设。自成立以来，公司共计投入项目资本金150多亿元，另外吸引神华、中石油、中国烟草、北京昊华能源、天津物产集团等各类社会投资主体投入项目资本金500多亿元，形成社会总投资规模1 700多亿元。先后建成了长乌临、长呼、长呼复线天然气长输管道3条，总运营里程1 500多公里，年输气能力100亿立方米，建成城网500公里，CNG、LNG加注站88座，LNG液化厂3座，产业覆盖自治区7个盟市42个旗区，为自治区实施"气化内蒙古"战略、改变能源消费结构、改善大气环境提供了重要支撑。公司总资产由期初的13亿元增加到625亿元，增长48.1倍，净资产由期初的12亿元增加到264亿元，增长22倍。累计实现收入约537亿元，上缴税费约73亿元，实现利润约72亿元，上缴国有资本收益13亿元，直接带动就业1万多人，给鄂尔多斯市经济社会发展注入新活力，为当地经济和社会的发展做出了重要贡献。

3. 公司转型发展的启示

鄂国资作为国有投资平台，科学合理地运用好既有的资产、股权、资源来拓展公司产业，服务地方经济。鄂国资深度融入呼包鄂协同发展及"七网同建、七业同兴"的战略部署中，加快国有企业市场化转型，利用多种融资手段盘活资产，灵活利用金融产品协助实体经济发展。在做强做优做大交通、能源和现代金融服务业三大产业板块的基础上，全力推进新能源产业、现代物流产业等转型项目的建设。利用现代化管理体系提升经营效率并提升资本实力，扩大经营规模，调整产业布局，提升抗风险能力及市场竞争力。鄂国资目前的业务已覆盖交通运输、能源开发、现代金融服务等多个方面，为当地其他国有资本运营平台提供了良好借鉴。

(四)区县级平台——内蒙古高新控股有限公司

1. 公司基本情况分析

内蒙古高新控股有限公司(以下简称"蒙高新公司")系由包头稀土高新技术产业开发区管理委员会划拨资产授权经营,于2001年1月组建成立的国有独资公司。伴随着包头稀土高新技术产业开发区(以下简称"高新区")的发展而成长,为高新区的发展做出了突出的贡献。主要业务方向为高新区投融资服务体系建设、基础设施开发建设、国有资产管理、国际国内贸易和优质高新技术项目的培育等方面提供服务。

2. 公司发展过程分析

公司位于包头市稀土高新区,区内具有丰富的资源,蒙高新公司通过发挥自身的优势,重点开展稀土、铝、铜、煤炭等重点产业的贸易业务及进出口代理业务,获得了新的利润增长点。

3. 公司发展模式启示

蒙高新公司作为从事基础设施投资、建设、经营的国有企业,应转换经营机制,使企业作为经营性城乡基础设施建设的投资主体和运作主体,大力提高投资效益和效率,从而不断提高当地基础设施的市场化经营水平。具体来说即是进一步厘清自身与政府的关系,承担收益性项目的建设,并积极谋划提升自身业务板块的造血能力。公司将在未来五年完成稀土产业园区、希望工业园区等基础设施的建设,但后续运营、收益等方面则还需要加强,从而进一步提升企业投融资能力,为转型发展"造血"。

四、转型发展建议

内蒙古自治区投融资平台公司在中国各省份中处于弱势地位,为了推动地区经济发展和城市建设,内蒙古自治区需要紧抓时代机遇,贯彻执行"一带一路"和"向北发展"战略,充分利用区位优势和资源优势,促进经济平稳发展,同时也要做好风险控制,加强政府债务规范化管理,积极完成隐性债务化解任务。而增强平台公司自身的造血能力就是重要的发展路径。当前社会正处于国有企业改革的新阶段,政府应当重视融资平台发展,适应形势、稳中求进,做好平台公司转型。政府重视平台公司转型发展的五大关键举措为:优化资产结构、明确功能定位、多元化业务布局、补齐管理短板和完善投融资体制。同时通过以下三条途径,积极推动各平台公司持续、稳定、健康的转型和发展,带动当地经济发展,进而减轻地方债务负担,并增强财政自给能力。

(一)增强融资平台实力,做好市场化转型准备

内蒙古自治区投融资平台公司数量较少,平台评级相比其他省份处于劣势地位,特别是市级和区县级投融资平台公司企业评级明显较低,实力偏弱,这对企业转型发

展提出了更高的要求。企业首先需要增强自身实力,制定科学合理的现代企业制度,建立规范的管理流程,找好公司的职能定位,明确企业主营业务和发展方向,开发新兴产业,增强可持续发展能力,为转型打下良好的基础。同时,企业的发展和转型都离不开人才支持,特别是进军新市场、新领域,人才是推动经济发展的重要一环,政府和企业应当重视人才引进,目前,中国各大城市和省份都相继出台人才引进计划,抢人大战愈演愈烈。内蒙古自治区的地理位置和经济总量在全国并不占据优势,对人才特别是顶尖人才的吸引力相对较弱,需要政府和企业多方努力,制订相关方案,用丰厚的福利,吸引人才、留住人才,特别是熟悉不同行业投资环境的金融人才和管理人才,帮助公司提升运营能力和管理能力,从而促进融资平台更好地融资和利用资金,促进公司增强综合实力和加快城市建设。此外,企业内部可以通过加强员工培训,提高员工专业素养,增强企业学习氛围,最大化优化利用人力资源,实现更好更快发展。

(二)结合当下时代背景,构建融资新思路

近年来,随着六部委《关于进一步规范地方政府举债融资方式行为的通知》(财预〔2017〕50号)和《财政部关于坚决制止地方以政府购买服务名义违法违规融资的通知》(财预〔2017〕87号)等文件的颁布,国家加强了对政府融资体制的监管,同时督促各地政府加快政府融资方式的转变,加大以政府债为主的直接融资占比,推动以提升项目运营效率、转变政府职能为目标的PPP模式的运用,强调政府融资公开、透明,降低地方政府债务风险。在新形势下,内蒙古自治区需要通过构建融资新思路,强化政府平台公司信用、实现资产和项目的重构、建立项目融资和企业融资两线并行体系,从而实现政府平台转型,更好地服务于城市建设和经济发展。

新形势下,投融资平台公司需要制定长远的公司发展战略,优化企业资产结构和产业结构,不仅要积极参与政府投资项目和PPP项目,也要重视投资多元化、可持续化,努力发展综合性项目,例如园区开发、特色小镇建设等,提高城市建设能力的同时,促进平台公司自身的可持续发展。2019年1月,内蒙古自治区发改委、生态环境厅等四部门联合发文,公布了内蒙古首批特色小镇高质量发展培育名单,共有12个小镇获此殊荣。未来内蒙古自治区可以因地制宜,合理地开发当地特色旅游资源,建立地方经济增长新契机,建设更多具有吸引力的特色小镇,吸引资本投入,塑造品牌形象,促进新型城镇化发展进程、提升城市建设水平。

此外,当地投融资平台公司应当贯彻执行《内蒙古自治区党委自治区人民政府关于深化投融资体制改革的实施意见》,拓宽融资渠道,善于利用多种融资方式,包括企业债券、公司债券、永续债、可续期债券等债权融资方式,满足企业中长期资金需求,构建期限结构合理的债务融资体系。除债券融资之外,政府融资平台也要积极开展股权融资,积极引进战略投资者,提高资本实力,降低负债水平。此外,善于利用自治区给予的政策性优惠。在实施意见中,自治区政府提出了支持政策性、开发性金融机构使用抵押补充贷款、专项金融债等优惠资金的方案,为城市棚户区改造、生态保护、城乡基础设施建设、扶贫开发和科技创新等领域重大项目和工程提供中长期、低成本信贷资金。政府融资平台在企业运营过程中应重视重点领域项目的建设,避免新增过剩产能和重复建设,合理利用低成本信贷资金,提高资本实力。

(三)优化供给侧改革,发展新兴行业

投融资平台公司需要提升自身的运营能力,重视可持续发展能力,转变业务重心,把握新的投资机会,跟随时代发展背景,实现产业升级。随着互联网、物联网、云计算等新一代信息技术的高速发展,城市建设也进入了新的阶段,"智慧城市"理念逐渐兴起,城市建设开始转型,内蒙古当地国有企业可以利用前期在城市建设中积累的经验,结合积累的城市资源和运营能力,协助政府建立"智慧城市"。2014年,内蒙古有4座城市入围住建部2014年度国家智慧城市试点地区名单,分别是鄂尔多斯市、呼伦贝尔市、包头市石拐区和呼和浩特市。到2017年,在建和新建项目共计53项,覆盖智能城管、智能旅游、云平台、公共事业基础设施建设等多个领域。"智慧城市"作为政府新一轮的投资重点项目,对于当地企业来说是良好的机遇,投融资平台公司应当加强企业运营能力和做好人才储备,提前布局,加强对智慧城市的研究,从而更好地把握机会,创造新的增长点。同时,作为中国八大国家大数据综合试验区之一,内蒙古政府对于本地区大数据产业发展给予了高度重视,2019年颁布了《内蒙古国家大数据综合试验区改革实施方案》,提出以加强基础设施统筹、打破数据资源壁垒、发掘数据资源价值为主攻方向,统筹推进政务信息平台和数据中心整合,深化大数据在各行业的融合发展和创新应用,推动大数据关键技术研发和产业化。新一代信息基础设施建设,需要整合分散的政务数据中心,构建数据中心新体系,开展绿色数据中心试点,加快建设新一代信息通信基础设施。投融资平台公司应当抓住这个机遇,借此机会实现产业升级,增强企业创新能力和运营能力,提高可持续发展能力。

第五节 甘肃省投融资平台转型发展评价

甘肃省位于我国西北地区中心地带,是连接亚欧大陆桥的战略通道,作为连接西南和西北的重要交通枢纽,它在国家"一带一路"战略规划中具有黄金通道和战略基地的地位。但是,由于气候干旱、土地贫瘠等自然状况,以及交通不便、距离中国核心经济地带较远等地理因素制约,甘肃省经济发展水平相对落后,经济总量处于全国下游

水平。甘肃省政府融资平台数量较少,且总体评级偏低,平台公司多集中于省本级和兰州市,其他市州分布较为分散。作为当地基础设施建设业务的主要负责主体,各平台公司为甘肃的建设与发展做出了巨大贡献,但平台公司运行机制较为传统,故而也面临各地区平台公司发展不平衡、省内发展较为强劲的兰州地区融资还款压力大、边远地区发展后劲不足等严峻的问题。为解决这些问题,平台公司可通过优势区域带动落后区域平衡发展、拓宽融资渠道、整合小型城投公司等方式,以获取更广阔的发展空间。

一、基本情况简介

(一)经济发展水平分析

甘肃省是一个多民族聚居的省份,下辖 2 个少数民族自治州和 7 个少数民族自治县,民族自治地区面积 18 万平方公里,占全省总面积的 39.8%。甘肃省是我国的资源大省之一,也是我国重要的能源、原材料工业基地。境内成矿地质条件优越,矿产资源较为丰富,镍、钴、铂族金属等 10 种资源储量名列全国第一位,形成了以石化、有色金属、煤炭等为支柱的产业格局。

2022 年前三季度,甘肃省地区生产总值 8 124.2 亿元,同比增长 4.1%。其中,第一产业增加值 1 154.6 亿元,同比增长 5.1%;第二产业增加值 2 873.9 亿元,同比增长 4.2%;第三产业增加值 4 095.6 亿元,同比增长 3.7%。

总体来说,甘肃省受气候干旱、土地贫瘠、交通不便、远离中国核心经济区等自然因素以及区位因素的制约,经济发展水平相对落后,经济总量处于全国下游水平,人均 GDP 连年排在全国末位。作为西部内陆省份,受制于交通及贸易条件,人口流动性较弱,新冠肺炎疫情对 2021 年甘肃全省经济影响相对较小,但考虑到当前外部环境依然复杂严峻,全省经济稳定增长仍面临一定不确定性。

甘肃省产业以传统行业为主,对不可再生能源依赖度较高,且其传统产业结构转型升级缓慢。其中,玉门市、白银市、兰州市红古区 3 个地区已被列为资源枯竭型城市。近年来环保政策趋紧且传统产业结构转型需求紧迫,甘肃省积极提升第三产业比重,三次产业结构比由 2015 年的 14.06∶36.74∶49.20 调整至 2021 年的 13.32∶33.84∶52.83。同时发展节能环保、清洁生产、清洁能源、循环农业、中医中药、文化旅游、通道物流、军民融合、数据信息、先进制造十大生态产业。甘肃省三次产业发展情况如图 4—3 所示。

甘肃省区域经济实力整体分化格局明显,兰州作为甘肃省省会城市以及西北第二大城市,占据较大优势,2021 年 GDP 为 3 231.3 亿元,位列全省第一。庆阳市、酒泉

(亿元)

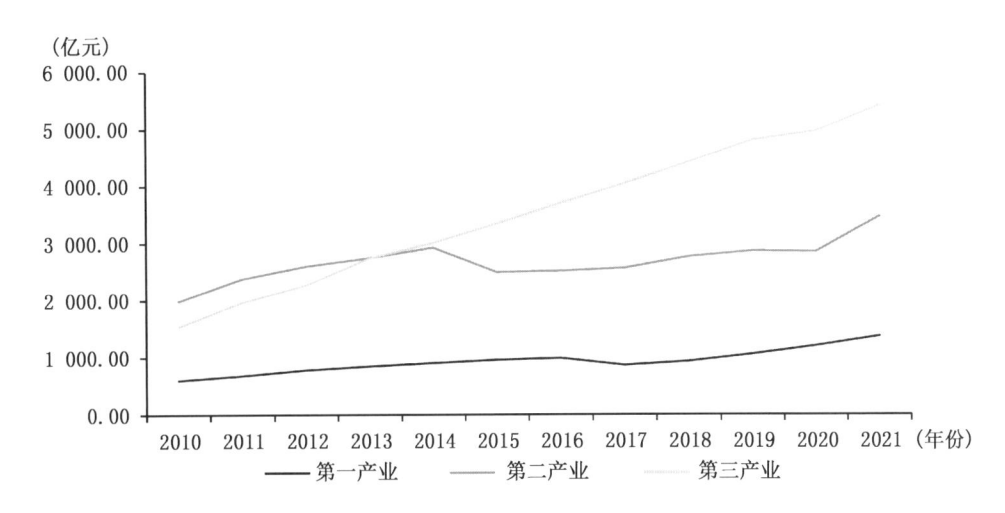

数据来源：Wind。

图4-3 甘肃省三次产业发展情况

市、天水市、武威市排名次之，2021年度GDP分别为885.27亿元、762.7亿元、750.33亿元、600.2亿元，经济增速前五名的城市占甘肃省全省生产总值的60.82%。嘉峪关和甘南州的经济发展水平落后，甘南前三季度GDP仅为230.04亿元，不足兰州市的1/10。兰州作为甘肃省省会，是国家向西开放的战略平台，西部区域发展的重要引擎，是面向"一带一路"、辐射中亚、西亚、南亚的现代化城市，兰州市及其区域内企业相对于全省其他城市而言，呈断层式增速发展。甘肃省各市2021年GDP占比情况如图4-4所示。

(二)财政预算能力分析

近年来，甘肃省一般公共预算收入一直保持较稳定的增长，但是由于甘肃地区的经济发展水平相对落后，一般公共财政预算收入的规模较小，一般公共预算收支平衡能力偏弱，因此，甘肃省的财政平衡不得不高度依赖中央财政的大力支持。

2018—2021年，甘肃省一般公共预算收入为870.8亿元、850.2亿元、874.5亿元和1 001.8亿元。2018—2021年，甘肃省一般公共预算支出分别为3 774.1亿元、3 956.7亿元、4 154.9亿元和4 025.9亿元。不断增长的民生支出及基础设施建设支出进一步加重了甘肃省的财政平衡压力，2021年一般公共预算自给率仅为24.84%，同比增加3.79个百分点。

从政府性基金预算收入来看，2018—2021年甘肃省政府性基金预算收入分别为398.2亿元、519.2亿元、649.2亿元和589.4亿元，政府性基金预算支出分别为550.8亿元、774.8亿元、1 190.6亿元和1 228.7亿元。甘肃省政府基金预算收支平衡能力同样较弱，收入方面以国有土地使用权出让收入为主；支出方面主要是发行并拨付政

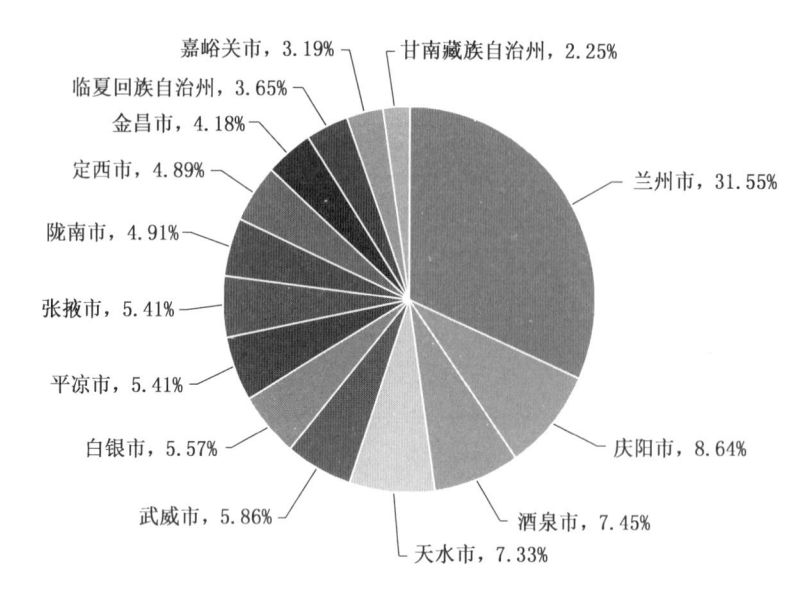

图 4—4 甘肃省各市 2021 年 GDP 占比情况

数据来源：甘肃省统计局。

府收费公路专项债和其他地方自行试点项目收益专项债资金带动政府性支出的增长，平衡能力较弱。甘肃省 2018—2021 年一般财政收支规模如表 4—22 所示。

表 4—22　　　　　　　　甘肃省 2018—2021 年一般财政收支规模

项　目	2018 年	2019 年	2020 年	2021 年
一般公共预算收入（亿元）	870.8	850.2	874.5	1 001.8
其中：税收收入（亿元）	610.47	577.92	567.93	667.41
一般公共预算支出（亿元）	3 774.1	3 956.7	4 154.9	4 025.9
政府性基金预算收入（亿元）	398.2	519.2	649.2	589.4
其中：国有土地使用权出让收入（亿元）	292.23	392.37	525.32	444.68
政府性基金预算支出（亿元）	550.8	774.8	1 190.6	1 228.7

数据来源：甘肃省财政厅。

从下辖州市财政实力来看，兰州 2021 年一般公共预算收入为 276.73 亿元，依旧大幅领先于其他各州市；兰州之下是庆阳、天水、酒泉、白银和平凉，依次为 65.38 亿元、57.88 亿元、42.31 亿元、38.18 亿元和 38.18 亿元，前六名贡献了全省一般公共预算收入的51.77%。其余地区2021年一般公共预算收入不足30亿元,其中甘南州仅为10.19亿元,排名垫底。与经济发展水平相匹配,兰州市一般公共预算收入远高于其他州市,因此对区域内企业财政支撑相对较强,导致省级及兰州市国有融资平台分布较为集中,其他州市投融资平台分布相对较少。

(三)地方政府债务评价

截至2021年末,甘肃省地方政府债务余额4 895.6亿元,其中一般债务余额2 282.4亿元,专项债务余额2 613.2亿元,地方政府专项债主要投向公路、铁路、城市轨道等交通基础设施、市政和产业园区基础设施和城镇污水垃圾处理等城市基础设施项目。

从下辖州市政府负债规模来看,兰州市政府债务规模及国有融资平台企业负债规模较小。政府债务方面,截至2021年末,兰州市债务规模排名居首位,为726.36亿元;庆阳市次之,为288.87亿元。白银、定西、天水、平凉、武威、临夏州、张掖、陇南、酒泉政府债务规模均超过100亿元;甘南州、金昌、嘉峪关政府债务余额相对较小,分别为46.75亿元、85.45亿元和54.8亿元,债务规模长期位列全省末三位。

从城投公司债权融资规模来看,截至2022年8月31日,甘肃省发行存续债券的城投企业共11家,存续债券余额合计224.79亿元。其中,地市级城投企业10家,存续债券余额216.79亿元;国家级新区城投企业1家,存续债券余额8.00亿元。从各地级市发行存续债券的城投企业数量看,兰州市有6家,平凉市有2家,定西市和天水市各有1家。总体来看,甘肃省发行存续债券的城投企业较少,多集中在省会兰州市。具体各地区城投公司截至2020年末债务余额情况可见表4—23。

表4—23　　　　　甘肃省各地区城投公司截至2020年末债券融资规模

发行人	平均票面利率(%)	主体评级	债券融资余额(亿元)	城市
甘肃省公路航空旅游投资集团有限公司	4.43	AAA	90.00	兰州市
甘肃省公路交通建设集团有限公司	3.84	AAA	46.00	兰州市
甘肃省建设投资(控股)集团有限公司	5.73	AA+	6.7	兰州市
兰州建设投资(控股)集团有限公司	4.95	AA+	45.00	兰州市
兰州市城市发展投资有限公司	4.38	AA+	56.00	兰州市
兰州国资投资(控股)建设集团有限公司	3.82	AA−	5.00	兰州市

续表

发行人	平均票面利率（%）	主体评级	债券融资余额（亿元）	城市
兰州交通发展建设集团有限公司	5.99	AA	4.25	兰州市
兰州市轨道交通有限公司	4	AA	5.50	兰州市
兰州中川国际机场有限公司	3		5	兰州市
兰州兰石集团有限公司	6	AA	5	兰州市
兰州佛慈医药产业发展集团有限公司	4.8	AA-	5	兰州市
酒泉钢铁(集团)有限责任公司	0.99	AA+	40	嘉峪关市
甘肃省农垦集团有限责任公司	4.00	AA	10	兰州市
甘肃省国有资产投资集团有限公司	4.59	AAA	36.6	兰州市
甘肃资产管理有限公司	3.97	AA+	8	兰州市
甘肃靖远煤电股份有限公司	0.4	AA+	28	白银市
甘肃电投能源发展股份有限公司	4.19	AAA	20	兰州市
定西国有投资(控股)集团有限公司	6.5	AA	10	定西市
大禹节水集团股份有限公司	0.6	AA-	6.38	酒泉市

由上表可以看出，兰州市省级、市级平台公司主体评级较高，债券发行利率普遍在4%~6%之间，特别是甘肃省公路航空旅游投资集团有限公司、甘肃省公路交通建设集团有限公司和兰州市城市发展投资有限公司等评级优良的平台公司，发债规模大，债券利率低，获得了较多投资者的青睐。其他地区如天水市、嘉峪关市、酒泉市等仅一家平台公司上榜，且同样存在债券利率较高、融资规模小的问题。兰州市与其他地区债务规模相差巨大，存在兰州地区债务负担过重、债券项目过度投资和债券违约，而甘肃其他地区基础设施建设投资不足，地域发展差距进一步扩大等风险。

在兰州市的省级平台中，甘肃省公路航空旅游投资集团有限公司主要负责全省公路等交通基础设施及相关产业的投融资、建设、运营和管理；同时涉足文化旅游、建设工程项目管理、金融业务、地产商贸、物流仓储、文化传媒等多元化业务。作为甘肃省最重要的基础设施建设平台之一，甘肃省公路航空旅游投资集团有限公司承担了大量甘肃省内交通运输路网建设重任，也累积了相当大的债务，近年来公司也在积极通过各种市场化手段化解相关债务。另一个省级平台甘肃省公路交通建设集团有限公司主要负责省内经营性收费公路的建设运营，由于公司的经营性收费公路项目均处在建设期,除两徽高速公路于2019年9月份试通车运营外,其他高速公路均尚未投入运营,目前发行人营业收入主要来源于工程结算收入,占比维持在80%以上,收入来源集中度较高。且公司对在建的经营性公路的投资还在不断增加,需要大量资本性支出,未来融资压力较大。

在兰州市的市级平台中,兰州市城市发展投资有限公司债券融资规模最大,由于该公司主要承担城市基础设施建设的任务,投资周期长且前期资金投入大,需要外源融资解决资金需求,资产负债率常年保持在70%以上,面临一定的偿债风险。兰州市轨道交通有限公司主要承担着兰州市城市轨道交通的资金筹措、建设实施、运营管理等任务,2021年公司资产负债率为72.41%,因为城市轨道交通建设前期具有资金投入量较大、建设周期较长的特点。随着兰州市城市轨道交通建设需求的持续增加,为了保证城市建设投资计划的顺利实施,发行人债务规模预计仍将保持增长,偿债风险也将有所扩大。兰州交通发展建设集团有限公司主营业务板块主要包括客运服务、货运、交通职业培训、出租车租赁、工程施工和其他业务等。随着区县城乡公交及新能源出租车的逐步投放,公司客运服务业务的收入实现较大幅增长,且公司财政支持力度大、融资来源广泛,在兰州市级平台中资产负债率相对较低。

综合来看,兰州市内的省、市级平台大多面临所从事的城市基础设施建设项目投资规模大,周期较长,未来融资压力较大,偿债风险较大情况等。

甘肃其他地区平台公司数量较少,债务余额相对较少。除平凉市有一个市级、一个区县级平台外,天水、武威、嘉峪关、酒泉、金昌、张掖均只有一个市级平台。作为甘肃省GDP排名第二的城市,庆阳市截至2021年末,城投平台债务融资余额为零,地方政府主要通过发行地方政府债券进行城市基础建设,庆阳市的城投公司整体实力较弱。天水市城市建设投资(集团)有限公司是天水市唯一的市级城投平台,2019年发行两期公司债券,合计11亿元,主要用于保障房建设及补充营运资金。债券发行后整体资产负债率上升至60%左右,但仍处于可控水平。这是天水城投首次在债券市场融资,不仅缓解了资金压力,同时促进了天水市保障房等城市基础设施建设的发展。武威市经济发展投资(集团)有限公司、嘉峪关市城市基础设施建设投资开发(集团)有限公司、酒泉市经济开发投资(集团)有限责任公司、金昌市建设投资开发(集团)有限责任公司、张掖市城市投资发展(集团)有限公司作为当地唯一的市级平台,虽然均有债券处于存续期,但2016年至今未有新发行的债券。由此可见,除兰州外,其他市州城投平台债券市场融资能力较弱,城市建设更多依赖政府投资,由于财政收入有限,一定程度上限制了城市基础设施建设的发展。

二、投融资平台排名

(一)省级平台排名情况

甘肃省省级政府投融资平台排名如表4-24所示。

表4-24　　　　　　　甘肃省省级政府投融资平台排名

排名	发行人中文名称	省份	城市	行政级别
1	甘肃省公路航空旅游投资集团有限公司	甘肃省	兰州市	省级
2	甘肃省电力投资集团有限责任公司	甘肃省	兰州市	省级

数据来源:课题组整理计算得出。

(二)地市级平台排名情况

甘肃省市级政府投融资平台排名如表4-25所示。

表4-25　　　　　　　甘肃省市级政府投融资平台排名

排名	发行人中文名称	省份	城市	行政级别
1	兰州建设投资(控股)集团有限公司	甘肃省	兰州市	地市级
2	兰州市轨道交通有限公司	甘肃省	兰州市	地市级
3	平凉市城乡发展建设投资集团有限公司	甘肃省	平凉市	地市级
4	兰州交通发展建设集团有限公司	甘肃省	兰州市	地市级
5	定西国有投资(控股)集团有限公司	甘肃省	定西市	地市级
6	兰州新区城市发展投资集团有限公司	甘肃省	兰州市	地市级
7	天水市城市建设投资(集团)有限公司	甘肃省	天水市	地市级

数据来源:课题组整理计算得出。

三、案例分析

(一)省级平台——甘肃省公路航空旅游投资集团有限公司

1. 公司基本情况分析

甘肃省公路航空旅游投资集团有限公司(以下简称"甘肃省公航旅集团")是由甘肃省交通运输厅出资的国有独资公司,隶属于甘肃省人民政府,受人民政府委托,负责管理甘肃省各类高等级公路的规划建设,在甘肃省交通投资、建设、运营等领域具有垄断地位。甘肃省公路航空旅游投资集团有限公司是甘肃省高等级公路建设和经营的重要实施主体。近年来,每年完成固定资产投资约占年度甘肃省列重大项目投资的1/4以上。累计投资建成高速公路近2 700公里,占全省已建成高速公路的一半以上;在建高速公路1 300公里,拟投资建设高速公路2 000多公里。"十三五"期间,甘肃省政府将公路交通设施作为未来发展的重点产业,并将在此期间完成甘肃省高速公路通车总里程超过7 300公里、县县通高速的目标,在此过程中,甘肃省公航旅集团在甘肃省高等级公路基础设施建设和运营方面具有明显的领先优势。甘肃省公航旅集团近年来修建的高等级公路,极大地提升了甘肃省的城市综合功能,改善了甘肃省的道路交通条件。

截至2021年末,甘肃省公航旅集团资产总额近6 810.31亿元(占甘肃省国有企业资产总额的1/4),净资产近2 348.54亿元,与成立之初相比,总资产增长了9倍,净资产增了10倍,国内主体信用为正面展望AAA,境外主体信用等级为BBB+,先后九次荣获甘肃省"省长金融奖"。在2021年位列中国企业500强第160位,中国服务业企业500强第67位,位居全国公路运输类企业第1位。

2. 公司发展过程分析

(1)依托政策红利,合理拓展业务板块

作为甘肃省委省政府在"公路促民航、交通带旅游"这一创新型集群发展战略思想的主导下于2011年1月建成的大型国有投融资平台企业,甘肃省公航旅集团是由全省高等级公路、相关民航机场等资产整合组建而成。在多年的发展过程中,甘肃省公航旅集团轻装上阵,抢抓国家新时代推进西部大开发形成新格局的历史机遇,积极响应"一带一路"倡议,以主业为基础,大力发展公路产业,持续加强公共交通基础设施建设,合理拓展业务板块,寻求发展新的增长点和新的动能。目前,甘肃省公航旅集团已发展成为业务涵盖公路、航空、铁路等基础设施建设、文化旅游资源、金融业务、地产商贸、物流仓储、酒店建设管理等的多元化大型综合集团。

(2)优化偿债资金来源,化解债务风险

作为甘肃省最大的基础设施投融资平台,甘肃省公航旅集团承接了省内主要高速公路、航空客运、地方铁路等交通基础设施建设的重任,资金需求量高,总投资规模大,资金回收周期长,多年的发展使得企业积累了大量的债务。在十九大报告提出要坚决打好防范化解重大风险攻坚战,牢牢守住不发生系统性金融风险的底线这个目标后,甘肃省公航旅集团锐意创新,积极探寻化解债务的新方法,灵活运用新型金融工具优化自身财务结构。2016年,甘肃省公航旅集团与中国银行签署首单100亿元的债转股业务合作框架协议,以市场化、法制化为原则,中国银行启动100亿元资金以股权形式投资甘肃省公航旅集团及其关联企业,替代甘肃省公航旅集团现有债务,实现债转股,优化甘肃公航旅集团资本结构,降低企业资产负债率。该合作为公航旅集团资产负债率降低2个百分点,增强了企业的资金实力,有效防范了债务风险。2020年5月25日,甘肃省公航旅集团携手16家甘肃省内主要银行,在兰州举行了数额为1 673亿元的债务重组协议签约仪式。据测算,甘肃省公航旅集团名下的1 673亿元的收费公路债务利率将于协议签署后进一步调低,还款期限统一延展30年,平均每年还本支出减少约200亿元,利息支出减少15亿元。这些化债举措体现了公航旅集团的优秀经营管理水平,为甘肃国企优化资本结构,控制融资风险,筹措发展资金,支持"一带一路"的建设发挥了重要的示范作用。

3. 公司转型发展启示

(1)深化主营业务专营优势,拓展周边业务网络

甘肃省政府将甘肃省主要交通基础设施收费项目都划归甘肃省公路航空旅游投资集团有限公司建设、管理与经营,在经济上给予支持,政策上给予扶持,为公司主营业务发展提供了良好的社会资源和政策资源。同时,多年的高速公路开发、建设、运营、管理使得公司积累了丰富的经验,培养了大批高素质的专业技术人才和经验丰富的建设经营管理团队,人力资源优势显著。在社会资源、政策资源、人力资源三大资源优势下,保持行业内主导地位,同时积极向主营业务相关领域拓展。各平台公司可在当地政府的政策支持下,深化专营业务优势,并以此为核心向相关业务领域延伸,以点带线,以线带面,形成相互融通的业务网络,提升融资平台的业务结构水平。

(2)畅通融资渠道,提升化债水平

甘肃省公航旅集团银行授信额度高,截止到2022年3月末,公司共获得总计约5 041.43亿元的银行授信额度,体现了其与金融机构良好的合作关系。因此甘肃公航旅集团得以与中国银行等多家银行进行合作,对债务进行有效化解。所以平台公司可通过寻求当地政府支持,维持信用水平稳定,提升盈利能力等方式,与金融机构保持良好合作关系,畅通融资渠道。

(二)地市级平台——兰州交通发展建设集团有限公司

1. 公司基本情况分析

兰州交通发展建设集团有限公司(以下简称"兰州交建")是按照现代企业制度要求组建的经政府批准、自主经营、独立核算的国有独资企业,2006年10月注册成立,注册资本16.35亿元。主要承担兰州市交通基础设施、客运及交通相关项目的投资、融资、开发、建设和管理。基本形成公路投资、公路工程建设、智慧交通、新能源项目、旅游养老、场站建设、通用航空、客运出租八大主业板块,实现企业规模和效益的"双加快",实力和后劲的"双增强",管理和形象的"双提升"。"十三五"期间项目投资总额达

千亿元以上。

随着交通类业务的拓展及工程施工业务规模的扩大,兰州交通发展建设集团有限公司营业收入实现大幅增长,目前其主要收入来源是客运服务业务和工程施工业务。然而,作为建设投入资金规模较大的公路类项目的主要投融资及建设主体,公司短期内仍面临较大的投融资压力。

2. 公司发展过程分析

公司主要承担兰州市交通基础设施、客运及交通相关项目的投资、融资、开发、建设和管理。公司前期主营业务涵盖客运、货运等交通运输类业务,后逐渐拓展引入工程施工业务、泊车业务等,业务领域逐渐向多元化发展。2014、2015 年公司客运业务占营业收入的比例达到 79.03%、70.04%。2016 年,公司开展工程施工业务后,客运服务业务收入占比下降至 39.97%,2021 年末,施工业务收入占比仅有 4.18%。在业务横向拓展的同时,公司在客运服务业务方面进行了纵向挖掘。近年来,因高铁及私家车分流影响,客运业务收入持续下降,公司及时调整经营战略,在原有站场服务及公交客运业务的基础上寻找新的业务增长点。2016 年开始经营出租车租赁及交通职业培训业务;2019 年 6 月取得泊车位特许经营权,开展泊车业务;截至 2021 年末,上述业务为公司贡献了超过 36.20% 的营业收入,成为公司收入的重要补充来源。

作为兰州市交通基础设施项目的主要投融资和建设主体,兰州交建获得了兰州市交通委针对不同的交通基础设施项目的业主授权。项目可采用 PPP 模式建设或非 PPP 模式建设,对于采用 PPP 模式建设的项目,建成后由项目公司运营,公司通过分红或者其他约定的方式获益;未采用 PPP 模式建设的项目,由公司进行运营管理,政府将根据情况对发行人进行补助。截至 2019 年 9 月末,公司后续采用 PPP 模式建设运营的主要在建交通基础设施项目共 4 个,预计总投资 219.81 亿元;由公司自筹资金建设运营的主要交通基础设施项目同样为 4 个,预计总投资 11.53 亿元。由此可见,采用 PPP 模式建设的项目规模显著高于非 PPP 模式建设的项目。公司作为 PPP 项目政府出资代表方,积极采取 PPP 模式进行交通基础设施建设,将极大调动社会资本,为当地交通基础设施建设助力。

3. 公司转型发展的启示

(1)积极拓展业务领域,实现横纵多元化发展

通过兰州交建的发展历程可以看出,公司自成立之初以公交客运、货运业务为主,逐渐向工程施工、交通基础设施建设领域拓展,避免了过度依赖单一产业的不足。与此同时,在公交客运行业受高铁、私家车分流影响的情况下,积极调整经营战略,在原有业务的基础上挖掘新的商机,对收入结构的稳定性做了进一步提升,提高了公司在

行业下行压力下应对系统性风险的能力。融资平台可以借鉴兰州交建的相关经验,在保持自身业务竞争力的基础上向相近业务或政府支持的领域拓展,提升产业结构,增强面对风险的能力。

(2)经营性项目进行市场化运作

兰州交建作为承担兰州市交通基础设施建设的重要主体,通过积极引进社会资本方参与交通基础设施建设,采用PPP模式对项目建设进行市场化运作,此举可极大地调动社会优质资源参与城市基础设施建设,显著提升项目规模。其他城投平台公司可借鉴此模式,市场化公开招标社会资本,将以政府投资为主转变为以利用社会资源为主,项目运作更加市场化,项目公司自主性更高,收益分配更加合理,有利于充分调动社会资本的积极性,更有助于平台公司项目的建设。

四、发展困境

大量的数据和事实说明,甘肃省地方政府城市建设投融资平台自组建以来,为甘肃省基础设施建设做出了巨大的贡献,但只有极少的平台公司,在开拓管理思路和发展路径上取得了较好的成绩。综合来看,甘肃省平台公司数量较少,主要集中在兰州市,其他区域的平台公司发展受到一定限制,也面临一定困境,亟须找到原因,对症下药,在保证自身投融资实力基础上,强化转型发展。

(一)甘肃各地区发展不平衡

甘肃省城投平台数目较少,以省级和市级平台为主,合计占比81.3%。主要是由于区域经济财政实力分化较为明显,省会兰州市经济发展水平保持绝对领先地位。全省大部分地区受制于地区经济基础薄弱及产业结构转型升级缓慢等因素,区域经济发展较为落后。综合来看,兰州市、庆阳市和天水市资质相对较好,白银市、酒泉市、张掖市、武威市和嘉峪关市处于中游水平,平凉市、陇南市、定西市、临夏州、金昌市和甘南州资质相对较弱。2021年兰州GDP总量为3 231.3亿元,而临夏州、金昌市与甘南州三地GDP总量为1 032.4亿元,不及兰州的1/3。各地区发展差距巨大导致城投平台公司多集中于兰州地区,不利于其他落后地区基础设施的建设发展。

(二)兰州平台融资压力大

兰州地区省、市级平台承担着全省及兰州市区域内的公路、交通轨道、市政工程、跨区域工程的建设,由于这些项目具有前期资金投入量较大、建设周期较长的特点,各平台公司在前期项目投资过程中累积了大量债务,资产负债率始终处于较高水平,未来面临较大的偿债压力。同时由于项目投资需求依然在源源不断的增加,因此外部融资需求仍较大,但受限于当地政府财力及当地经济发展状况,融资渠道逐渐变窄,未来也面临较大的融资压力。

(三)兰州外平台整体实力弱

与兰州地区平台公司相反,甘肃其他地区的城投平台资产负债率较低,但整体实力较弱,资本市场融资能力较差。武威、金昌、张掖、酒泉、嘉峪关等市级城投平台最近5年未发行新的融资债券,全省GDP排名第二的庆阳市甚至没有城投平台在债券及银行间市场融资。这就使得平台公司无法充分满足市政建设的需要,城市建设过度依赖政府投资,限制了城市基础设施建设的脚步,进一步拉大了与兰州地区的差距。

五、转型发展建议

针对甘肃省投融资平台的发展困境,主要可从以下几个方面着手。

(一)深化"三大经济区"战略,平衡区域发展

在甘肃省政府办公厅出台的《甘肃省"十三五"工业转型升级规划》中,明确了构建"大兰州、河西走廊、陇东南"三大经济区的工业空间布局框架,三大经济区分别围绕兰州—白银、酒泉—嘉峪关和天水市,规划提出由经济发展较好的城市带动相对落后地区发展,逐步形成功能定位清晰、区域特色产业相互补充、产业发展与资源环境相互协调的工业发展格局。依托相关规划,联动发展,可逐步促进甘肃省各地区经济平衡发展。

(二)运用市场化手段,缓解融资压力

对于兰州地区的省、市级平台来说,由于项目不断追加投资,融资压力逐渐增大,各平台公司应积极通过多种市场化手段化债减负,缓解融资压力与债务风险。比如2019年,甘肃省公航旅集团通过学习考察高速公路建设在运营管理、债务风险化解及政府政策支持等方面的经验做法,与银行合作进行了债务重组,此类债务重组的方式以低利率、长期贷款置换高利率、短期贷款为主要化债思路,在防止利息"滚雪球"进而导致债务违约的同时,实现贷款偿付安排与经营收益相匹配,从而化解存量债务风险。此次债务重组为甘肃省公航旅集团有效降低了偿债风险,改善了融资条件,有利于公司在未来市场上持续健康地进行融资,也为相关企业的债务化解提供了借鉴。

反观甘肃省其他地区的城投平台,发债活跃度较低,长期以来主要依靠银行贷款支持项目建设,融资渠道单一,各平台公司可适当参与资本市场的直接融资。根据万德数据库测算,2021年公司债发行平均利率为3.91%,相较于2020年的4.08%下降17个基点。由此可见,公开透明的资本市场可有效降低城投企业的融资成本。另外,甘肃省作为"一带一路"的必经要道,在国家"一带一路"政策支持

下,各平台可以抓住自身区位优势,充分拓展"一带一路"专项债、农业产业融合发展专项债、战略性新兴产业专项债等新型债券品种,与各平台公司业务相匹配,灵活运用,为企业融通资金。

(三)整合优质资源,做强做大平台

甘肃省的融资平台除兰州地区外,其他市州城投平台公司规模普遍较小,难以承担日益增长的城市建设维护需求。各地区政府可集中资源,打造资产规模较大、盈利能力较强、管理水平先进、融资能力强的城投平台。

比如省内经济体量第二的庆阳市目前拥有庆阳城乡建设发展投资集团有限公司、庆阳市交通投资建设集团有限公司、庆阳市经济发展投资有限公司三家平台企业,但这三家平台公司资本市场融资能力弱,各自负责庆阳市城市基础设施建设、交通基础设施建设及维护、棚户区改造工程等业务,业务相互交叉、重复,造成了企业之间的同质化竞争,也在一定程度上造成了管理资源的浪费,分散了城市建设力量。庆阳市政府可以将三家平台公司整合成一家城市基础设施建设公司,淘汰冗余机构,清理注入有效国有资产资源,做大做强企业规模,打造一家资产规模雄厚、管理水平先进、盈利能力强的优质平台公司。资源的整合可以有效助力平台公司提高信用评级,显著提升平台的直接融资能力,有效降低融资成本,促进当地城市基础设施建设的发展。

第六节　青海省投融资平台转型发展评价

青海省位于中国西北内陆,总面积72.23万平方公里,占全国总面积的1/13,面积位列全国各省、市、自治区第4位。青海北部和东部连接甘肃,西北部相邻新疆,南部和西南部毗连西藏,东南部接壤四川,在我国生态、资源上具有重要战略地位。青海省经济发展水平在全国处于下游,受制于经济发展水平,青海省政府投融资平台整体实力不强。同时,受今年区域性信用风险事件影响,平台企业面临一定的再融资困境。从长远来看,区域内平台应抓住新时代推进西部大开发新格局的机会,结合青海当地的资源优势、基础设施建设需求,实现自身的规模扩张和转型发展,进而充分挖掘地方经济发展潜力,拓宽青海经济社会发展空间。

一、基本情况简介

青海省属于我国高原及多民族聚居省份,是稳藏固疆的战略要地,也是三江源区所在地,生态保护任务重大。青海省下辖西宁、海东2个地级市及玉树州、海西州、海北州、海南州、黄南州、果洛州6个民族自治州，均位于西部欠发达地区，境内拥有丰富的矿产、水力及新能源等资源及独特的自然人文景观，已形成资源依托型产业体系。但受制于以高原山地为主的地形条件及较为薄弱的产业基础，经济发展水平相对滞后。

（一）经济发展水平分析

根据青海省统计局年度公报，2017—2021年，青海省分别实现地区生产总值2 642.80亿元、2 865.23亿元、2 965.95亿元、3 005.92亿元和3 346.63亿元，同比增长率分别为7.3%、7.2%、6.3%、1.5%和5.7%。2017—2019年青海省GDP同比增长率总体达到全国平均水平，但是2021年GDP增速在全国31个省、自治区、直辖市中居第31位。

分产业结构来看，2016—2019年青海省第一产业增加值占GDP的比重不断下降，2019—2020年第一产业增加值占GDP的比重有所上升，2021年又有所下降。2021年，第一产业增加值352.65亿元，占GDP的比重为10.54%；2017—2020年，青海省第三产业增速持续下降，经济结构有待优化；2021年，青海省第二产业和第三产业增加值分别为1 332.61亿元和1 661.37亿元，占GDP的比重分别为39.82%和49.64%。依托丰富的自然资源，全省已形成新能源、新材料、盐湖化工、有色金属及加工、油气化工、煤化工、装备制造、特钢、特色纺织、生物制药等资源依托型工业体系，但受工业产业下滑、环保政策等因素影响，青海省第二产业增速放缓。此外，受益于交通条件的改善及旅游业的发展，近年来，青海省已初步形成以旅游、商贸、交通及金融为主导的服务业发展格局，旅游业也成为全省第三产业主要的收入来源。

从各地市州2021年度国民生产总值来看，省会西宁市占据绝对优势，与其他州市差距明显。西宁市2021年度GDP达到1 548.8亿元，居全省第一，比2020年度增加了175.82亿元，占当年青海省GDP总额的46.28%。2021年度GDP位居前三的地市州分别是：西宁市、海西州、海东市，前三的地州市2021年度GDP总额达到2 818亿元，占当年青海省GDP总额的84.20%。同时，GDP排名靠前的地州市经济发展增速也高于其他地区。总体来看，青海省内经济存在发展不均的现象，除省会及核心地区外，其他地区经济基础均较为薄弱，直接造成城投公司主要集中在省会及核心地区的现象。青海各地州市2021年GDP及增速如图4-5所示。

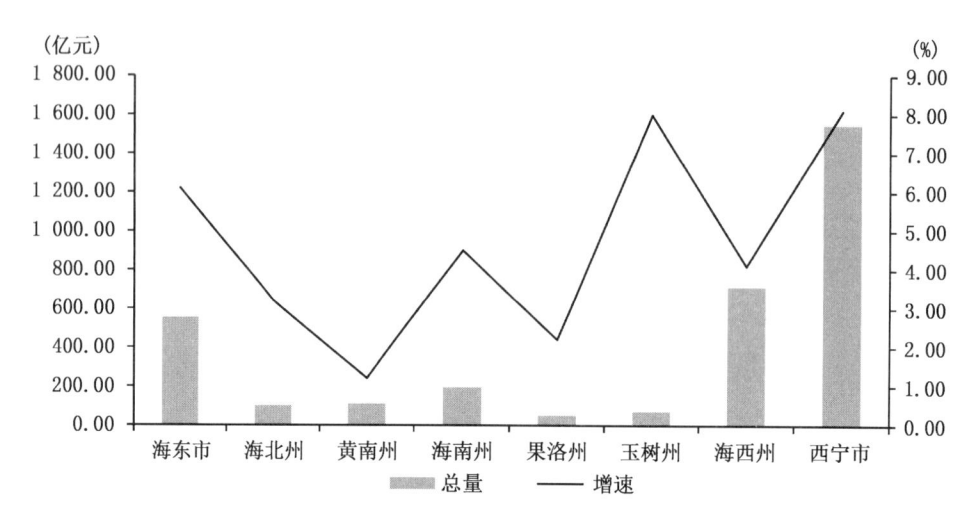

图 4-5 青海各地州 2021 年 GDP 及增速

数据来源：青海省统计局。

青海省 2017—2021 年主要经济指标数据见表 4-26。

表 4-26　　　　青海省 2017—2020 年主要经济指标数据

项目	2017 年 指标值	增长率（%）	2018 年 指标值	增长率（%）	2019 年 指标值	增长率（%）	2020 年 指标值	增长率（%）	2021 年 指标值	增长率（%）
地区生产总值（亿元）	2 642.8	7.3	2 865.23	7.2	2 965.95	6.3	3 005.92	1.5	3 346.63	5.70
第一产业（亿元）	238.41	4.9	268.1	4.5	301.9	4.6	334.3	4.5	352.65	4.50
第二产业（亿元）	1 180.38	7.2	1 247.06	7.8	1 159.75	6.3	1 143.55	2.7	1 332.61	6.50
第三产业（亿元）	1 224.01	7.9	1 350.07	6.9	1 504.3	6.5	1 528.07	0.1	1 661.37	5.40
固定资产投资（亿元）	3 897.14	10.3	—	7.3		5	—	−12.2	—	−2.90
社会消费品零售总额（亿元）	839.03	9.3	835.56	6.7	880.75	5.4	877.34	−7.5	947.84	8.00
城镇居民人均可支配收入（元，实际增长）	29 169	9	31 515	8.0	33 830	7.3	35 506	5	37 745	6.30
农村居民人均可支配收入（元，实际增长）	9 462	9.2	10 393	9.8	11 499	10.6	12 342	7.3	13 604	10.20
居民消费价格指数（上年同期=100）	101.5	1.5	102.5	2.5	102.5	2.5	102.6	2.6	102	2.0

数据来源：青海省统计局年度公报。

未来,随着兰西城市群建设规划的进一步实施,国家公园示范省、国家清洁能源示范省、绿色有机农畜产品示范省、高原美丽城镇示范省和创建民族团结进步示范省5个"示范省"建设项目的推进,以及生态经济、循环经济、数字经济和飞地经济4种经济形态的引领发展,青海省的经济增长潜力将进一步释放。青海省地方政府投融资平台或将承接更多优质项目,从而拓宽融资渠道,获得更大的发展空间。

(二)财政预算能力分析

2017—2021年青海省财政收入状况如表4—27。

表4—27　　　　　　　2017—2021年青海省财政收入规模

项　目	2017年	2018年	2019年	2020年	2021年
地方一般公共预算收入(亿元)	246.20	272.89	282.25	298.03	328.76
其中:税收收入(亿元)	183.96	205.49	198.70	213.27	234.73
政府性基金预算收入(亿元)	83.50	136.85	245.17	186.90	191.03
其中:国有土地出让收入(亿元)	52.14	99.57	198.03	144.84	170.96
国有资本经营预算收入(亿元)	1.21	1.62	1.55	4.18	2.00

数据来源:青海省统计局"青海省2017—2021年国民经济和社会发展统计公报"。

青海省地方一般公共预算收入及税收收入情况如图4—6所示。

2017—2021年,青海省地方一般公共预算收入分别为246.20亿元、272.89亿元、282.25亿元、298.03亿元和328.76亿元;其中,税收收入分别为183.96亿元、205.49亿元、198.70亿元、213.27亿元和234.73亿元,占一般公共预算收入的比例分别为74.72%、75.30%、70.40%、71.56%和71.40%,我国同期该项指标值分别为81.68%、83.65%、85.30%、82.99%和85.24%,青海省税收收入占比低于全国平均水平,稳定性仍有待提高。2017—2021年,青海省政府性基金收入由83.50亿元增长至191.03亿元,增幅较大,增长较快,主要是因为国有土地出让收入增长较快。

总体来看,青海省自身收支不平衡。近年来,国内外经济下滑趋势明显,重点工业企业税收下滑导致青海省一般公共预算收入增长明显放缓,对补助类收入及债务性收入依赖较为明显。财政收入方面,2021年青海省欠缴税款逐步到位,税收收入增长较快,税收收入以增值税、所得税、资源税、城市维护建设税及契税为主,其中房地产及土地交易市场活跃度提升,契税收入上涨较快;但受新冠肺炎疫情影响,2021年政府性基金预算收入较上年有明显下滑。财政支出方面,随着基础设施建设及民生需求提

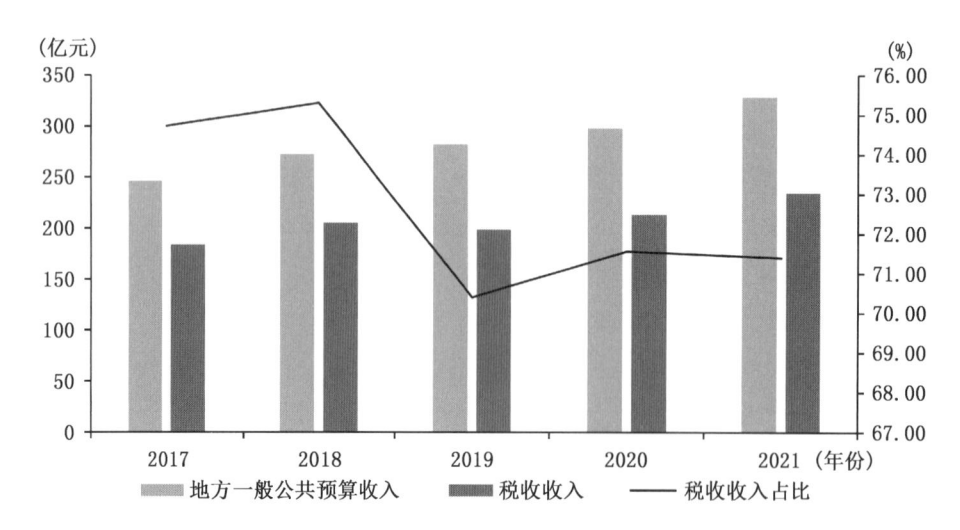

数据来源:青海省统计局。

图 4-6 青海省地方一般公共预算收入及税收收入情况

升,青海省一般公共预算支出主要集中于农林水务、社会保障和就业、教育、交通运输等多项领域,区域财政支出增速明显高于财政收入增速,地区财政平衡压力增大。

(三)地方整体债务评价

青海省经济发展水平较为滞后,企业总体盈利水平不高,同时新动能产业对税收贡献尚且有限,但地方基础设施建设及民生保障等领域的资金需求持续增加,财政资金缺口依赖外部融资,因此近年来青海省政府债务规模持续扩张。

财政部核定 2021 年青海省地方政府债务限额为 3 074.70 亿元,其中一般债务 2 296.90 亿元、专项债务 777.80 亿元;实际债务余额 2 787.19 亿元,其中一般债务 2 153.89 亿元、专项债务 633.30 亿元,全省各级政府债务余额严格控制在限额之内。青海省债务投向以民生保障和基础设施建设等基础性、公益性领域为主。从青海省的偿债风险来看,截至 2021 年 12 月,青海省政府债务余额 2 787.19 亿元,一般公共预算收入为 328.76 亿元,地方政府债务余额是其当年一般公共预算收入的 8.48 倍。但青海省财力构成中,上级补助占比大,将其纳入偿债财力后,该指标将有所下降。从地方政府债务余额与地区生产总值比率来看,2021 年度青海省政府负债率为 83.28%,已超 60% 的风险预警线。已发行地方政府债券到期期限最长至 2052 年,其中 2022 年至 2032 年集中到期债券还本付息资金规模相对较大,约在 79 亿—370 亿元之间,存在一定的集中兑付压力。

二、投融资平台排名

青海省市级政府投融资平台排名如表 4-28 所示。

表 4-28 青海省市级政府投融资平台排名

排名	发行人中文名称	省份	城市	行政级别
1	西宁城市投资管理有限公司	青海省	西宁市	地市级
2	西宁经济技术开发区投资控股集团有限公司	青海省	西宁市	地市级

数据来源：课题组整理计算得出。

三、案例分析

(一)地市级平台——西宁城市投资管理有限公司

1. 西宁城投基本情况

2005年8月,根据西宁市人民政府《关于成立西宁城市投资管理有限公司的批复》(宁政〔2005〕75号)批准,成立西宁城市投资管理有限公司(以下简称"西宁城投")。"西宁城投"是经西宁市人民政府批准,由西宁市财政局出资成立的国有独资公司,初始注册资本为5亿元。2010年11月,根据西宁市人民政府宁政〔2010〕180号文,公司股东变更为西宁市人民政府国有资产监督管理委员会。

目前,西宁城投实控人为西宁市国资委,在西宁市政府授权范围内的国有资产经营管理主体,承担授权范围内国有资产的保值增值责任,同时负责城市基础设施建设项目资金的筹措和投入,承担水务、园林、物流城产业资产经营管理任务。目前,西宁城投的主体评级为AA+；截至2021年末,西宁城投总资产788.14亿元,总负债533.25亿元,净资产254.89亿元；2021年,西宁城投实现营业收入21.47亿元,净利润0.77亿元。

2. 发展过程分析

(1)政府资源支持,不断发展壮大

2005年,西宁市政府将西宁市发展股份有限公司、西宁市排水公司、西宁市水利水电开发建设总公司等资产整合成立西宁城投,并将西宁市城市建设开发总公司、西宁市城市发展有限公司等资产授权西宁城投经营；2010年,西宁市政府批复增加西宁城投的注册资本金。西宁城投的发展得到了西宁市政府的资金及资源支持,目前已发展成为涵盖城市资源开发、金融服务、房地产、供水、园林等业务的国有大型综合性企业。

(2)运用多元化融资工具,拓宽资金来源渠道

作为西宁市主要的基础设施建设主体及国有资产运营管理主体之一,西宁城投与当地金融机构保持了良好的合作关系,国家开发银行、中国农业发展银行等政策性银行,建设银行、交通银行等国有大中型银行,招商银行、中信银行、浦发银行、民生银行

等全国性股份制银行对西宁城投均有授信。此外,西宁城投积极运用债务融资工具,在资本市场发行多期企业债、公司债、中期票据等,直接债务融资规模超过100亿元。

3. 西宁城投转型发展建议

(1)进一步整合各项业务,确立主营核心业务

西宁城投业务涉及城市建设、供水、金融、房地产、旅游文化、物流等多个领域,从近几年各项业务的发展情况来看,各项业务收入占比均未超过30%,并无突出的主营业务,容易造成运营效率下降等情形。

西宁城投可进一步整合子公司,根据自身在发展过程中积累的经验、资源等优势,集中突出发展2—3项主营业务,打造核心优势,实现信用上移和资产下沉。

(2)提高资本运营能力,关注新基建

近几年,西宁城投业务中的金融板块增速较快,目前主要包括小额贷款、典当、担保等金融服务。西宁城投作为西宁市主要的城市资源及国有资产运营平台,在现有金融板块业务的基础上,进一步整合资源,通过融资、投资、并购、设立基金等方式提高资本运营能力,依靠自身在项目获取上的资源优势,适时开发新基建、新材料、新能源项目,以提高盈利能力,增厚利润,实现转型发展。

(3)理顺政企关系,明确市场主体

长期以来,西宁城投作为西宁市基建投资的重要主体,承担了大量基础设施项目,因部分项目存在公益性特征,其投资回收主要依靠政府财政资金安排。受青海省经济发展水平的制约,包括西宁在内的青海省各地市财政实力不强,部分基建项目回款存在不确定性,从而一定程度上影响了公司资金回流速度,制约了公司运营效率。西宁城投应争取政府支持,尽早从已完成投资的公益性项目中退出,厘清债权债务,理顺政企关系。

(二)国家经济开发区区级平台——西宁经济技术开发区投资控股集团有限公司

1. 西宁经开区投资控股集团有限公司基本情况

2010年12月,根据省政府《关于同意授权西宁(国家级)经济技术开发区管委会行使国有资产出资人职能的批复》(青政函〔2010〕104号),由西宁经济技术开发区管委会以各工业园区开发建设有限公司国有股权和部分货币资金出资设立西宁经开区投资控股集团有限公司(以下简称"西宁经开投")。

西宁经开投控股股东为西宁经开区管委会,目前,西宁经开投主体评级为AA+,主要承担管理和运营开发区国有资产,开发多种方式的融资,投资开发区各园区基础设施建设和特色产业项目的职能。从财务数据看,截至2021年末,西宁经开投资产总额393.63亿元,负债总额249.90亿元,净资产总额143.72亿元;2021年实现营业收

入25.82亿元,实现净利润1.14亿元。

2. 发展过程分析

(1)运用多元化融资工具,拓宽资金来源渠道

运用直接融资与间接融资等多种方式,西宁经开投为自身发展争取了长期资金。在债券发行方面,公司自2013年起,陆续发行债券17只,累计募集金额108.65亿元。

(2)结合开发区定位,布局新型产业

西宁经开区为国家级经济技术开发区,经过多年的发展与整合,已形成东川、甘河、生物、南川4个工业园区。其中,东川工业园区重点发展太阳能光伏制造、电子薄膜材料、轻金属合金材料等,打造新能源和新材料产业基地,建设青海省战略性新兴产业发展先行区;甘河工业园区重点发展有色(黑色)金属生产及精深加工,全力打造有色金属精深加工和化工产业基地;生物科技产业园区重点建设产学研基地,培育孵化高新科技企业;南川工业园区重点发展以藏毯生产为龙头的特色毛纺织产业集群和锂资源精深加工产业基地。目前,西宁经开投通过投资、成立基金等方式参股青海大学科技园投资开发股份有限公司、青海汇富科技成果转化投资基金、西宁西经开青银新材料项目管理中心(有限合伙)等,布局新型产业,提高盈利能力。

3. 西宁经开投转型发展建议

(1)利用自身资源,加快市场化转型

西宁经济技术开发区是西宁市工业经济发展的重要载体,近年来,经开区围绕产业转型升级,引入了一系列高科技创新产业,尤其是新能源、新材料产业发展迅速。西宁经开投作为经开区主要的国有资产运营主体之一,可利用自身信息优势、资源获取优势,进一步布局高新技术产业业务,积极与园区内创新型公司合作,加快市场化转型,培育新的盈利增长点,提升企业的竞争力与盈利能力。

(2)拓宽融资渠道、合理配置资金

公司在融资方面,目前已经利用了银行信贷、企业债券、信托计划、产业基金、股权融资、信用担保等融资工具。但在园区建设的背景下,仍需积极拓宽融资渠道。可采用资产证券化方式,将流动性低的资产打包,从而盘活存量资产,提升资产流动性;发展PPP模式,吸引优质社会资本投入园区建设,切实推动经开区发展;同时,结合开发区产业发展规划,积极培育孵化高新技术产业,有效推动公司上市,丰富融资渠道。

四、转型发展的建议

青海省地方经济发展及财政实力在全国及西部地区排名较为靠后,青海省政府投融资平台虽然在推动地区经济建设方面起到了积极作用,但受青海省整体经济发展水

平及发展阶段制约,青海省投融资平台总体实力与西部其他地区仍存在一定差距。《青海省 2021 年财政预算执行情况和 2022 年财政预算草案的报告》中明确提出"多措并举化解隐性债务存量,积极稳妥防范化解隐性债务风险,确保总体安全、风险可控",这就要求青海省各平台进一步厘清政企关系,明确市场主体地位,改革完善投融资机制。

综合考虑青海省经济发展状况、区域特点,结合近年来国家及政府各主管部门提出的投融资平台转型发展要求并借鉴先进区域投融资平台转型发展经验,针对青海省投融资平台发展,提出以下建议:

(一)推动地方经济发展,提升融资平台实力

青海省投融资平台在转型发展过程中,第一要务是壮大自身实力,在提高资产质量、提高投融资能力等方面下足功夫。综观国内各个地方政府投融资平台现状,地方经济发展水平是制约平台公司投融资实力和市场化程度等各方面提升的核心要素。因此,青海省平台公司应与地方政府密切配合,将提高地方经济发展水平作为转型升级的核心。

1. 寻找差异化定位,抓住经济换挡期机遇

结合自中华人民共和国成立至今经历的不同重大时期,青海省经济发展也经历了新中国成立初期至改革开放前的起步阶段、改革开放初期探索建设社会市场经济阶段的探索发展阶段、市场化进程加快及第一轮西部大开发战略的经济高增长阶段以及经济新常态下的经济增速换挡过渡阶段。

改革开放后经过四十多年的发展,青海省经济发展与我国总体经济发展状况相匹配,自 2016 年以来经济增速也从之前的高增长阶段向中高速增长阶段过渡。但与中东部地区横向比较,青海省经济发展仍处于相对前期阶段,土地、资本、人力等生产要素仍具有相对的价格优势。青海省各平台公司应与地方政府紧密配合,加大招商引资力度,抓住新一轮西部大开发战略机遇,积极引进东部地区转移产业,推动工业经济再上新台阶,提升地方经济发展活力。

2. 强化自身优势特点,提高经济发展质量

青海是"中华水塔""三江之源",是全球生态系统的调节器和气候变化启动区。同时,青海省拥有巨大的资源禀赋优势,矿产资源丰富、水电资源充沛、草场资源丰富、旅游资源潜力巨大。

青海省各地方政府在经济发展和各平台公司在项目建设中,应始终坚持生态保护优先,坚持走可持续发展道路,同时结合青海省的资源禀赋优势,加快优势资源开发力度,实施资源转换战略,探索一条具有地域特色的发展道路,从而实现经济总量的历史

性跨越。

3. 促进当地经济发展，紧抓关键投资因素

青海经济发展水平与发展阶段与东部地区相比，仍有较大差距。因此，在当前阶段，投资对于缩小青海与发达地区的差距仍能起到关键作用。各平台公司应承担责任，通过加大基础设施投资，改善经济发展环境，为青海经济发展迈进新的、更高的层次奠定坚实的物质基础。

（二）平台公司勇挑重担，带动地方经济发展

地方经济实力进一步提升后，可有效反哺投融资平台公司，有利于提高投融资平台的投融资实力及经营水平。因此，在经济新常态下，要进一步提高青海省经济发展水平，各平台公司应肩负使命、勇挑重担，在改善经济发展环境的基础设施投资、重大民生项目建设及招商引资等方面与地方政府紧密配合。在这一过程中，平台公司也能形成有效的经营性资产，探索出市场化转型道路，从而壮大自身实力，形成地方经济发展与投融资平台实力相互促进的良性循环。

1. 坚持平台主业，巩固优势地位

随着西部大开发战略和国家"一带一路"倡议的深入实施，青海省基础设施建设仍有较大的投资空间。地方投融资平台作为各地基础设施建设的中坚力量，未来仍需坚持主业，利用自身优势，抓机遇、要政策、抢项目，为青海省基础设施建设做出贡献。

以省级平台青海交投为例，青海交投以青海省高等级收费公路的建设、运营作为自身主业。未来，随着西部大开发战略和国家"一带一路"倡议的深入实施，青海省公路建设仍有较大提升空间，青海交投应继续坚持主业，不断强化自身在青海省公路交通建设运营行业的领头羊地位。同时，围绕主业，开展创新，对于运营成熟、收益稳定的收费公路，可通过公募 REITs 等方式，盘活存量资产，优化融资结构，争取长期低成本资金。

在全国范围内，青海省的经济发展水平仍比较落后，经济发展仍是重中之重。现阶段，各投融资平台应坚持自身定位，密切配合当地政府，在重大民生项目等基础设施建设上发挥作用，为加快地方经济发展做出贡献。地方经济发展水平的提高，可为投融资平台提供有效的隐性增信及更大的支持力度，有利于提升投融资平台的融资能力。

2. 厘清责任边界，坚持独立主体

因部分基础设施项目存在公益性特征，其投资回收主要依靠政府财政资金安排。因此，青海投融资平台在参与地方基础设施建设的同时，应吸取东部地区优质平台公司的先进经验和教训，与政府厘清责任边界，坚持独立主体，保证资金回收效率，保证

投资收益。良好的资金回收效率可有效提升平台公司的融资能力，为项目建设争取更多的低成本资金。

以市级平台西宁城投为例，长期以来，西宁城投作为西宁市基建投资的重要主体，承担了大量基础设施项目，因为部分项目存在公益性特征，其投资回收主要依靠政府财政资金安排。受青海省经济发展水平制约，包括西宁在内的青海省各地市财政实力不强，部分基建项目回款存在不确定性，从而在一定程度上影响了公司的资金回流速度，制约了公司的运营效率。西宁城投应争取政府支持，尽早从已完成投资的公益性项目中退出；同时，在未来承接基建项目的过程中，厘清与政府部门的责任边界。

3. 充实国有资产，提升主体信用

青海省水利、水电、金属矿产、石油、天然气等资源储量较为丰富，资源禀赋优势明显。因此，在青海省发挥资源优势，发展特色经济的过程中，青海省的投融资平台可积极参与，争取政府支持，将优质可开发矿产、水利水电等资源注入公司，充实经营性资产，提高盈利能力，从而提升主体信用资质，降低融资成本。

以国家级经济技术开发区西宁经开投为例，西宁经济技术开发区是西宁市工业经济发展的重要载体。近年来，西宁经济技术开发区围绕产业转型升级，引入了一系列高科技创新产业，尤其是新能源、新材料产业发展迅速。西宁经开投作为西宁经济技术开发区最主要的国有资产运营主体，可利用自身信息优势、资源获取优势，进一步布局高新技术产业业务，积极与园区内的创新型公司合作，加快市场化转型，培育新的盈利增长点，提升企业的竞争力与盈利能力。

此外，青海省旅游资源、矿产资源、水利水电资源丰富，各地投融资平台公司可通过与运营经验丰富的央企、其他地区国企、大型民营企业合作，积极参与相关项目的开发，充实自身的经营性资产，提高盈利能力，从而提升自身的融资能力，降低融资成本。

4. 借力资本市场，合理安排融资

在债券注册制下，青海省投融资平台应抓住机遇，合理有序安排融资，重塑投资者对青海省投融资平台的信心。在保持传统债券融资品种有序安排的基础上，还应关注基础设施REITs、公开发行短期公司债、县城新型城镇化建设专项债、标准化票据等创新品种，优化债券融资结构，盘活资产。同时，利用地方政府专项债等政策性产品，发力基础建设及公共卫生体系建设，为城市经济稳定保驾护航。

此外，在条件具备的情况下，可综合考量收购上市公司控制权或培育上市公司，实现在股权市场的"直接登陆"，并与公司现有的城市运营业务形成协同效应。

以青海省投资集团有限公司为例，因为业务规模扩张过快、债务资金期限错配、无序融资等情况导致债务违约并最终破产重组，对青海省的融资环境产生了较大的负面影响。在当前资本市场融资品种多样、融资工具越来越多的情况下,青海省投融资平台应结合自身发展需要、合理安排融资,打造合理有序、需求匹配、期限合理的融资体系。

5. 积极参与专项债,降低债务压力

目前,国家不断推出专项债创新品种,越来越多的城投公司已意识到在市场化转型的过程中,参与地方政府专项债券项目的重要性,并做出了卓有成效的探索。城投公司参与地方政府专项债券项目可以促进自身获得良性循环的现金流,通过这种方式降低平台公司的债务压力。在青海省直接融资环境总体较差的情况下,各投融资平台可以充分利用自身承接基建类项目的优势参与专项债券项目,有效争取资金,从而有效防范未来"城投债"集中到期带来的流动性风险,也能够帮助自身通过融资模式的创新实现企业市场化转型。

第七节　陕西省投融资平台转型发展评价

陕西省位于中国内陆腹地,黄河中游,总面积20.56万平方千米,下辖10个地级市,分别是西安市、咸阳市、铜川市、渭南市、延安市、榆林市、汉中市、安康市、商洛市、宝鸡市。截至2021年,常住人口3 954万人,是我国西北地区的人口大省。陕西与山西、河南、湖北、四川、甘肃、宁夏、内蒙古7个省、自治区毗邻,既是连接我国东部地区与西北地区的枢纽,又是连接西北与西南的枢纽,优越的地理位置、人口等区位因素为其在西部地区领先的经济地位奠定了基础。

财政收支方面,陕西省财政实力处于全国中游,但在西部地区名列前茅。陕西的平台公司融资渠道也较为宽泛,已完成多个融资品种创新,创下全国范围内多个"首单",平台公司可持续在提升自身造血能力、创造新的利润增长点上发力。一是作为中华文化的发祥地之一,从古丝绸之路到"一带一路"倡议,陕西始终扮演着重要角色,目前陕西的定位是"形成面向中亚、南亚、西亚国家的通道、商贸物流枢纽、重要产业和人文交流基地"。可结合陕西悠久的历史文化、名胜古迹等区域特色情况,连接特色文旅产业,扩展业务板块。二是通过横向多元化战略,围绕城市建设运营进行的相关多元业务整合,通过不同产业之间的资源共享和优势互补,扩大平台公司的产业规模和行业影响力,推动快速扩张。

一、基本情况简介

(一)经济发展水平分析

生产总值方面,2021年陕西省实现地区生产总值29 800.98亿元,经济总量在全国31个省、直辖市、自治区中居第14位,在西部12省、直辖市、自治区中仅次于四川,排名第2位;2021年地区生产总值同比增长6.5%,增速稳中趋缓,排名全国第26位;2021年陕西省人均GDP7.54万元,排名全国第12位。固定资产投资方面,与2018—2020年的较快增长相比,2021年全年全社会固定资产投资比上年下降3.1%,其中,固定资产投资(不含农户)下降3.0%,农户投资下降10.9%。陕西省在"一带一路"政策带动下,改造提升传统产业、培育壮大新动能,并以基础设施投资、房地产投资作为主要动力持续发力,同时陕西省也在积极发展文化产业和战略性新兴产业。未来投资规模仍将保持较高水平,投资仍将是陕西省经济发展的重要推动力,且在多项政策支持下,陕西省整体经济有望保持平稳增长。陕西省2018—2021年主要经济指标数据如表4—29所示。

表4—29　　　　　　陕西省2018—2021年主要经济指标数据

项　目	2018年	2019年	2020年	2021年
地区生产总值(亿元)	23 941.88	25 793.17	26 181.86	29 800.98
地区生产总值增速(%)	8.10	6.00	2.05	6.50
第一产业(亿元)	1 830.19	1 990.93	2 267.54	2 409.39
第二产业(亿元)	11 215.27	11 980.75	11 362.58	13 802.52
第三产业(亿元)	10 896.42	11 821.49	12 551.74	13 589.07
第一产业(%)	7.49	6.00	11.90	8.10
第二产业(%)	49.75	40.10	29.90	46.30
第三产业(%)	42.70	53.90	58.20	45.60
固定资产投资增长(%)	10.40	2.50	4.10	−3.10
社会消费品零售总额累计增长(%)	10.20	7.40	−5.90	6.70
城镇(常住)居民人均可支配收入(元)	33 319.25	36 098.00	37 868.00	40 713.09
居民消费价格指数(上年=100)	102.10	102.90	102.50	101.50
工业生产者出厂价格指数(上年=100)	105.43	100.80	95.10	116.9

数据来源:陕西省统计局。

近十年陕西省三次产业发展趋势如图4—7所示。

2021年陕西省第一产业占比8.1%,第二产业占比46.3%,第三产业占比45.6%,产业结构以第二、三产业为主。近年来陕西省产业结构不断升级,第三产业发

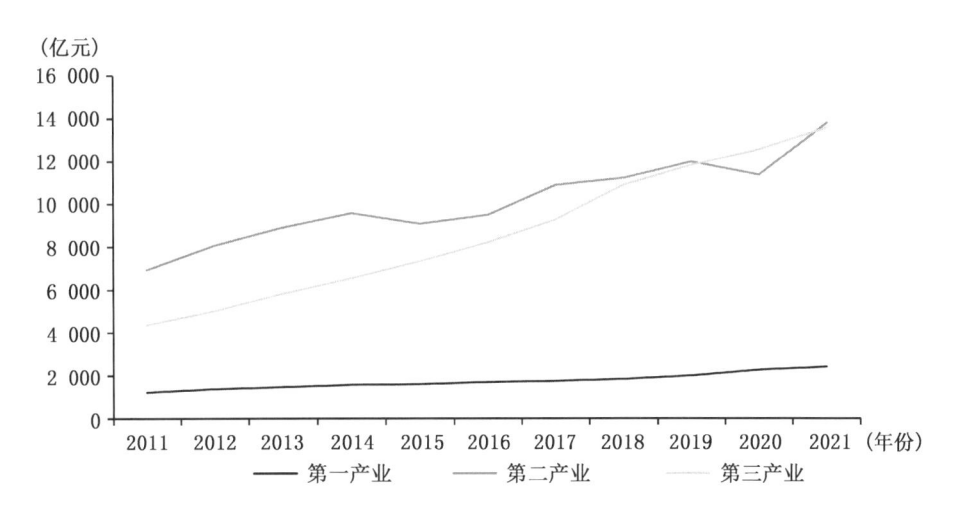

数据来源:陕西省统计局。

图 4—7　近十年陕西省三次产业国内生产总值

展较快。第一产业占比较低且增速较慢。陕西省也正在积极开展国家服务业综合改革试点,继续大力发展现代服务业,《陕西省"十四五"服务业高质量发展规划》于2021年10月发布,提出"要做大做强科技服务、软件和信息技术、现代物流、现代金融四大优势产业,重点发展文化旅游、职业教育、商贸服务、会展服务及健康养老五大特色产业,培育壮大电子商务、设计服务和服务贸易三大新兴产业,并推进实施数字赋能工程,推动服务业模式创新和业态创新;推进实施融合发展工程,不断提升服务业发展的核心竞争力;推进实施平台优化工程,打造 100 个现代服务业集聚区;推进实施品牌创建工程,促进服务标准化和品牌化;推进实施主体培育工程,切实增强发展后劲"。未来,伴随着产业结构升级,陕西省第三产业仍有较大发展空间。相应地,当地投融资平台公司应抓住所在地的政策发展方向,积极响应政府的号召进行市场化转型,未来可以政府重点发展的领域相关项目工程建设为切入点借力获得较大发展,在项目端与资金端获得更多支持。

从区域来看,陕西省可以分为关中,陕北和陕南三大区域。其中,关中包含西安、铜川、宝鸡、咸阳和渭南,陕北包括延安和榆林,陕南包括安康、商洛和汉中。各区域经济发展较不平衡,陕西省经济较发达的城市主要集中在关中地区,省会城市西安也位于该区域。2021 年西安市完成地区生产总值 10 688.28 亿元,在全省经济规模中处于绝对领先地位;陕北地区的榆林、延安为资源型城市,且以煤炭采选和石油、天然气开采为支柱产业,其中榆林市地区生产总值居陕西省第二位,2021 年完成地区生产总值 5 435.18 亿元;汉中市在陕南地区经济规模居首位,工业以有色金属、能源化工、装备制造和食品工业为主,2021 年地区生产总值为 1 768.72 亿元。

(二)财政预算能力分析

财政收支方面,陕西省财政实力处于全国中游,但在西部地区名列前茅。2018—2021年地方一般公共预算收入除2020年外均持续增长。2021年实现一般公共预算收入2 775.42亿元,排全国第16位,西部地区第2位;同比增长22.9%,排西部地区第3位,财政收入大幅上涨。政府性基金预算收入及国有资本经营预算收入等收入除2020年外逐年大幅增长,呈稳步提升态势。

2018—2021年,陕西省财政收入状况如表4-30所示。

表4-30　　　　　　　2018—2021年陕西省财政收入规模

项　目	2018年	2019年	2020年	2021年
地方一般公共预算收入(亿元)	2 243.14	2 287.73	2 257.31	2 775.42
政府性基金预算收入(亿元)	1 464.73	1 859.90	2 104.36	2 385.35
国有资本经营预算收入(亿元)	28.29	128.20	116.85	124.38

数据来源:陕西省财政厅。

收入结构方面,财政收入以税收收入为主,2018—2021年全省税收收入分别为1 774.21亿元、1 845.97亿元、1 752.14亿元和2 237亿元,同比增幅分别为19.44%、4.05%、-5.10%和27.67%;全省政府性基金预算收入以国有土地使用权出让收入为主,在土地市场行情推动下,近年来收入规模持续上升。2018—2021年,全省政府性基金预算收入分别完成1 467.73亿元、1 859.90亿元、2 104.74亿元和2 385.4亿元。陕西省2021年各地级市一般公共预算收入及占全省比重如表4-31所示。

表4-31　　　　陕西省2021年各地级市一般公共预算收入及占全省比重

地区	一般公共预算收入(亿元)	占全省比重(%)
西安市	855.96	30.84
榆林市	587.30	21.16
延安市	150.04	5.41
咸阳市	107.68	3.88
渭南市	95.37	3.44
宝鸡市	95.15	3.43
汉中市	52.50	1.89

续表

地区	一般公共预算收入（亿元）	占全省比重（%）
安康市	32.48	1.17
商洛市	26.82	0.97
铜川市	26.56	0.96
合计	2 029.86	73.15

注：数据明细未包含省本级数据。
数据来源：陕西省统计局。

从当地市级的一般公共预算收入来看，陕西省的发展也是呈现省会独大的特点，西安市的一般公共预算收入显著高于其他地级市。省会西安市人口最多，区位交通便捷，也是国家物流枢纽城市之一。西安市以高新技术产业、装备制造业、旅游业、文化产业、现代服务业为其五大支柱产业，域内上市公司、金融机构资源集中。除省会以外，陕西省一般公共预算收入超过100亿元的市只有榆林市和延安市。榆林市主要以煤炭化工为代表的第二产业为主导，煤、气、油、盐资源富集；延安市以原油生产加工、煤炭和天然气开采等资源产业为支柱，另有苹果特色产业、红色旅游资源作补充，旅游发展方面有一定的政策倾斜。

（三）地方整体债务评价

债务方面，2021年，财政部批准陕西省政府债务限额9 578.15亿元。截至2021年底，全区政府债务余额8 687.60亿元，控制在限额范围内。分级次看，省本级债务余额1 811.50亿元，市县级6 876.10亿元，分别占比20.85%、79.15%。2018—2021年陕西省政府债务情况如表4—32所示。

表4—32 　　　　　　　2018—2021年陕西省政府债务情况

项　目	2018年	2019年	2020年	2021年
地方政府债务（亿元）	5 886.92	6 532.00	7 432.78	8 687.60
地方政府债务——一般债务（亿元）	3 428.23	3 681.00	3 984.18	4 375.00
地方政府债务——专项债务（亿元）	2 458.69	2 851.00	3 488.60	4 312.60

数据来源：陕西省财政厅。

目前从整体来看，2021年陕西省政府的债务规模有所扩大，但仍处于全国中等水平，与一般公共预算收入和政府性基金收入规模基本匹配。作为"丝绸之路"经济带的重要区域，陕西省将在"一带一路"规划中发挥重要作用，预计未来一定时期当地政府债务规模后续可能有一定增长。根据《陕西省 2021 年财政预算执行情况和 2022 年财政预算草案的报告(摘要)》,陕西省在注重政府债券补短板作用的同时,严格执行政府举债融资 52 条负面清单,认真施行倒查机制,并实行责任追究制,完成了年度隐性债务化解任务,有效降低了陕西省的政府债务风险。2021 年陕西省下辖各市政府债务情况如表 4—33 所示。

表 4—33　　　　　　　　2021 年陕西省下辖各市政府债务情况

地区	2021 年末政府债务限额 (亿元)	2021 年末政府债务余额 (亿元)	占比 (%)
西安市	2 718.53	2 506.04	92.18
延安市	562.51	412.15	73.27
榆林市	573.83	495.88	86.42
渭南市	529.38	481.31	90.92
汉中市	417.70	372.71	89.23
安康市	457.41	430.92	94.21
商洛市	399.87	366.61	91.68
宝鸡市	369.04	303.37	82.20
咸阳市	387.62	337.67	87.11
铜川市	172.87	162.96	94.27

注:数据明细未包含省本级数据。
数据来源:陕西省财政厅。

从表 4—34 可以看出,2021 年末各市地方政府债务余额均没有突破债务限额。其中,2021 年西安市债务限额高达 2 718.53 亿元,位列全省第一位,其他各市政府债务限额相对较少。

城投公司债务方面,截至 2021 年末,陕西省城投债存续余额 2 029.79 亿元,陕西省存续期城投债发行主体主要集中于省本级和西安市。从城投债发行利率来看,也是省本级和西安市为最低。结合陕西省各地一般公共预算收入规模,陕西省各区域内城投债偿付压力尚可。

陕西省省本级及各个地市城投债存续规模及平均发行利率如表 4—34 所示。

表 4—34　　　　截至 2019 年末陕西省省本级及地市级城投债务分布情况

省本级及各地市	发债城投数 (家)	城投债务余额 (亿元)	城投平均发行利率 (%)
省本级	9	791.08	5.88

续表

省本级及各地市	发债城投数（家）	城投债务余额（亿元）	城投平均发行利率（%）
西安市	20	514.10	5.68
延安市	2	30.00	6.30
榆林市	2	67.00	6.02
渭南市	6	72.20	7.03
汉中市	1	5.00	5.38
安康市	1	21.80	7.82
商洛市	1	5.00	7.60
宝鸡市	2	66.90	7.13
咸阳市	7	162.85	6.56
铜川市	—	—	—
合计	51	1 735.93	—

注：此处为算数平均数。

二、投融资平台排名

（一）省级平台排名情况

陕西省级政府投融资平台共有 9 家，排名如表 4—35 所示。

表 4—35　　　　　　　陕西省省级政府投融资平台排名

排名	发行人中文名称	省份	城市	行政级别
1	陕西建工集团有限公司	陕西省	西安市	省级
2	陕西投资集团有限公司	陕西省	西安市	省级
3	陕西旅游集团有限公司	陕西省	西安市	省级
4	陕西交通控股集团有限公司	陕西省	西安市	省级
5	陕西省水务集团有限公司	陕西省	西安市	省级
6	陕西环保产业集团有限责任公司	陕西省	西安市	省级
7	陕西文化产业投资控股(集团)有限公司	陕西省	西安市	省级

数据来源：课题组整理计算得出。

（二）地市级平台排名情况

陕西省市级政府投融资平台共有 31 家，排名情况见表 4—36。

表 4—36 陕西省市级政府投融资平台排名

排名	发行人中文名称	省份	城市	行政级别
1	西安高新控股有限公司	陕西省	西安市	地市级
2	西安城市基础设施建设投资集团有限公司	陕西省	西安市	地市级
3	咸阳市城市建设投资控股集团有限公司	陕西省	咸阳市	地市级
4	宝鸡市投资(集团)有限公司	陕西省	宝鸡市	地市级
5	渭南市城市投资集团有限公司	陕西省	渭南市	地市级
6	西安航空城建设发展(集团)有限公司	陕西省	西安市	地市级
7	西安经发集团有限责任公司	陕西省	西安市	地市级
8	延安城市建设投资(集团)有限责任公司	陕西省	延安市	地市级
9	西安水务(集团)有限责任公司	陕西省	西安市	地市级
10	西安高科集团有限公司	陕西省	西安市	地市级
11	西安航天城投资发展集团有限公司	陕西省	西安市	地市级
12	西安经发控股(集团)有限责任公司	陕西省	西安市	地市级
13	西安世园投资(集团)有限公司	陕西省	西安市	地市级
14	陕西榆神能源开发建设集团有限公司	陕西省	榆林市	地市级
15	榆林市城市投资经营集团有限公司	陕西省	榆林市	地市级
16	西安浐灞发展集团有限公司	陕西省	西安市	地市级
17	陕西西咸新区发展集团有限公司	陕西省	西安市	地市级
18	陕西安康高新产业发展投资(集团)有限公司	陕西省	安康市	地市级
19	西安高新技术产业开发区创业园发展中心	陕西省	西安市	地市级
20	渭南市产业投资开发集团有限公司	陕西省	渭南市	地市级
21	西安市轨道交通集团有限公司	陕西省	西安市	地市级
22	延安新区投资发展(集团)有限公司	陕西省	延安市	地市级
23	汉中市城市建设投资开发有限公司	陕西省	汉中市	地市级
24	西安航天高技术产业发展集团有限公司	陕西省	西安市	地市级
25	铜川市国有资本投资运营有限公司	陕西省	铜川市	地市级
26	西安沣东控股有限公司	陕西省	西安市	地市级
27	陕西西咸新区沣西发展集团有限公司	陕西省	西安市	地市级
28	蒲城县投资发展有限公司	陕西省	渭南市	地市级
29	西安航天城市发展控股集团有限公司	陕西省	西安市	地市级

续表

排名	发行人中文名称	省份	城市	行政级别
30	大荔县城市开发投资集团有限公司	陕西省	渭南市	地市级
31	西安兴航城乡建设发展有限公司	陕西省	西安市	地市级

数据来源：课题组整理计算得出。

（三）区县级平台排名情况

陕西省区县级政府投融资平台共有17家，排名情况见表4-37。

表4-37　　　　　　　　陕西省区县级政府投融资平台排名

排名	发行人中文名称	省份	城市	行政级别
1	神木市国有资本投资运营集团有限公司	陕西省	神木市	区县级
2	西安国际陆港投资发展集团有限公司	陕西省	西安市	区县级
3	西安曲江文化控股有限公司	陕西省	西安市	区县级
4	韩城市城市投资(集团)有限公司	陕西省	韩城市	区县级
5	西安市临潼区城市投资集团有限公司	陕西省	西安市	区县级
6	杨凌城乡投资建设开发有限公司	陕西省	咸阳市	区县级
7	西安港实业有限公司	陕西省	西安市	区县级
8	西安投资控股有限公司	陕西省	西安市	区县级
9	陕西西岳华山城市建设投资开发有限公司	陕西省	华阴市	区县级
10	西安市长安城乡建设开发有限公司	陕西省	西安市	区县级
11	西安城墙投资(集团)有限公司	陕西省	西安市	区县级
12	西安市灞桥投资控股集团有限公司	陕西省	西安市	区县级
13	西安市常宁开发建设有限公司	陕西省	西安市	区县级
14	西安市碑林城市开发建设投资有限责任公司	陕西省	西安市	区县级
15	西安未央城市建设集团有限公司	陕西省	西安市	区县级
16	西安莲湖投资控股有限责任公司	陕西省	西安市	区县级
17	西安新城城市更新(集团)有限责任公司	陕西省	西安市	区县级

数据来源：课题组整理计算得出。

三、案例分析

（一）省级平台——陕西旅游集团延安文化旅游产业投资有限公司

1. 基本情况分析

陕西旅游集团延安文化旅游产业投资有限公司(以下简称"陕西延安文旅")成立于2012年11月12日,注册资本为3.44亿元。该公司是陕旅集团根据陕西省国资委《关于陕西旅游集团公司设立陕西旅游集团延安文化旅游产业投资公司的批复》出资组建的项目子公司,是经管委会授权,对延安圣地河谷文化旅游产业园区进行投资、建设、管理及运营的企业。主营业务主要为园区内土地整理、园区内基础设施建设、市政基础设施建设、园区运营、管理服务等。其中,园区运营方面主要包括开发利用园区内旅游资源,宣传推广区域文化,运营旅游景区、维护与管理及相关配套基础设施建设等。延安作为红色之都、革命圣地和历史文化名城,文化底蕴深厚,尤其是陕西旅游集团延安圣地河谷文化旅游产业园相关项目作为未来红色旅游和陕西文化旅游产业发展的经典示范项目,对当地文化旅游产业的发展具有重要意义。

2. 发展过程分析

(1)多元化扩大产业规模,围绕文化旅游不断拓展

通过横向多元化战略,实现区域内多元化城市建设运营领域的横向整合,做大产业规模。位于中国革命发源地的陕西旅游集团延安文化旅游产业投资有限公司,紧紧围绕延安市"中国革命圣地、历史文化名城、优秀旅游城市"的城市定位,深入贯彻"文化引领、旅游带动"城市发展战略,充分发挥红色旅游资源优势,不断丰富业态,打造精品文旅项目,引领陕西文旅产业融合。不同产业之间进行优势和资源互补,围绕城市运营进行新业态扩展,相关企业可以学习借力发展,其他如陕西投资集团有限公司、榆林市城市投资经营集团有限公司等实力较强的省、市级平台同样也可适时采用这种战略,围绕城市建设整合地方房地产、交通、水务、市政、文化旅游、农业等相关产业资源,转型为综合型的城市运营服务商。

(2)国内项目收益债先锋,融资渠道广泛

2017年10月18日,陕西延安文旅成功在上交所发行了我国首单项目收益公司债券,募集资金主要用于陕西省延安圣地河谷文化旅游产业园区金延安项目的建设。作为首个交易所项目收益公司债券的试点,体现了国内金融机构对陕西文化旅游产业发展的强力支持和对陕西延安文旅产业模式和创新发展的认可。该项目不仅为全国"文旅+金融"产业融合发展树立了新标杆,还有助于陕西红色旅游创新和文化旅游产业进入高速发展通道。此外,陕西省是我国"一带一路"倡议中"丝绸之路经济带"的新起点,陕西延安文旅项目收益公司债的成功发行和挂牌转让,标志着中国证监会及上交所服务"一带一路"倡议的能力进一步提升,具有十分重要的现实意义。

3. 转型发展的启示

(1)文旅类城投应因地制宜,促进省内文化产业发展

自然或人文资源是文旅类平台的核心优势,具有垄断性。景区主要分为自然景区和人文景区。其中,自然景区是指依靠特定的山岳、湖泊、森林等自然资源而建造的景区;人文景区则主要是指依靠文化、宗教信仰、民俗风情等特定资源建立起来的景区,能反映当地独特的文化内涵。文旅类平台受政策指导影响较大,由于消费对象大多涉及名胜古迹、山川河流等准公共物品,旅游业往往具有半市场半公益的属性,因此政策指导在旅游业的发展中起到了重要作用。延安发展文化旅游产业具有广阔前景和坚实基础,是产业转型、群众增收的现实需要,能够成为经济增长的支柱产业。陕西旅游集团延安文化旅游产业投资有限公司的发展道路适合同样有丰富自然风貌、文化资源省份内的平台公司借鉴。

(2)重点项目可考虑项目收益类债券,门槛低且节约成本

陕西省旅游集团延安文化旅游产业投资有限公司发行了我国首单项目收益公司债券,本次发行的陕西旅游集团延安文化旅游产业投资有限公司2017年、2018年非公开发行项目收益专项公司债券,发行总规模为4.92亿元。从发行利率来看,本次债券票面利率低于同期限同评级的一般公司债券,市场认可度较高。项目收益类债券秉持"轻主体、重项目"的原则,债券发行主要为项目建设融资并依靠项目主体资质,偿还借款来源也主要为该特定项目的收益。规模小、近年利润表现差、主体评级低的企业发行公司债普遍受阻,但以棚改项目、物流园项目、水务及燃气项目等基础设施类项目支撑,未来有确定的项目收益及可获得一定财政补贴的项目便可以通过项目收益类债券进行融资,为低资质企业的项目融资拓展了渠道。

(二)地市级平台——商洛市城市建设投资开发有限公司

1. 基本情况分析

商洛市城市建设投资开发有限公司(以下简称"商城建公司")是经商洛市人民政府批准,由商洛市国有资产监督管理委员会履行出资人职责的国有独资公司。作为商洛市城市基础设施建设重要的综合性投融资、建设和运营主体,商城建公司承担了商洛市城市基础设施的建设投资、经营管理,土地的整理、开发,经济适用房的开发经营等职责。公司坚持经营开发与项目融资并重,不断完善内部管理制度,不断健全投融资机制,不断提高服务城市建设的能力,为加快"山水园林生态旅游城市"建设步伐,促进经济社会又快又好发展做出了积极贡献。商城建公司是商洛市城建项目建设资金融资的主要渠道和平台,发挥着不可替代的作用,具有重要的社会地位以及垄断地位优势,基本没有外来竞争,市场相对稳定,具有持续盈利的能力。

2. 发展过程分析

商城建公司主要从事商洛市的客运、施工建设、房地产、租赁及自来水业务等,业

务多元化程度较高。2022年6月,公司营业收入为1.66亿元,主要来源于房地产业务完工结转收入;综合毛利率为19.11%,较2020年上升12.91个百分点。2021年,公司主要收入来源仍为运输、委托建设和房地产销售,这三项业务收入合计占营业收入的比重达96.70%。

公司运输业务具有一定的区域垄断性。主要经营商洛市与邻近省市及全国主要城市之间的客运运输服务。商洛市汽车运输总公司下设8个客运公司、拥有客运站6个,班线遍布6县1区,省内主要发往西安、安康等地,跨省发往北京、上海等省市。公司通过承建城市基础设施并运营获得委托建设收入。公司的委托建设收入来源于两个方面:一是公司通过与政府签订的委托代建协议,承担城市基础设施建设项目的代建职能,这部分收入按照工程进度确认,以代建费用的形式体现,无相应成本,具有100%的毛利率;二是公司通过与政府签订的施工合同,承担保障房建设项目建设职能,这部分收入也同样按照工程进度确认,同时确认相应的成本。

(三)区县级平台——西安市浐灞河发展有限公司

1. 基本情况分析

西安市浐灞河发展有限公司(以下简称"西安浐灞公司")是经西安浐灞生态区管理委员会授权在其辖区内从事园区综合开发的企业,其具体工作是根据西安浐灞生态区管委会的规划要求,承担区域生态建设、土地开发、道路建设以及相关配套基础设施的建设、区域内重点项目的建设运营等责任。西安浐灞公司主营业务中的施工工程业务板块的收入占营业收入总额的比例每年都在93%以上,而施工工程业务主要可以分为生态建设以及相关配套基础设施的建设。截至2021年末,西安浐灞公司总资产为433.20亿元,评级维持在AA。

2. 发展过程分析

(1)承担园区基础设施建设职能,拓展园区维护业务

西安浐灞公司是浐灞生态区重要的基础设施建设主体,承担着浐灞生态区基础设施和保障房建设的重要职能,同时开展公园运营、园区维护、商品销售、物业管理和租赁等多种业务。浐灞生态区下设两家基础设施及配套设施建设主体,西安浐灞公司与西安世园投资(集团)有限公司(以下简称"世园投资")承担浐灞河生态区范围内所有的开发建设任务。业务范围方面,西安浐灞公司与世园投资以灞河为界,世园投资负责灞河右岸的整体开发建设和运营,主要为西安世园会园区的综合开发及管理;西安浐灞公司负责灞河左岸的基础设施及配套建设,定位及分工较为明确。2021年,西安浐灞公司实现营业收入19.90亿元,其中施工工程收入为13.68亿元,占营业收入总额的68.74%。

(2)为应对复杂多变的宏观环境,高度注重内部管理

在发展过程中,西安浐灞公司的发行人高度重视内部控制机制建设,建立了较为健全的内部规章制度体系,通过强化内部控制手段加强对公司战略制定、经营生产、财务安全等各环节的把控,切实提高公司运作效率,保证公司科学、健康、快速发展。西安浐灞公司制定了《西安市浐灞河发展有限公司"十三五"发展规划》,并先后制定了行政、工程、合同、财务、采购、资产等管理制度30余项,制定、实施、评价、反馈、修订一整套战略管理流程和制度规范,使内部各项工作运转更加规范和顺畅。同时,公司委托专业咨询机构参与制定了公司发展战略,并根据外部环境与实际情况的变化,及时对战略、规划进行调整,使公司的战略和远景规划具有灵活性和可操作性。

3. 转型发展启示

(1)园区平台可借助政策优势,灵活开展业务

根据《西安浐灞生态区2020—2021年国民经济与社会发展计划》,浐灞生态区将按照"生态立区、产业兴城"的战略,抓住国家中心城市、国际化大都市的建设机遇,以"十四五"为契机,大力发展"三个经济",提升城市规划建设管理水平,持续放大生态文明示范效应,深入推进"产业化、国际化、城市化、生态化",从而推动浐灞生态区的经济发展,为达成建设目标,园区内平台任务艰巨。2018—2020年,浐灞生态区一般公共预算收入分别为18.51亿元、23.39亿元、24.29亿元,其中税收收入分别为16.10亿元、22.50亿元和19.10亿元,占比分别为86.98%、96.19%和78.63%,收入质量不断提高,园区内投融资平台可借政策优势,承担园区内基础设施建设任务,提升自身的市场化运营水平。

(2)注重多元化发展,提升内控水平

西安市浐灞河发展有限公司将通过多元化的发展战略,推动浐灞生态区的城市建设运营,从而成为国内一流的城市综合运营商。为此,一方面,加强对子公司的支持力度,做实做强子公司,将推动子公司走专业化道路,以开发、建设、经营为主线,提升子公司的专业化能力,从而促进浐灞生态区城市建设运营。另一方面,加强内部管理,包括成本管理、财务管理和精细化管理,厘清子公司与总公司的责权关系,提升公司的运营效率,增强企业管理能力。此外,公司通过优质资源注入、平等政策待遇及更加充分授权等方式对待下属子公司,进而谋求推动公司整体的市场化转型和发展,为相关企业的市场化发展提供了一定借鉴。

四、转型发展建议

(一)转型发展的机遇与探索

1. 紧抓国企改革政策机遇

地方政府投融资平台作为地方国企,实现转型的主要途径之一就是厘清自身与政府的关系,改善内部治理结构,拓展经营性业务,从而加强自身的造血能力。第十三届全国两会政府工作报告明确指出要推进国资国企改革,加快形成有效制衡的法人治理结构和灵活高效的市场化经营机制,提升主业核心竞争力,推动国有资本做强做优做大,为政府投融资平台未来发展指明了道路。2018年陕西省印发的《关于进一步深化国有企业改革的实施意见》和《陕西省深入实施国企国资改革攻坚加快推动高质量发展三年行动方案(2018—2020年)》,明确了陕西省深化国有企业改革的总体要求、行动目标、重点任务和推进措施,为陕西省地方政府投融资平台及其他国有企业破解国企国资体制机制不活、布局结构不优、企业主业不突出、创新能力不强、质量效益不高等突出问题提供了指导思想。

其中,陕西燃气集团有限公司遵照省委、省政府和省国资委关于加快推进省属国有企业改革的决策部署,在2019年夏,顺利完成陕西延长石油(集团)有限责任公司对陕西燃气集团有限公司的增资扩股,陕西延长石油(集团)有限责任公司成为燃气集团第一大股东。这有利于陕西省燃气产业发展方式转变和布局结构调整。

2. 拓宽投融资平台转型路径

在地方政府债务受到愈发严格的监管的背景下,投融资平台企业以新姿态、新方法参与政府公共领域项目的渠道逐渐敞开。国办发〔2015〕42号文、《陕西省政府和社会资本合作(PPP)项目库管理暂行办法》(陕发改投资〔2015〕1430号)《关于推进我省融资平台公司转型发展的意见》(陕财办预〔2018〕66号)等政府文件的印发,为陕西省投融资平台企业提供了作为社会资本参与公共项目工程的重大转型机遇,为平台通过PPP项目等推进市场化转型创造了条件。此外,2020年5月,陕西省发展和改革委员会关于印发《2020年推动关中平原城市群和新型城镇化发展重点工作任务》及同年6月国家发展改革委印发的《关于加快开展县城城镇化补短板强弱项工作的通知》(发改规划〔2020〕831号)都指出,投融资平台企业在助力推动新型城镇化建设、加快补齐新冠肺炎疫情期间暴露出的短板弱项等领域大有可为。另外,陕西省的富平、三原、岐山3县入选县城新型城镇化建设示范点,无疑为陕西省各级投融资平台企业参与政府公共领域项目、拓宽产业布局提供了新的发展机会,为平台的市场化转型带来了巨大机遇。

2016年,陕西省水务集团有限公司(以下简称"陕西水务集团")参与了陕西省首个政企合作PPP项目,以此解决了当地水库建设的资金问题,开创了陕西省水利项目市场化运作和水务建管一体化的局面。陕西水务集团协同汉阴县政府,在PPP项目运作中,利用市场化手段,将水源工程、管网、供水设施设备及涉水企业从政府职能中分离出来。同时，在供水 PPP 项目合作后，由陕西水务集团对供水项目进行投资建设与运营管理，将水利资产和中央及陕西省政府的投资作为资本金，吸引社会资源共同参与供水项目建设，为地方用水需求提供保障。

通过 PPP 模式的运作，陕西水务集团盘活了国有资产，实现了资产到资本，再到资金的转变，加大了筹融资力度，减轻了政府的财政负担，提升了陕西省县城的供水能力和水平，并在项目融资、投资建设、供水企业经营效益等方面取得了显著成效，实现了国有资产的保值增值。

(二)陕西省平台公司转型发展的途径

针对上述问题，综合考虑陕西省当地的经济生态，并结合优秀平台企业的转型经验，陕西省各平台企业可通过以下几个方面定位自身转型发展的方向。

1. 政企划清界限，促进市场化运营

针对平台公司组织架构及管理体制较为落后的问题，需要对企业内部治理结构进行改革。企业可以进行公司制改革，理顺产权关系。各级政府应当根据出资情况，以出资额为限对平台类国有企业承担有限责任，形成"决策层—管理层—执行层"的架构和股东(大)会、董事会、监事会和经营管理层三位一体的法人治理结构，破除原先公司治理上"政企不分"的乱象。

针对平台公司违规融资导致的隐性债务问题，则需要在资本市场上清晰界定政府与融资平台的关系。政府不得以任何形式要求公益类国企替政府融资，也不能为这些企业的融资行为提供任何形式的担保。只有建立起规范有度的融资体系及权责明确的政企关系，才能真正为平台公司创造长期、稳定、可持续的融资条件，从而增强其融资能力和风险应对能力。

改革治理体制、政府企业划清职能界限后，平台企业应谋求真正规范化的市场运营模式。陕西省入榜的多数平台公司都是兼有政府融资和公益性项目建设、运营职能的"实体类"融资平台公司，对这类公司需要剥离其纯公益性质的业务，转由政府接手；同时企业自身通过兼并重组、整合归并同类业务等方式进行市场化转型，按照"谁投资，谁收益"的原则承接政府委托实施的各类项目建设，形成"投资—经营—回收"的良性循环。

2. 创新融资模式，拓宽融资渠道

在中央、地方一系列文件的要求下，平台为政府融资的职能被迫剥离，实质上标志着平台企业与政府信用脱钩。因此，平台企业需要依据市场化原则，降低对原有单一融资路径的依赖，多渠道融资，确保资金链条安全接续、综合资金成本下调。具体而言，包括债权融资、股权融资和利用自身资产融资三种方式，陕西也有相关优秀融资案例,各级平台公司可根据自身实际情况进行借鉴学习。

债权融资方面,近年来,我国资本市场不断发展,创新类债券品种不断涌现,陕西省企业可根据自身及项目情况进行选择。绿色债券是鼓励具有节能环保项目的企业发行的一种新型债券,这类债券具有不受发债指标限制的优势,也符合我国经济进入新常态后"提质增效"、加强生态文明建设的要求,陕西省内具有丰富文旅资源的相关平台公司可以多考虑使用此类债券品种进行融资。比如2017年初,全国首只由陕西省西咸新区沣西新城开发建设(集团)有限公司公开发行的城投平台绿色债券获批发行,发行金额16.7亿元,主要用于西咸新区沣西新城绿色城市综合新能源项目建设。该公司是西咸新区沣西新城唯一由沣西新城管委会出资的国有独资公司,为西咸新区沣西新城经济发展做出了重要的贡献,有力地支持了区域内基础设施建设、经济社会事业的发展。项目的建成也将极大减少环境污染,改善人居环境,给绿色金融市场再添新军的同时,为绿色城市建设与金融创新有机结合提供了成功的范本。

此外,为减缓新冠肺炎疫情对经济运行的冲击,陕西省人民政府于2020年2月份印发《陕西省人民政府关于坚决打赢疫情防控阻击战促进经济平稳健康发展的意见》(陕政发〔2020〕3号),提出要强化金融支持,鼓励地方政府及疫情防控重点保障企业使用专项债券融资,保障有序生产。在相关政策的支持指导下,2月26日,省级排名第四的陕西建工集团有限公司发行10亿元疫情防控债,票面利率3.6%。这不仅是陕西省企业在银行间市场发行的第一单疫情防控债,也是全银行间市场首单公募疫情防控资产支持票据。

此外,作为古代丝绸之路的起点,在国家规划中,陕西是实施"一带一路"倡议的重要节点、向西开放的前沿位置。因此陕西省为当地公路、桥梁等基础设施进行建设或承接了其他经省级以上发改部门认定为"一带一路"项目的国企可以考虑发行"一带一路"专项债等类似概念债券产品进行融资,助力将我国"一带一路"倡议落到实处。

陕西省内平台企业还可以转变思路,如使用控股重组、剥离重组等方式,通过控制、设立股份制子公司,推动子公司通过IPO等股权途径进行融资,从而增强集团整体实力。比如省级排名第一的陕西投资集团有限公司的子公司就有西部证券股份有限公司这样的上市企业,通过"产融结合"的方式推动集团资本实力稳步提升。

除上述两种较为常见的融资手段外,平台企业还可以利用自身掌握的资源、资产进行资产证券化等模式的融资。打包企业现金流较为稳定,未来收入可期的项目进行证券化,增加企业资金的流动性,提高企业的资金循环效率及经营收益。例如,2015年12月,陕西省交通建设集团公司推出了陕西省首期ABS项目——汇富榆靖高速公路车辆通行费收益权资产支持专项计划,总规模为21.3亿元,专项计划存续期限为8

年,其中优先级资产支持证券规模为 20.1 亿元,均为 AAA 级的评级,以榆靖高速公路车辆通行费收益权作为基础资产。

同时,以社会资本形式参与合规 PPP 项目也被许多转型中的投融资平台所青睐,若平台能够参与现金流稳定的 PPP 项目(如高速公路、桥梁隧道等),也可以考虑采用 PPP 项目资产证券化的新型融资模式。高速公路和桥梁隧道进入运营期后,PPP 投资者可根据车流量收取车辆通行费用或者通过财政补贴获得专营权收入,现金流相对稳定、可预期,是资产证券化基础资产的理想标的。2016 年 12 月,国家发展改革委、中国证监会联合印发了《关于推进传统基础设施领域政府和社会资本合作(PPP)项目资产证券化相关工作的通知》(发改投资〔2016〕2698 号),进一步为投融资平台创新融资模式指明了方向。陕西省也出台了相关支持文件,并有成功案例,比如上文提到 2016 年,陕西水务集团参与了陕西省首个政企合作 PPP 项目,以此解决了当地水库建设的资金问题,相关融资和运营模式值得其他平台公司借鉴学习。

3. 加快区域整合,推动平台升级

陕西省发展和改革委员会、陕西省财政厅在 2020 年 10 月 19 日印发了《关于加快市县融资平台公司整合升级推动市场化投融资的意见》(陕发改投资〔2020〕1441 号),全面要求陕西省各地市的城投平台进行新一轮整合兼并。在做强主体的战略下,不仅地方政府的债务成本与债务压力能够得到有效化解,地方政府实施基础设施与公共服务建设、产业投资的效率也将得到有效提升。

同时,将摸清现有融资平台公司数量,分类推进整合升级,全面清理、撤销"空壳类"平台。对各市平台公司数量进行限制,要求除西安市、西咸新区外,原则上市级平台不超过 4 家,国家级开发区平台不超过 3 家,省级开发区和县(区)级平台不超过 2 家。将推行"以市带县"模式,由市级平台通过参股、业务整合等方式带动县级平台公司;也鼓励将县级平台并入市级平台,向县级平台多渠道增信,探索通过市级统贷、县级用款的模式扩大融资规模。

2019 年全年,陕西省县级投融资平台共发行一般企业债 4 只、私募公司债 8 只,融资规模分别为 26.3 亿元和 66.4 亿元,各类债券发行规模及数量详情如表 4-38 所示。

表 4-38　　　　2019 年陕西省县级投融资平台各类证券发行规模及数量

债券品种	细分品种	发行只数	融资规模(亿元)
企业债	一般企业债	4	26.3
	集合企业债	0	0
公司债	公开发行	0	0
	非公开发行	8	66.4

续表

债券品种	细分品种	发行只数	融资规模（亿元）
银行间债务融资工具	中期票据 MTN	5	27
	定向工具 PPN	9	74.5
	短期融资券 CP/SCP	20	175
合　计		46	369.2

陕西省部分县级城投公司已摆脱了对政府资金的依赖，依托自身良好的资信水平，积极参与资本市场融资并成功发行债券，为自身业务融资提供了良好的资金保障，为公司的发展提供了长期稳定的资金支持，一定程度上实现了市场化经营。

此外，陕西省财政厅要求有序推动市县政府性债务化解，加快融资平台公司市场化转型，进一步提升市场化投融资能力，将融资平台公司打造成为市县政府谋划实施建设项目的重要依托、支撑高质量发展的重要载体。争取到2022年底，市县融资平台直接融资规模较目前至少翻一番；全省县级融资平台中，评级达AA级及以上的比例达到全国平均水平。

同时健全现代企业制度，要求整合后的融资平台公司实行"自主经营、自负盈亏、自担风险、自我发展"的专业化、实体化、多元化、市场化运营模式。市县要选强配齐平台公司主要负责人，按照市场化原则推行职业经理人制度，平台要成立专业投融资团队，引入有丰富投融资经验的人员作为融资专员，投融资团队和融资专员薪酬与市场化融资规模及质量挂钩。由发展改革、财政、行业管理、金融监管等部门负责，常态化开展项目谋划、直接融资、企业管理等方面的培训。平台公司要加大资本整合力度，通过处置政府投资项目，转让国企部分股权等方式，筹集资金用于增加平台注册资本或新建项目资本金，选择部分高速公路、地铁、水厂、污水处理厂、物流仓储等现金流比较充沛的项目，采取REITs、PPP、ABS等方式盘活，形成示范效应。

目前，陕西省县级平台公司市场化整合已经提上议程，随着城投资信、资产、现金流的加强，将能够逐渐降低融资成本、改善债务结构与期限，将城投债务的风险有效降低，政府与地方国有资本的投资潜力也将进一步得到释放。

第五章

西南地区投融资平台转型发展评价研究

第一节　西藏自治区投融资平台转型发展评价

西藏与缅甸、印度、不丹、尼泊尔、克什米尔等国家及地区接壤,陆地国界线4 000多公里,是我国边疆治理和社会稳定的重要区域。因地理环境等方面的影响,西藏地区的经济发展和产业拓展受到明显制约,仍需针对特色产业进行有效的战略布局,加强跨区域铁路等项目的规划,以国家战略性项目来带动当地平台公司的发展。西藏是世界著名的旅游胜地,当地自然资源丰富,目前已初步形成了农畜产品加工业和手工业、建材业、旅游业、绿色食品(饮品)加工业、藏医药业、矿产业等支柱产业。在国家"新西部大开发"和"一带一路"的大背景下,西藏地区经济将迎来新的发展机遇,当地投融资平台公司应充分利用此次契机进行市场化转型发展,因地制宜拓展经营性业务。

一、基本情况简介

自元朝始,西藏始终受中央政府的有效管辖,西藏地区一直是中国不可分割的一部分。1965年9月9日,西藏自治区正式宣告成立。2019年12月23日,西藏已基本消除绝对贫困,全域实现整体脱贫,各大产业发展迅速。西藏自治区地理位置独特且自然资源丰富,包括矿产、能源、旅游、藏药、生物等资源,是我国重要的战略资源储备基地,其矿产资源、水资源、物产资源、草场耕地及森林资源储量均位居全国前列。西藏是我国重要的国家安全屏障、生态安全屏障、战略资源储备基地、高原特色农产品生产地、中华民族特色文化保护地、世界旅游目的地、"西电东送"接续基地等。"十四五"时期是西藏特殊矛盾加剧期,是贯彻落实新时代党的治藏方略、全面践行中央第七次西藏工作座谈会精神的重要阶段。

(一)经济发展水平分析

2021年,西藏自治区生产总值2 080.17亿元,较2020年增长6.7%,增速位居全国第27。近三年来受我国经济发展方式转变的影响,西藏自治区经济增速持续趋缓,经济后发优势明显。2021年全球经济受新冠肺炎疫情影响较大,西藏自治区地方生产总值为2 080.17亿元,在全国31个省份中排名末位,GDP同比增长6.7%,全国排名第22位。西藏自治区社会经济发展增速后来居上,但仍然存在经济结构不合理的现象,2021年实现人均GDP为56 831元,位列全国第24名。

分产业来看,2021年西藏自治区第一产业实现增加值164.12亿元,增长7.3%,增加值占GDP比重的7.9%;第二产业实现增加值757.28亿元,下降0.9%,第二产业增加值占GDP比重的36.4%;第三产业实现增加值1 158.77亿元,增长11.8%,第三产业增加值占GDP比重的55.7%。在全区生产总值中,第一、二、三产业增加值所占比重分别为7.9%、36.4%、55.7%。西藏自治区是我国跨国河流分布最多的一个省(区),其特殊的地理位置、地形地貌、气候条件等决定了其特殊的水利特点。目前西藏自治区水利建设仍然较滞后,主要存在供水保供能力弱、农田水利设施薄弱、河流湖泊治理保护滞后等问题。西藏自治区多年来持续优化产业结构,提升第二、三产业比重任务虽初见成效,但仍主要依靠中央财政支持,市场化程度较低。未来西藏地区及其平台公司应于第一产业着力向特色农业及其加工业拓展,并提升第二、三产业比重,灵活利用独特的地理优势和生态环境,发展世界旅游目的地。利用边境优势,发展南亚地区商贸流通业,并进一步提升基础设施建设水平,利用川藏铁路项目打通亚欧商贸市场。

西藏自治区2018—2021经济基本状况见表5-1。

表5-1　　　　　西藏自治区2018—2021年主要经济指标数据

项　目	2018年	2019年	2020年	2021年
地区生产总值(亿元)	1 477.63	1 697.82	1 902.74	2 080.17
地区生产总值增速(%)	9.1	8.1	7.8	6.7
第一产业增加值(亿元)	130.25	138.19	150.65	164.12
第二产业增加值(亿元)	628.37	635.62	798.25	757.28
第三产业增加值(亿元)	719.01	924.01	953.84	1 158.77
第一产业增加值比重(%)	8.8	8.2	7.9	7.9

续表

项　目	2018年	2019年	2020年	2021年
第二产业增加值比重(%)	42.5	37.4	42.0	36.4
第三产业增加值比重(%)	48.7	54.4	50.1	55.7
全部工业增加值(亿元)	114.51	131.72	145.16	189.90
进出口总额(亿元)	47.52	48.76	21.33	40.16
出口额(亿元)	28.57	37.45	12.94	22.52
进口额(亿元)	18.95	11.31	8.39	17.64
社会消费品零售总额(亿元)	597.58	649.33	745.78	810.34
城镇居民人均可支配收入(元)	33 797	37 410	41 156	46 503
农村居民可支配收入(元)	11 450	12 951	14 598	16 935

数据来源：西藏自治区统计局。

虽经济发展较为落后，但西藏仍有较为独特而有利的特色产业，包括畜牧业、文化产业、手工业及旅游业等，具体情况如下：畜牧业上，西藏是我国五大牧区之一，共有天然草场162 666.67平方千米，约占土地面积的70%，占全国草场面积的23%，居五大牧区之首。林业上，西藏有着丰富的森林资源，森林覆盖面积达63 200平方千米，占西藏土地面积的5%，森林总蓄积量为14.4亿立方米，约相当于华北、西北、华东、中南四大森林蓄积量总和的3/4，占全国蓄积量的14%，仅次于黑龙江省，居全国第二位。人均拥有森林面积1.53公顷，蓄积量315立方米，均居全国之首。文化产业上，近年来，西藏文化产业的总量不断扩大，且文化产业的布局逐渐优化，按照规划要求，合理促进发展文化产业的地域性关联，实施产业配套支撑，打造各具特色的产业集群。在特色文化资源相对集中、基础设施条件较好的地市，利用主要交通枢纽和交通干线的优势，在沿线布局重点项目。现已逐渐形成以拉萨市、日喀则市、山南市、林芝市为主的"一江三河"流域产业集群区和以卡若区、那曲镇、狮泉河镇为主要节点的产业空间布局。手工业上，西藏民族手工艺品地域特色突出，文化内涵丰富，是藏族传统文化延续和传播的重要载体。民族手工业是西藏三大传统劳动密集型产业之一。旅游业上，西藏独特的高原地理环境和历史文化，催生了数量众多、类型丰富的旅游资源。西藏有全国2/3的旅游资源类型，在全国旅游资源系统中有不可替代的重要地位。

(二)财政预算能力分析

2021年，西藏自治区全年实现一般公共预算收入215.62亿元，较2020年下降2.43%，其中，税收收入142.17亿元；实现一般公共预算支出2 027.01亿元，较2020年下降8.3%。其中，2021年与民生息息相关的卫生健康、农林水事务、交通运输、教育、科学技术、社会保障和就业、住房保障7项民生相关支出合计1 776亿元。

西藏地区财政平衡主要依靠上级财政补助金,近四年上级财政补助收入分别为1 732.58亿元、1 901.2亿元、1 866亿元和2 146.7亿元。西藏地区近四年政府性基金预算收入分别为46.38亿元、88.28亿元、75.46亿元和89.14亿元,以国有土地使用权出让收入为主,占比90%以上。

2018—2021年西藏自治区财政基本状况如表5-2。

表5-2　　　　　2018—2021年西藏自治区财政收入规模　　　　单位:亿元

项目	2018年	2019年	2020年	2021年
一、一般公共预算收支				
一般公共预算收入	230.35	221.99	220.99	215.62
一般公共预算支出	1 970.68	2 187.75	2 210.92	2 027.01
上级补助收入	1 732.58	1 901.2	1 866	2 146.7
二、政府性基金预算收支				
政府性基金收入	89.14	75.46	88.28	46.38
政府性基金支出	109.79	83.25	199.79	71.81
三、国有资本经营预算收支				
国有资本经营预算收入	4.07	3.98	5.03	9.09
国有资本经营预算支出	2.66	3.53	5.50	6.39

数据来源:西藏自治区财政局。

(三)地方整体债务评价

2021年国务院核定的西藏自治区地方政府债务限额为554.3亿元,截至2021年末,西藏自治区政府债务余额495.7亿元,低于国务院核定的地方政府债务限额。2021年西藏自治区共发行地方政府债券162.3亿元,其中一般债券发行额104.2亿元,专项债券发行额58.1亿元,其中专项债券新增债券48.1亿元,再融资债券10亿元。西藏自治区政府债务主要用于市政基础设施、交通基础设施、棚户区改造、生态环保、社会事业项目,资产较为优质,可产生一定规模的经营性收入,可在一定程度上保障相关债务的偿还。2022—2024年西藏自治区政府每年需要偿还的政府债务分别为53.43亿元、21.89亿元和39.55亿元,占比分别为21.03%、8.62%和15.57%,集中偿付压力不大,债务期限结构合理。整体看,西藏自治区主要债务指标表现较好,债务偿还压力较小。

政府部门和机构是西藏自治区政府债务的主要举债主体,而且主要集中在自治区本级和地市本级,自治区整体债务规模很小;西藏自治区全口径债务率很低,远低于国际警戒线。未来,作为环喜马拉雅经济合作带中的战略桥头堡,以及对接"一带一路"和孟中印缅经济走廊的重要一环,自治区的基础设施建设工作将继续推进,预计政府债务规模将缓慢增长,债务率不会大幅度上升。近些年来,为完善交通基础设施建设,加快经济社会发展,造福沿线各族人民,西藏自治区完成了许多重大的全国性铁路工程建设。

二、投融资平台排名

西藏自治区省级政府投融资平台排名如表5—3所示。

表5—3　　　　　　　　西藏自治区省级政府投融资平台排名

排名	发行人中文名称	省份	城市	行政级别
1	西藏开发投资集团有限公司	西藏自治区	拉萨市	省级

数据来源:课题组整理计算得出。

西藏自治区市级政府投融资平台排名如表5—4所示。

表5—4　　　　　　　　西藏自治区市级政府投融资平台排名

排名	发行人中文名称	省份	城市	行政级别
1	拉萨市城市建设投资经营有限公司	西藏自治区	拉萨市	地市级
2	日喀则珠峰城市投资发展集团有限公司	西藏自治区	日喀则市	地市级

数据来源:课题组整理计算得出。

三、转型发展建议

(一)西藏投融资平台发展现状

受制于西藏的地域、气候、人口规模及因此带来的经济发展水平相对落后等区位因素,西藏地区平台公司数量较少且仅在拉萨。主营业务方面,西藏自治区平台以基础设施建设业务为主,但部分项目由于城市规划等原因,近年来的基建业务收入较不稳定,平台公司需要积极谋求转型发展,增强自身盈利能力。由于西藏自身的发展规划及特殊的地理环境及发展定位等,平台公司应结合当地具体情况,积极根据当地发展规划进行相应发展,进而承担当地的经济发展及维护社会稳定等相关职能。

西藏自治区因自然、生态等因素,基础设施建设存在较大不足。《西藏自治区"十三五"时期国民经济和社会发展规划纲要》中指出,基础设施条件全面改善,区内交通运输网络更加完善,进出藏通道更加通畅,城乡居民出行更加便捷是"十三五"期间西藏自治区的主要战略目标之一。"十三五"期间,西藏自治区基础建设投资维持较快的增长速度,以公路施工为主的交通运输网络建设存在巨大需求,并且总的来看,也取得了较好成效,预计未来西藏也有较大的基础设施建设需求。当地平台企业可依据相关发展规划,把握机遇,积极承担相应工程项目。

省级投融资平台西藏开发投资集团有限公司(以下简称"西藏开投集团")于2013年11月13日经西藏自治区人民政府批准成立,是国有独资企业,直属于自治区人民政府。西藏开投集团以"打造西藏'资产过百上千亿'的综合性现代化企业集团"为公司的经营理念和发展方向,紧紧围绕党的十九大、中央第六次西藏工作座谈会对西藏地区的战略部署,大力发掘高原特色优势资源,盘活西藏地区特色自然资源,探索产业发展布局。西藏开投集团根据"承担自治区重大基础设施建设项目投融资业务;以西藏清洁能源等优势资源开发为主业,同时涉足基础设施建设、工程咨询、项目代建、建筑建材等业务领域"的发展规划,先后成立二级管理单位及其下属7个企业和28个三级管理单位。

截至2021年末,西藏开投集团合并报表资产总额237.15亿元,负债总额195.42亿元,净资产总额41.73亿元。2021年度实现营业总收入8.14亿元,利润总额－1.20亿元,净利润－1.23亿元。如何填补利润亏空,增强造血能力,目前也是企业发展面临的重要议题。总体来看,西藏开投集团成立8年多来,加快项目建设推进,持续性盘活资产,不断壮大和提升人才队伍和管理水平。公司已跻身西藏地区综合实力领先企业,业务范围拓展到特色优势资源开发、工程咨询服务、重大基础设施、公益性项目等建设项目;并且公司以市场化转型为目标,加速资产资本化进程,力求在国民经济重要领域、关键环节和战略性产业提升公司在全西藏乃至全国的影响力。

市级平台拉萨市城市建设投资经营有限公司(以下简称"拉萨城投公司")作为拉萨市政府辖下的国资企业,是西藏自治区规模最大的城市投资建设企业,负责整个拉萨市区的城市基础建设,在拉萨地区具有垄断地位,在基础建设代建等领域具有较大的专营优势。拉萨城投公司是拉萨市基础设施建设的主要投融资主体,能够持续在业务发展及资产划拨、税收优惠、财政补贴等方面获得拉萨市政府较大力度的支持,且目前已逐步形成了多业务板块共同发展的多元化业务格局。从公司发展历程来看,拉萨城投公司在完成为城市基础设施建设项目融资的同时,以资本为纽带,从事国有资产经营管理和资本运作。自成立以来,经营规模和实力不断壮大,在房地产开发和城市基础设施建设等领域具有较强的区域主导性,因而有着较强的竞争优势和广阔的发展前景。2021年,公司实现营业收入94.43亿元,全年实现营业利润10.49亿元,毛利率达到11.11%。2022年前三季度,公司实现营业收入57.23亿元,实现营业利润3.00亿元,毛利率7.75%。2022年前三季度末,公司资产负债率为67.83%。截至

2021年8月中旬,公司存量债券余额150亿元。

(二)西藏投融资平台发展启示及建议

1. 依托特色产业,促进公司发展

西藏虽然受制于地理环境条件,经济不发达,但仍有其独特的特色产业,如畜牧业、林业、文化产业、手工业等,平台应利用相关产业加快自身发展。

此外,西藏地区投融资平台公司可凭借西藏自治区的特殊地理位置,拓展太阳能等清洁能源产业,例如西藏开投集团作为西藏清洁能源的开发主体,以水电站为主的清洁能源开发仍是公司的业务发展重点。另外,还有水电站、太阳能热发电等相关项目。但由于项目自身性质,总投资较高,产生收益时间较慢,容易对公司盈利产生负面影响,未来市场化发展面临一定困境。若之后依然因宏观经济、货币政策和资本市场的融资环境变化,导致公司不能顺利通过银行、发行新股或债券等方式筹集资金,则可能影响公司发展战略的有效实施,对公司的经营产生一定影响。政府也可考虑在前期加大对项目的专项补助。

2. 利用战略优势,借力政策发展

为守护我国少数民族聚居地和西南边陲重要关口,国家十分重视对西藏地区的扶持工作。自改革开放以来,中共中央先后召开多次座谈会,为促进西藏社会稳定、经济发展提供了强有力的政策支持。2014年召开了"对口支援西藏工作20周年电视电话会议",会议提出了对于西藏民族自治区全方位的援助计划,包括经济、教育、就业、科技、干部人才5方面,根据宽领域的援助安排,中央和其他省市对口大力开展援藏工作。2016年3月,中国人民银行、原银监会、证监会、原保监会联合印发《关于金融支持西藏经济社会发展的意见》,提出了"十三五"时期金融支持西藏经济社会发展的24项政策意见。2016年9月召开了"拉萨第四次全国科技援藏工作座谈会",明确了协同推进科技创新发展的重要任务,研究部署了新时期利用新科技、新手段援助西藏的具体方案。2016年,西藏推动召开38个对口援藏工作会议,成功召开"央企入藏"项目对接推介会。众多中央企业先后落户西藏,为其后续经济发展提供支持。在中央和各对口省份的大力支持下,西藏依托自身优势,经济保持高速增长。

平台公司可利用相关政策红利加快自身发展,形成竞争优势,通过区域垄断性地位及政府支持,加大专营收益,构建多元化业务格局,进而提升公司盈利能力和抗风险能力。

3. 拓展融资渠道,丰富融资手段

西藏整体经济实力较弱,仍有许多地区处于贫困状态。可根据自身发展情况选择合适的创新债券品种进行融资,比如拉萨市城市建设投资经营有限公司积极响应《国务院关于印发"十三五"脱贫攻坚规划的通知》(国发〔2016〕64号)等文件的指示,于2020年6月成功发行"拉萨市城市建设投资经营有限公司2020年公开发行扶贫专项公司债券(第一期)",本次债券的募集资金为10亿元,用于偿还银行借款及补充营运资金。

另外,省属平台西藏开投集团也继续履行投融资职能,继续承担自治区重大基础设施项目的统筹融资工作。一方面,公司银行授信额度较高,拥有银行授信额度554.09亿元,能够进一步加强与各金融机构的业务联系,充分利用资本市场,多渠道筹集资金,有效降低融资成本,提高运营效率和资金使用效率,从而缓解资金压力;另一方面,公司积极拓展融资渠道,利用资本市场进行直接融资。比如,2017年12月西藏开投集团绿色债券成功发行,该债券是西藏自治区首单企业债券项目,同时也是西藏自治区首只私募绿色债券。所筹资金用于水电站项目和补充营运资金,债券期限为10年。这是西藏自治区推进"金融撬动"战略的一次有益尝试,填补了西藏自治区企业债券发行的空白,是西藏地区资本市场发展的重大突破。近年来,国家为加快地方政府隐性债务的化解,推出了住房租赁、创新创业、脱贫纾困等多品种的专项债券,西藏平台公司可以结合自身业务特色积极运用,丰富融资手段。

第二节 重庆市投融资平台转型发展评价

重庆是中国西部地区唯一一个国家中心城市,也是长江上游地区的经济中心和金融中心。作为中国最年轻的直辖市、国家"西部大开发"战略重要节点之一的重庆,被定位为国家物流枢纽、"一带一路"和长江经济带重要联结点以及内陆开放高地。如今,重庆已成为西南地区最大的工商业城市及国家重要的现代制造业基地。作为西部地区的中心城市,中央财经委员会第六次会议中提出推动"成渝地区双城经济圈"建设,成渝经济带将成为西部地区高质量发展的重要增长极。

重庆市平台公司众多,且拥有较多的高评级企业。本次纳入排名的重庆市投融资平台公司共有105家,其中主体评级在AA级及以上的平台公司共有93家(AAA级11家,AA+级26家,AA级56家)。总体来看,重庆市平台公司整体质量较高,当地投融资平台企业转型发展具有较为坚实的基础。重庆当地的平台公司应利用好西部大开发、"一带一路"及长江经济带等多重政策支持优势,结合当地产业优势及发展战略规划进行产业结构升级,由"制造"向"智造"转变。此外,重庆市政府在2020年6月印发《重庆市新型基础设施重大项目建设行动方案(2020—2022年)》,明确提出进一步加强重大项目建设,鼓励依托项目开展公司债券、资产证券化等直接融资。在产业结构升级及市场化转型的过程中,平台公司可与当地担保公司、外埠机构合作,合理地利用资本市场力量,扩大投融资范围,加强联动,降低融资成本,进一步强化投融资能力和促进平台公司的市场化转型发展。

一、基本情况简介

重庆是一座独具特色的"山城、江城",地貌以丘陵、山地为主,其中山地占76%;长江横贯全境,与嘉陵江、乌江等河流交汇。悠久的历史文化及独特的地貌赋予了重庆丰富的旅游资源。同时,重庆位于长江经济带和"一带一路"的交汇处,是国家西部大开发战略的重要节点,突出的区位优势使重庆成为我国西南地区最重要的综合交通枢纽。

重庆是我国西部地区唯一的直辖市,同时也是面积最大、人口最多的直辖市,下辖26个区、12个县、1个国家级开发开放新区。国务院在新一轮的城市规模划分中,将重庆未来发展定位为七个超大级城市之一,要求重庆棚户区改造、公租房建设、主城区和区县重大基础设施项目的建设围绕国家超大级城市这个定位展开。重庆市经济情况较好,经济总量位于全国城市前列,是仅次于上海、北京、深圳和广州的经济重镇。重庆紧紧围绕国家重要中心城市、长江上游地区经济中心、国家重要现代制造业基地、西南地区综合交通枢纽和内陆开放高地等国家赋予的定位,在西部大开发、"一带一路"和长江经济带等重要发展战略规划的支持下,进一步充分发挥区位优势、生态优势、产业优势、体制优势,谋划和推动经济社会发展。

(一)经济发展水平分析

1. 整体经济产业发展状况

重庆市2022年前三季度实现地区生产总值20 835.06亿元,同比增长3.1%;2021年度实现地区生产总值27 894.02亿元,同比增长8.3%。重庆市经济总量位于全国前列,重庆市2021年GDP总量在全国省、自治区、直辖市GDP排行榜中排名第五。2021年,重庆市常住人口为3 212.43万人,人均GDP达到86 879元。重庆市作为西部地区唯一的直辖市和全国人口最多的城市,是新"西部大开发"和"一带一路"的战略支点,经济体量在西部地区居领先地位。且重庆市凭借优越的地理位置承担西南地区交通枢纽的职能,对内是长江上游地区唯一集水、陆、空交通优势的中心城市,对外是长江黄金水道、渝新欧国际铁路的开放港口,国内外双向驱动,带动经济增长持续向好。

目前,成渝地区是国家经济高增长地区和人口回流核心区,是国家近年来人口与GDP占比"双增长"地区,是国家发展格局中的潜力地区。国家近年来大力打造"成渝地区双城经济圈",力争将成渝地区打造成为继长三角、粤港澳、京津冀之后的位于西部内陆地区的第四增长极,其建设有利于西部地区高质量发展,打造内陆开放战略高地。相较于沿海三大城市群,成渝地区作为内陆城市经济带,不管是产业结构还是经济总规模都有一定的差距,2021年成渝地区GDP仅为长三角地区的26.97%,说明成渝地区既是高增长地区,也是成长型地区,发展任重道远,可提升空间足。成渝地区未来也可围绕着"一带一路"服务泛亚的腹地基础,做好作为内陆城市联系全球网络重要途径的交通和信息枢纽工作。

从产业结构来看,重庆市经济发展一度依赖于汽车产业、摩托车产业、电子等传统制造业,产业结构转型成为未来可持续发展的重点。2022年前三季度重庆市第一产业实现增加值1 366.26亿元,同比增长3.7%;第二产业实现增加值8 375.27亿元,增长3.8%;第三产业实现增加值11 093.53亿元,增长2.5%,第三产业对经济增长贡献绝对值占比较大,但增速有所放缓。2021年,重庆市三次产业结构比为6.9∶40.1∶53.0。从产业结构上来看,重庆市第二、三产业是经济增长的支柱。重庆市2017—2021年主要经济指标数据如表2—1所示。

表5—5　　　　　　　　重庆市2017—2021年主要经济指标数据

项　目	2017年	2018年	2019年	2020年	2021年
地区生产总值（亿元）	19 500.27	20 363.19	23 605.77	25 002.79	27 894.02
地区生产总值增速（%）	9.3	6.0	6.3	3.9	8.3
第一产业(亿元)	1 339.62	1 378.27	1 551.42	1 803.33	1 922.03
第二产业(亿元)	8 596.61	8 328.79	9 496.84	9 992.21	11 184.94
第三产业(亿元)	9 564.04	10 656.13	12 557.51	13 207.25	14 787.05
第一产业占比(%)	6.9	6.8	6.6	7.2	6.9
第二产业占比(%)	44.1	40.9	40.2	40.0	40.1
第三产业占比(%)	49.0	52.3	53.2	52.8	53.0
固定资产投资增长（%）	9.5	7.0	5.7	3.9	6.1
社会消费品零售总额累计增长(%)	11.0	8.7	8.7	1.3	18.5
城镇(常住)居民人均可支配收入(元)	32 193	34 889	37 939	40 006	43 502
农村(常住)居民人均纯收入(元)	12 638	13 781	15 133	16 361	18 100

数据来源:"2017—2021年重庆市国民经济和社会发展统计公报"。

随着重庆市传统制造业趋于饱和,传统行业产能过剩等问题逐渐显现,加快产业结构升级,推动由"制造"向"智造"的转变,也就成了重庆市转型发展的目标路径。重庆近年来的经济发展战略就是以提升产业结构为突破口(智能制造),构造经济增长新的动力,以循序渐进的城市化为依托(向西发展),形成对经济增长的持续支持,并大力开拓国内外市场,汇集更多发展资源,扩大经济腹地。近年来,重庆大力实施以大数据智能化为引领的创新驱动发展战略行动计划,优化空间布局、推进产业结构调整的成效正在显现。

2. 各区域经济发展具体情况

从区域内经济发展的平衡程度来看,各区县经济发展分化情况较明显,九大主城区产业基础良好,经济体量较大但经济增速整体不高,新城区后来居上且增速较快。2021年,渝北区、九龙坡区和渝中区以2 235.61亿元、1 736.38亿元和1 517.7亿元的GDP领跑全市,2021年重庆市9个区的生产总值都突破了1 000亿元。其中两江新区是重庆市下辖的副省级新区、国家级新区,也是中国内陆第一个国家级开发开放新区,同时是继上海浦东新区、天津滨海新区后,由国务院批复的第三个国家级开发开放新区。两江新区辖江北区、渝北区、北碚区3个行政区部分区域,是中国(重庆)自由贸易试验区、中新(重庆)战略性互联互通示范项目、渝新欧国际铁路、重庆两路寸滩保税港区等项目所在地或实施地,已形成了新材料产业、装备产业、汽车产业、战略性新兴产业集聚发展的产业格局,经济体量稳居全市第一。渝北区囊括江北国际机场和重庆北站两大交通枢纽,以及空港工业园区、前沿科技城、空港新城3个市级特色开发区,培育了汽车摩托车、电子设备、通用装备和智能终端等优势产业。九龙坡区占据全国首批国家综合改革试点开发区——重庆高新产业开发区——和三大市级工业园区,电子信息、新材料及生物医药等战略性新兴产业发展迅速。其次是渝中区、江北区,2021年GDP分别为1 517.70亿元和1 507.07亿元,渝中区和江北区以第三产业为主,2021年渝中区金融业增加值占全区地区生产总值的24.8%,江北区金融业增加值占GDP的比重为23%,同时两区也是重庆市旅游景区集中地。上述城区前五名GDP总和占全市生产总值的30.11%。而县域经济发展落后明显,巫山县、石柱县、巫溪县、城口县经济发展水平较差,2021年GDP都不足200亿元,其中巫溪县和城口县排名垫底,分别为120.83亿元和60.63亿。其产业结构主要以农业和传统能源行业为主,经济实力与主城区差距较大,也直接导致区域内投融资平台公司实力较弱。2021年重庆市主要区县GDP数据如表5-6。

表 5—6　　　　　　　　　　2021 年重庆市主要区县 GDP 数据

排名	地区	生产总值(亿元)
1	两江新区	4 207.00
2	渝北区	2 235.61
3	九龙坡区	1 736.38
4	渝中区	1 517.70
5	江北区	1 507.07
6	涪陵区	1 402.74
7	江津区	1 257.96
8	沙坪坝区	1 058.35
9	永川区	1 144.17
10	合川区	973.88
11	万州区	970.68
12	巴南区	865.48
13	南岸区	813.25
14	璧山区	747.09
15	长寿区	732.56
16	綦江区	714.27
17	荣昌区	709.80
18	大足区	700.54
19	铜梁区	661.02
20	北碚区	636.41
21	开州区	535.81
22	梁平区	493.24
23	潼南区	475.26
24	云阳县	462.59
25	垫江县	444.83
26	忠　县	427.65
27	南川区	360.76
28	丰都县	335.42
29	奉节县	323.14
30	秀山县	301.27

续表

排名	地区	生产总值(亿元)
31	大渡口区	266.46
32	黔江区	245.16
33	彭水县	245.10
34	武隆区	224.21
35	酉阳县	201.15
36	巫山县	188.77
37	石柱县	171.05
38	巫溪县	120.83
39	城口县	60.63

数据来源：重庆市统计局。

重庆市中心与外围市县的发展水平差距明显，重庆中心城区及周边地区发展水平高，外围腹地县域单元经济产业薄弱，城镇化缺乏可持续动力，可借助"成渝双城经济圈"的建设进一步加强区域内的联结效应，利于重庆市通过主城区带动外围市县平衡发展。核心圈层例如"两江四岸"核心区、江北嘴—解放碑—弹子石金融核心区，区域发展较为成熟，旅游资源丰富，既是以楼宇经济、都市型居住、商业服务为主体功能的城市CBD，也是展示重庆"山水都市"特色的生态宜居示范区，未来该区可聚焦高端服务功能，进一步培育优势产业。中间圈层例如中国西部(重庆)科学城、两江协同创新区，这两区拥有国家自主创新示范区、自贸试验区、国家级高新区、西永综保区等多块"金字招牌"，中欧班列(重庆)和西部陆海新通道等多个开放平台通道，汇集了众多高校、国家重点实验室以及产业园区，是重庆科技创新的重要承载地、展示地、体验地，可着力建设城市新区、培育技术与资本密集型产业。外围例如重庆的荣昌高新区、万盛经开区，包含有国家级高新技术开发区，重点发展以装备制造、食品医药、轻工陶瓷和农牧高新为主的产业园产业集群，经济增长中工业的贡献最为突出，其中以重工业为主，非金属矿物制品业、化学原料与化学制品制造业占比居多，该区可进一步加强产业的承接，拉动劳动密集型产业迅速壮大产业规模。外围腹地如石柱县、巫溪县、城口县等处，经济实力较弱，对债务依赖较大。以城口县为例，2021年GDP排名位居最后一名，且与其他区县差距较大，是唯一一个未突破百亿元GDP的地区；三次产业结构为20.9∶20.1∶59.0，第二产业近五年平均增长率为−16.4%，城乡居民低保人数近五年平均增长率为5.6%。未来外围区域应积极开发自身的生物、矿产资源，主动承接大中城市转移的企业，探索发展对运输成本不敏感的创新型高附加值加工制造业。

(二) 财政预算能力分析

2021年末,重庆市实现一般公共预算收入2 285亿元,较2020年同比增长9.1%,其中税收收入1 543亿元,同比增长7.9%,非税收入742亿元,同比增长11.7%。全市一般公共预算支出4 835亿元,较2020年下降1.2%。重庆市财政收入总体呈增长趋势,但从2018年开始,受全面推进小微企业普惠性减税、个人所得税专项附加扣除等政策的影响,重庆市政府财力受到冲击,2018年重庆市一般公共预算收入仅较上年增长0.6%;2019年则由增转降,较上年下降5.8%;2020年也呈下降态势。从一般公共预算收入结构来看,2021年实现税收收入1 543亿元,较2020年增长7.9%;2021年税收比率为67.53%,较2019年下降0.77%。

受新冠肺炎疫情影响,全国经济下行压力增大,重庆市财力自给能力减弱。重庆市财政平衡率(一般公共预算收入÷一般公共预算支出)方面,2018—2021年分别为49.89%、44.04%、42.80%、47.27%,整体偏弱。

重庆市政府性基金预算收入是当地政府重要的财力来源,主要由国有土地使用权出让收入构成。近年来,重庆市国有土地使用权出让收入呈下降趋势,主要系受主城区土地释放量受控影响所致。2019年全市政府性基金收入为2 247.9亿元,同比下降2.9%;其中国有土地使用权出让收入为1 880.2亿元,同比下降11.9%。2020年全市政府性基金预算收入2 457.9亿元,增长9.3%,其中,国有土地使用权出让收入2 201.6亿元,增长17.1%;全市政府性基金预算支出完成3 133.8亿元,增长29.5%。2021年全市政府性基金预算收入2 358亿元,下降4.1%,完成预算的116.7%。其中,全市国有土地使用权出让收入2 044亿元,下降7.2%。2017—2021年重庆市财政收入规模如表5—7。

表5—7 2017—2021年重庆市财政收入规模

项 目	2017年	2018年	2019年	2020年	2021年
地方一般公共预算收入(亿元)	2 252.4	2 265.5	2 134.9	2 094.8	2 285
其中:税收收入(亿元)	1 476.3	1 603.0	1 541.2	1 430.7	1 543
政府性基金预算收入(亿元)	2 251.0	2 316.0	2 247.9	2 457.9	2 358
国有资本经营预算收入(亿元)	127	105	132	99	104

数据来源:"重庆市人民政府关于2017—2021年决算的报告"。

从下辖区县政府财力来看,与经济实力相匹配,两江新区政府财力依旧领跑全市。

2021年,两江新区一般公共预算收入为129.03亿元,同比增长2.4%。渝北区、万州区和江北区排名次之,2021年分别实现一般公共预算收入73.9亿元、71.4亿元、70.2亿元。而巫溪县、城口县排名垫底,2019年、2020年和2021年一般公共预算收入均不超过10亿元。重庆市主城区一般公共预算收入质量较好,税收收入占比较高,而多数区县一般公共预算收入质量仍有待提高,全市政府财力呈现断层式发展的现象。从各区县财政自给率来看,2021年江北区、两江新区、璧山区排名前三,分别为79%、70%和70%。而重庆市下辖的12个县中,除丰都县(38%)、忠县(32%)和垫江县(30%)外,其余10县2020年一般公共预算自给率均低于30%,城口县仅为13%,经济实力较弱区县公共财政收支平衡对上级补助依赖大。2021年重庆市主要区县财政数据如表5-8所示。

表5-8　　　　　　　　　　2021年重庆市主要区县财政数据

排名	区县	一般公共预算收入（亿元）	税收占比（%）	财政自给率（%）
1	两江新区	129.0	96	70
2	渝北区	73.9	91	63
3	万州区	71.4	59	49
4	江北区	70.2	85	79
5	合川区	66.3	37	67
6	江津区	63.1	69	52
7	涪陵区	60.9	80	51
8	南岸区	57.0	82	69
9	九龙坡区	54.6	69	66
10	长寿区	54.0	50	61
11	璧山区	53.1	62	70
12	巴南区	51.4	76	52
13	渝中区	46.4	77	57
14	大足区	46.0	38	45
15	永州区	43.8	76	44
16	沙坪坝区	40.2	78	44
17	铜梁区	40.0	41	54
18	荣昌区	31.9	46	40
19	开州区	30.0	52	34

续表

排名	区县	一般公共预算收入（亿元）	税收占比（%）	财政自给率（%）
20	北碚区	28.6	82	46
21	梁平区	27.7	50	41
22	黔江区	26.3	70	47
23	南川区	24.3	62	38
24	丰都县	23.9	46	38
25	潼南区	23.3	50	38
26	綦江区	21.1	52	30
27	大渡口区	20.3	87	57
28	忠县	20.3	70	32
29	垫江县	18.8	67	30
30	云阳县	18.1	63	24
31	奉节县	16.3	60	22
32	武隆区	15.8	60	34
33	酉阳县	15.0	50	25
34	秀山县	14.3	75	27
35	彭水县	13.6	62	23
36	巫山县	11.7	60	23
37	石柱县	10.8	72	24
38	巫溪县	7.4	59	14
39	城口县	4.6	60	13

数据来源：重庆市各区县政府网站、企业预警通。

（三）地方整体债务评价

截至2021年末，重庆市政府债务余额为8 610亿元，较上年末增长26.6%，但仍比全市政府债务限额低743亿元，地方政府债务仍有一定扩容空间。根据相关的重庆市政府债券信息披露文件，2021年末，重庆市政府债务率为109%，但仍低于警戒线（100%），全市政府债务风险总体可控。从债券资金投向来看，政府债务主要用于市政建设、交通运输、土地储备、保障性住房、生态建设和环境保护等基础性、公益性项目，不仅较好地保障了地方经济发展的需要，推动了民生改善和社会事业的发展，而且形成大量的优质资产。重庆市政府债务状况、重庆市各区县债务情况如表5-9、表5-10所示。

表 5-9　　　　　　　　　　　重庆市政府债务状况

项　目	2018 年末	2019 年末	2020 年末	2021 年末
政府债务限额(亿元)	5 093.4	6 049.4	7 542.4	8 903
政府债务余额(亿元)	4 690.4	5 603.7	6 799.2	8 610
政府债务率(%)	67	77	85	109

数据来源:重庆市财政局。

表 5-10　　　　　　　　2021 年末重庆市各区县债务情况

排名	区县	地方政府债余额(亿元)
1	两江新区	527.4
2	沙坪坝区	258.6
3	九龙坡区	235.6
4	万州区	233.9
5	南岸区	227.6
6	江津区	223.0
7	涪陵区	211.1
8	江北区	187.9
9	渝北区	187.7
10	巴南区	175.4
11	璧山区	169.2
12	合川区	167.8
13	綦江区	161.4
14	永州区	154.0
15	长寿区	141.1
16	北碚区	139.0
17	大足区	137.0
18	开州区	135.9
19	黔江区	129.3
20	渝中区	128.2
21	云阳县	118.3
22	铜梁区	117.6
23	丰都县	110.9

续表

排名	区县	地方政府债余额(亿元)
24	荣昌区	108.0
25	梁平区	107.3
26	酉阳县	104.4
27	垫江县	100.6
28	南川区	100.4
29	大渡口区	99.7
30	奉节县	99.1
31	忠县	97.5
32	潼南区	95.1
33	彭水县	90.6
34	秀山县	87.8
35	巫山县	87.6
36	城口县	85.0
37	石柱县	76.0
38	武隆区	65.1
39	巫溪县	65.0

数据来源：DM-Lite。

从债务层面看，重庆市各区县中，两江新区政府债务余额最大，其次是沙坪坝区九龙坡区和万州区。2021年政府债务余额超150亿元的区县共计14个。从债务率来看，2021年沙坪坝区、綦江区政府债务率(一般预算财力口径)超过600%，南川区、涪陵区、江津区政府债务率(一般预算财力口径)处于全市中下游水平。从债务率变化情况来看，3个区县明显改善。2021年合川区、长寿区、梁平区、武隆区、铜梁区政府债务率有所下降，主要得益于一般公共预算收入增速大于地方政府债务余额增速。

经济发展带动基础设施及民生需求的提升，作为基础设施建设重要的资金来源，重庆市城投债规模在全国范围内较大，截至2021年末，全市城投债余额为6 123.32亿元。2020年及2021年全市城投债发行额分别为1 559.39亿元和2 431.43亿元，从城投债区域分布看，重庆市市本级城投债余额最大，截至2021年末为1 027.09亿元，占全市存量城投债余额的16.77%；涪陵区、沙坪坝区和江津区紧随其后，同期期末余额分别为442.49亿元、401.10亿元和361.15亿元，占全市的比重分别为7.23%、6.55%和5.90%；彭水县和城口县存量城投债规模小，截至2021年末分别为

6.00亿元和4.00亿元。重庆市2021年末各区县城投债规模如表5－11。

表5－11　　　　　　重庆市2021年末各区县城投债规模

排名	区域	城投债余额（亿元）	占全市城投债余额的比重（%）
1	市本级	1 027.09	16.77
2	涪陵区	442.49	7.23
3	沙坪坝区	401.10	6.55
4	江津区	361.15	5.90
5	合川区	354.40	5.79
6	两江新区	322.50	5.27
7	巴南区	322.30	5.26
8	永川区	258.20	4.22
9	万州区	227.89	3.72
10	长寿区	202.60	3.31
11	大足区	199.18	3.25
12	綦江区	156.50	2.56
13	南川区	130.21	2.13
14	九龙坡区	126.20	2.06
15	南岸区	122.50	2.00
16	北碚区	117.80	1.92
17	潼南区	103.64	1.69
18	重庆高新技术产业开发区	96.00	1.57
19	渝北区	84.00	1.37
20	铜梁区	83.06	1.36
21	大渡口区	82.50	1.35
22	黔江区	76.61	1.25
23	开州区	76.50	1.25
24	长寿经济技术开发区	69.49	1.13
25	璧山区	60.02	0.98
26	重庆经济技术开发区	57.89	0.95
27	荣昌区	49.64	0.81
28	梁平区	26.30	0.43
29	渝中区	22.60	0.37

续表

排名	区域	城投债余额（亿元）	占全市城投债余额的比重（%）
30	武隆区	18.60	0.30
31	重庆市万盛经济技术开发区	173.82	2.84
32	重庆市双桥经济技术开发区	54.40	0.89
33	忠县	44.25	0.72
34	奉节县	37.10	0.61
35	云阳县	33.52	0.55
36	丰都县	32.20	0.53
37	酉阳县	25.60	0.42
38	垫江县	17.60	0.29
39	石柱县	8.36	0.14
40	秀山县	7.51	0.12
41	彭水县	6.00	0.10
42	城口县	4.00	0.07

数据来源：Wind、课题组整理计算得出。

重庆市城投债余额较大，由于各城投公司主营城市基础设施建设业务，与当地政府业务联系密切，因此可能导致地方政府隐性债务规模较大。从前文来看，重庆市GDP增速放缓及一般公共预算收入逐年下降，但逐步增长的一般公共预算支出、基础设施建设需求导致债务率上升，偿债风险逐步暴露。2018年末，中共重庆市委、重庆市人民政府发布了《中共中央国务院关于防范化解地方政府隐性债务风险的实施意见》，其中提出，"要把政府债务风险管控和化解放在首位，防止无序举债搞建设，决不允许新增各类隐性债务"。因此推进平台整合、转型，限制平台债务，进一步规范地方融资平台的投融资行为是化解隐性债务的重中之重。

平台公司的"重庆模式"为重庆市的基础设施建设和经济发展做出了很大贡献，从最初的"一大投"到"八大投"，又演变成"五大投"，再到之后的清理与转型，体现了先做"加法"、后做"减法"的过程。2002年，重庆市由原先只有一家投融资平台（即重庆市城市建设投资公司）统筹各类项目建设，到组建了重庆市建设投资公司（后为重庆能源投资集团有限公司）、重庆市城市建设投资有限公司、重庆市地产集团、重庆市高速公路发展有限公司、重庆市开发投资有限公司、重庆市高等级公路建设投资有限公司（后为重庆交通旅游投资集团有限公司）、重庆市水利投资有限公司、重庆市水务集团"八大投"。此外，重庆还设立了事业型金控公司重庆渝富控股集团有限公司，为各平台公司融资扫清障碍和提供支持,重庆市的基础设施建设投资很大程度由这"8+1"完成。2012年后,宏观经济下行压力增大,国家为稳增长继续加大项目投资,地方政府借助投融资平台公司融资举债规模进一步提升,同年末,财政部印发财预〔2012〕463号文,规定地方政府不得违规将公益性资产注入融资平台。同一时期,重庆市投融资平台债务膨胀,"八大投"进行了瘦身,转型成为地产、城投、交通开投、高速、水务"五大投"。"五大投"新格局主要包括重庆市城市建设投资(集团)有限公司、重庆高速公路集团有限公司、重庆城市交通开发投资(集团)有限公司、重庆市水务资产经营有限公司和重庆市地产集团有限公司。2017年6月6日,重庆市人民政府办公厅发布《重庆市人民政府办公厅关于加强融资平台公司管理有关工作的通知》(渝府办发〔2017〕74号),对融资平台公司的清理转型、债务清理、注资和责任追究进行了更加严格的规定,平台公司的企业化运作、市场化融资成为趋势。

受上述相关政策影响,重庆市平台公司发债规模的扩张与收缩整体符合监管政策和货币环境的变化,在2016年创下发行规模的历史新高后,重庆市城投企业的发债规模在2017—2018年回落至低位。重庆市2016—2018年末城投债存量余额分别为3 733.10亿元、3 858.06亿元、3 836.46亿元。2018年下半年以来,受益于"基建补短板"、新冠肺炎疫情等形势下宏观政策以及公司债等发行条件的放松,叠加2016年发行债券面临集中到期偿付,重庆市平台公司新发债券和融资规模大幅回升,2021年重庆市城投债存量余额6 123.32亿元,较2020年增长25.94%。

二、投融资平台排名

(一)市本级平台排名情况

重庆市市本级政府投融资平台排名如表5-12所示。

表5-12　　　　　　重庆市市本级政府投融资平台排名

排名	发行人中文名称	直辖市	行政级别
1	重庆水务环境控股集团有限公司	重庆市	直辖市本级
2	重庆市水利投资(集团)有限公司	重庆市	直辖市本级
3	重庆发展投资有限公司	重庆市	直辖市本级
4	重庆市城市建设投资(集团)有限公司	重庆市	直辖市本级
5	重庆渝富控股集团有限公司	重庆市	直辖市本级
6	重庆城市交通开发投资(集团)有限公司	重庆市	直辖市本级
7	重庆市万盛经济技术开发区开发投资集团有限公司	重庆市	直辖市本级
8	重庆市地产集团有限公司	重庆市	直辖市本级

续表

排名	发行人中文名称	直辖市	行政级别
9	重庆铝产业开发投资集团有限公司	重庆市	直辖市本级
10	重庆高新开发建设投资集团有限公司	重庆市	直辖市本级

数据来源：课题组整理计算得出。

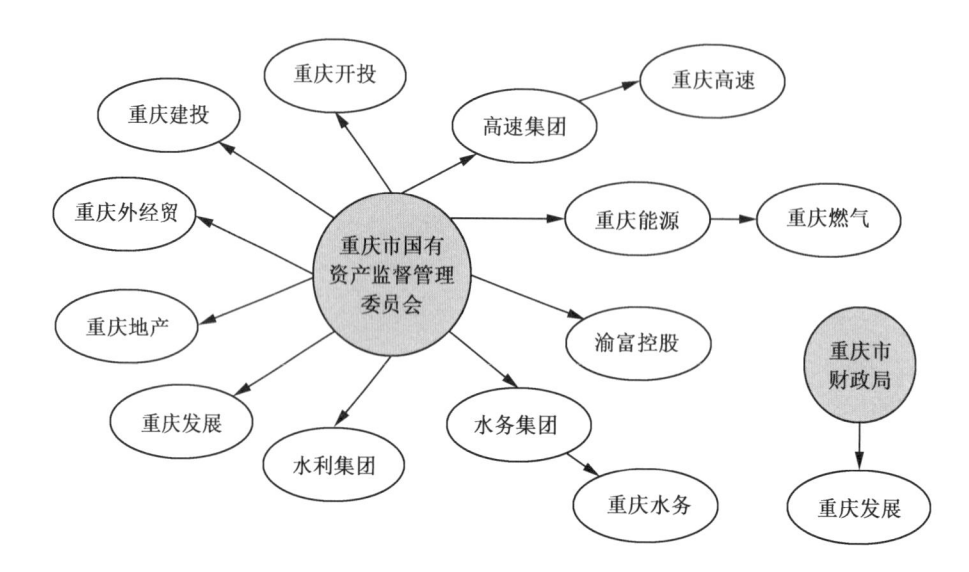

图 5－1 重庆市市级平台股权结构

（二）下辖区级平台排名情况

重庆市下辖区县级政府投融资平台排名如表 5－13 所示。

表 5－13　　　　重庆市下辖区县级政府投融资平台排名

排名	发行人中文名称	直辖市	行政级别
1	重庆市万州三峡平湖有限公司	重庆市	区县级
2	重庆市江津区华信资产经营(集团)有限公司	重庆市	区县级
3	重庆市南川区城市建设投资(集团)有限公司	重庆市	区县级
4	重庆市合川城市建设投资(集团)有限公司	重庆市	区县级
5	重庆国际物流枢纽园区建设有限责任公司	重庆市	区县级
6	重庆长寿开发投资(集团)有限公司	重庆市	区县级
7	重庆市南州水务(集团)有限公司	重庆市	区县级
8	重庆九龙园高新产业集团有限公司	重庆市	区县级
9	重庆百盐投资(集团)有限公司	重庆市	区县级
10	重庆渝隆资产经营(集团)有限公司	重庆市	区县级

续表

排名	发行人中文名称	直辖市	行政级别
11	重庆万州经济技术开发(集团)有限公司	重庆市	区县级
12	重庆缙云资产经营(集团)有限公司	重庆市	区县级
13	重庆两江新区开发投资集团有限公司	重庆市	区县级
14	重庆大足国有资产经营管理集团有限公司	重庆市	区县级
15	重庆鸿业实业(集团)有限公司	重庆市	区县级
16	重庆临空开发投资集团有限公司	重庆市	区县级
17	重庆市兴荣控股集团有限公司	重庆市	区县级
18	重庆市涪陵国有资产投资经营集团有限公司	重庆市	区县级
19	重庆市涪陵交通旅游建设投资集团有限公司	重庆市	区县级
20	重庆市铜梁区金龙城市建设发展(集团)有限公司	重庆市	区县级
21	重庆共享工业投资有限公司	重庆市	区县级
22	重庆长寿经济技术开发区开发投资集团有限公司	重庆市	区县级
23	重庆保税港区开发管理集团有限公司	重庆市	区县级
24	重庆市永川区惠通建设发展有限公司	重庆市	区县级
25	重庆市江北区国有资本运营管理集团有限公司	重庆市	区县级
26	重庆南州旅游开发建设投资(集团)有限公司	重庆市	区县级
27	重庆西永微电子产业园区开发有限公司	重庆市	区县级
28	重庆市双桥经济技术开发区开发投资集团有限公司	重庆市	区县级
29	重庆渝垫国有资产经营集团有限公司	重庆市	区县级
30	重庆渝中国有资产经营管理有限公司	重庆市	区县级
31	重庆市江津区滨江新城开发建设集团有限公司	重庆市	区县级
32	重庆市江北嘴中央商务区投资集团有限公司	重庆市	区县级
33	重庆市茶园工业园区建设开发有限责任公司	重庆市	区县级
34	重庆市长寿生态旅业开发集团有限公司	重庆市	区县级
35	重庆开乾投资集团有限公司	重庆市	区县级
36	重庆迈瑞城市建设投资有限责任公司	重庆市	区县级
37	重庆市南发城建发展有限公司	重庆市	区县级
38	重庆市南部新城产业投资集团有限公司	重庆市	区县级
39	重庆市渝南资产经营有限公司	重庆市	区县级
40	重庆市武隆区建设投资(集团)有限公司	重庆市	区县级
41	重庆市永川区兴永建设发展有限公司	重庆市	区县级

续表

排名	发行人中文名称	直辖市	行政级别
42	重庆市南川区惠农文化旅游发展集团有限公司	重庆市	区县级
43	丰都县国有资产经营投资集团有限公司	重庆市	区县级
44	重庆经开区开发建设有限公司	重庆市	区县级
45	重庆市黔江区城市建设投资(集团)有限公司	重庆市	区县级
46	重庆市通达投资有限公司	重庆市	区县级
47	重庆市武隆喀斯特旅游产业(集团)有限公司	重庆市	区县级
48	重庆豪江建设开发有限公司	重庆市	区县级
49	重庆市潼南区城市建设投资(集团)有限公司	重庆市	区县级
50	重庆市江津区珞璜开发建设有限公司	重庆市	区县级
51	重庆盈地实业(集团)有限公司	重庆市	区县级
52	重庆三峡产业投资有限公司	重庆市	区县级
53	重庆市南岸区城市建设发展(集团)有限公司	重庆市	区县级
54	重庆市綦江区东部新城开发建设有限公司	重庆市	区县级
55	重庆市通瑞农业发展有限公司	重庆市	区县级
56	酉阳县桃花源旅游投资(集团)有限公司	重庆市	区县级
57	重庆市万盛经开区城市开发投资集团有限公司	重庆市	区县级
58	重庆市万盛经开区交通开发建设集团有限公司	重庆市	区县级
59	重庆新梁投资开发(集团)有限公司	重庆市	区县级
60	彭水县城市建设投资有限责任公司	重庆市	区县级
61	重庆空港新城开发建设有限公司	重庆市	区县级
62	重庆园业实业(集团)有限公司	重庆市	区县级
63	重庆悦来投资集团有限公司	重庆市	区县级
64	秀山工业发展投资有限公司	重庆市	区县级
65	重庆浦里开发投资集团有限公司	重庆市	区县级
66	重庆市涪陵区新城区开发(集团)有限公司	重庆市	区县级
67	重庆市金潼工业建设投资有限公司	重庆市	区县级
68	重庆市铜梁区龙廷城市开发建设有限公司	重庆市	区县级
69	重庆大晟资产经营(集团)有限公司	重庆市	区县级
70	重庆两山建设投资有限公司	重庆市	区县级
71	重庆市四面山旅游投资有限公司	重庆市	区县级
72	重庆市綦江区城市建设投资有限公司	重庆市	区县级

续表

排名	发行人中文名称	直辖市	行政级别
73	重庆九黎旅游控股集团有限公司	重庆市	区县级
74	秀山华兴实业有限公司	重庆市	区县级
75	石柱土家族自治县鸿盛经济发展有限公司	重庆市	区县级
76	重庆经开区投资集团有限公司	重庆市	区县级
77	重庆江来实业集团有限公司	重庆市	区县级
78	重庆市大足区大双实业发展有限公司	重庆市	区县级
79	重庆市巴南公路建设有限公司	重庆市	区县级
80	重庆建桥实业发展有限公司	重庆市	区县级
81	重庆宏烨实业集团有限公司	重庆市	区县级
82	云阳县人和投资开发(集团)有限公司	重庆市	区县级
83	重庆市石柱国有资产经营管理集团有限公司	重庆市	区县级
84	奉节县三峡库区生态产业发展有限公司	重庆市	区县级
85	重庆市鹏欣国有资产投资经营有限公司	重庆市	区县级
86	重庆梁平工业园区建设开发有限责任公司	重庆市	区县级

数据来源:课题组整理计算得出。

三、案例分析

(一)省级平台——重庆高新城市建设集团有限公司

1. 公司基本情况

重庆高新城市建设集团有限公司(以下简称"重庆高新城建")是由重庆市人民政府批准成立的国有独资公司,由重庆市高新技术产业开发区管理委员会实施监督管理。后经股权划转,最终由重庆高新开发建设投资集团有限公司持有其100%的股权。重庆市财政局持有重庆高新开发建设投资集团有限公司99.01%的股权,因此,重庆高新城建的实际控制人为重庆市财政局。重庆高新城建作为重庆市高新技术产业开发区最大的基础设施投资建设主体,主要承担区域内基础设施及重大项目的投资、融资、建设、运营和管理任务、土地开发整理工作及国有资产的经营管理和资本运作。

近年来,随着公司土地开发及建设项目的持续推进,公司资产规模保持快速增长。截至2021年末,公司资产总额606.65亿元,负债合计413.09亿元,所有者权益193.56亿元,其中归属于母公司的所有者权益为182.40亿元。2021年度,公司实现营业收入6.55亿元,净利润2.80亿元,其中归属于母公司所有者的净利润为2.79亿元;经营活动产生的现金流量净额为9.16亿元,现金及现金等价物净增加额21.82亿元。公司收入主要来源于土地整治及房屋租赁收入。

2. 公司发展过程

(1)区域稳步发展,聚焦夯实主业

重庆高新城市建设集团有限公司所在的重庆高新区是1991年3月经国务院批准成立的首批国家级高新技术产业开发区。重庆高新区是重庆市发展高新技术产业和改造提升传统产业的重要基地,于2016年获批建设国家自主创新示范区,并纳入中国(重庆)自由贸易试验区范围。2019年,重庆高新区承担了建设西部(重庆)科学城的任务,管辖范围也急速扩增至1 094.8平方公里,成为成渝双城经济圈建设的主阵地。

公司股东重庆高新开发建设投资集团有限公司为重庆高新区直管园内唯一的基础设施建设主体。重庆高新城建作为重庆高新开发建设投资集团有限公司最重要的子公司,负责大部分重庆高新区的土地整治、基础设施建设及标准化厂房、研发楼、办公楼等项目的建设。在重庆高新区管辖范围大幅扩大的同时,公司积极配合重庆高新区引进创新企业和现代服务业优质项目的政策,相应扩大了土地整治业务范围并承接区域内多个重点项目及配套基础项目的建设任务。

(2)顺应适时政策,深化企业改革

近几年,在国家产业转型升级的战略背景及西部大开发、"一带一路"政策下,重庆高新城建依托重庆高新区的优势,享受中央财政贴息的政策扶持及重庆市国资委和重庆高新区管委会的大力支持。根据重庆市政府于2019年7月29日下发的《重庆市人民政府办公厅关于印发促进我市国家级开发区改革和创新发展若干政策措施的通知》(渝府办发〔2019〕84号),提出了深化"放管服"改革、创新管理体系、优化要素资源等一系列提升重庆高新区发展活力的政策,为重庆高新区开发投资集团有限公司转型发展之路注入了新的动力。

(3)积极扩宽融资渠道,助力公司发展

重庆高新城建作为重庆高新区开发建设工作的主要载体之一,全力配合重庆高新区城市框架的建设及支撑制造业高质量发展的现代产业体系的构建。在政策上得到了重庆市国资委及重庆高新区管委会的大力支持,管委会协调当地银行在符合条件的情况下加大对公司的信贷投入。除此之外,重庆高新城建积极拓展融资渠道,多元化、全方位地筹集工程建设款项,保障重庆市高新区城市建设的资金需求。近年来,公司通过发行企业债券、公司债券、中期票据、定向工具、资产支持证券(交易商协会ABN)等债务融资工具进行融资,有效地调整了公司的财务结构。截至2021年末,公司尚有存续债券余额122.41亿元。多元的融资渠道,为公司长期的业务发展提供了有力的支持。

3. 公司发展启示

(1)利用区位优势加强业务发展

重庆高新区是首批27个国家级高新技术产业开发区之一,产业发展良好,产值增速较快,区位优势突出。2019年,重庆高新区定位提升,管辖范围大幅扩大,积极对接国家高新技术和战略性新兴产业,坚持差异化和可持续发展原则,着力打造以电子信息为支柱产业,装备制造、生物医药、高技术服务为优势产业,现代物流、文化科技、节能环保、新能源、新材料等其他产业同步发展的产业体系。重庆高新城建作为重庆高新区重要的投融资平台,其发展方向与政府政策目标高度协同。作为高新区内的龙头企业,结合重庆高新区经济和社会发展规划,公司积极承担区域内重要的城市建设职能,进一步增强主营业务的盈利能力,为公司转型发展奠定坚实的经济基础。

(2)当地政府大力支持,深化企业改革

重庆高新城建作为重庆高新区重要的城市基础设施建设及国有资产经营主体,具有区域专营优势,在财政补贴和股权划转方面得到了有力的外部支持。2019年,重庆高新区定位提升,管辖范围大幅扩大,为公司发展提供了良好的外部环境。近年来,重庆市充分利用国家产业转型升级的战略背景及西部大开发的有利环境,加速重庆市产业转型,壮大提升传统优势产业、优化制造业布局,加快发展战略性新兴产业。重庆高新城建依托作为国家级经济技术开发区的高新区大发展享受了一系列的业务承接、财政补贴及股权划转等支持政策。

重庆高新城建所在重庆高新区作为深化"放管服"改革、创新管理体系、优化要素资源的政策先行区域,在激发区域活力、带动产业升级方面具有先天优势。公司作为重庆市高新区重要的基础设施建设主体、开发建设战略投资平台、战略资本运营平台和战略融资平台,在企业改革、推动自身市场化转型方面走在前列。

(3)创新融资模式,拓宽融资渠道

重庆高新城建融资渠道广泛,并且积极开拓新的融资渠道。除了使用企业债、公司债券、中期票据、定向工具等融资工具进行融资外,2019年6月,公司还发行资产支持票据(19渝高新ABN),基础资产是委托贷款债权。公司在原有融资渠道外,灵活利用新型融资工具进一步拓展融资,调整公司债务期限结构,为其项目建设及债务偿付提供了有力保障。

(二)省级平台——重庆市地产集团有限公司

1. 公司基本情况

重庆市地产集团有限公司(以下简称"重庆地产")设立之初系经重庆市政府授权的专职的土地整治开发企业,是重庆市土地整治开发的主要力量。重庆地产曾是被重庆市政府指定的仅有的2家重庆市级土地储备中心之一,具有极强的业务垄断优势。重庆市级储备机构仅有重庆地产集团和重庆两江新区土地储备整治中心纳入土地储备机构名录,根据相关政策,仅有被列入名录的土地储备整治中心单位可以通过银行开展土地储备项目融资等经营活动及开展新增储备土地相关业务。重庆地产集团作为"重庆市市级储备土地一级开发主体"承接了重庆市众多市级重点项目,并先后荣获"国企贡献奖""中国建筑工程鲁班奖""中国土木工程詹天佑奖""国家优质钢结构金奖"等50余个省部级及市级殊荣,在重庆市土地资源集约利用、城市配套功能优化升级等方面具有突出贡献。

截至2021年末,重庆地产总资产1 255.77亿元,净资产711.53亿元,资产负债率43.34%。2021年度,重庆地产实现营业收入34.41亿元,净利润6.04亿元。

2. 公司发展过程

(1)聚焦主业主责,向市场化转型

自《关于加强土地储备与融资管理的通知》(国土资发〔2012〕162号)下发后,重庆地产作为重庆市政府上报原国土资源部(现自然资源部)仅有的2家重庆市级土地储备中心之一,已于2013年3月纳入原国土资源部土地储备机构名录。最初,重庆市政府授权重庆地产对拟开发区域进行土地整治并办理相应权证,通过在土地交易中心统一进行"招拍挂"出让土地后,以出让金返还方式补偿重庆地产前期土地整治成本。重庆地产凭借极强的业务垄断优势,不断扩展业务规模。2016年,重庆市政府根据《关于规范土地储备和资金管理等相关问题的通知》(财综〔2016〕4号)的相关规定,剥离了重庆地产的土地储备职能,并将重庆地产的账面储备土地资产划出。所划出的土地资产由重庆市土地储备整治中心逐年支付相应对价款,为重庆地产未来业务的开展提供有力的资金保障。与此同时,重庆地产积极开拓公司业务,凭借先前其作为"重庆市市级储备土地一级开发主体"的资质优势积极对接重庆市土地储备整治中心,并承担对相关土地整治工程建设的组织实施和项目管理,以市场化后合理的利润收取管理费用。最终达到公司降本提质的效果,并增强公司市场化主体转型发展的核心竞争力。

(2)参与新兴产业发展,转变传统运营思路

重庆地产按照重庆市国有企业整合的相关要求,对区域内国有企业进行整合,并通过控股或参股高成长型企业的方式拓展业务链,参与新兴产业的发展。重庆地产积极参与重庆市重点项目工程,关注未来科技发展方向,由单纯的承担建设任务向城市综合服务运营方向进行转变,积极参加智慧项目的建设。自主研发搭建西站枢纽

BIM项目,开发研制"生态环境大数据智能化平台"、智慧停车解决方案及社区家园模式等未来智慧项目,为未来城市发展运行提供智能化管理的决策依据。同时,根据自身业务积极响应国家政策,开发新型公寓,增加市场供给,稳控租赁市场,助推人才保障体系。通过"以房联营,以地入股"的方式共建共享,实现利益联结,发展民宿旅游。重庆地产在聚焦主业的同时,积极布局新兴产业,夯实资本运营板块,全力打造城市综合性运营平台。

(3)市场类公司混合所有制改革,提升国有资本运营效率

重庆地产贯彻落实重庆市国资委印发的《市属国有企业混合所有制改革操作指引》,稳步有序开展下属子公司混合所有制改革,通过市场化程度较高的子公司引入非公有资本、集体资本,充分发挥市场化经营机制的作用,完善现代企业制度,推进多元化、系统化的激励约束机制,使国有资本运营效率得到进一步提升。

3. 公司发展启示

(1)不断深化自身优势,聚焦主业

重庆地产曾作为重庆市主要的市级土地储备中心之一,在土地整治业务中具有行业垄断地位,并快速利用垄断优势积累土地资源,强化自身的土地整治业务优势。在《关于规范土地储备和资金管理等相关问题的通知》(财综〔2016〕4号)下发后,尽管重庆地产集团被剥离土地储备职能,但是由于土地整治业务与其原储备职能契合度较高,重庆地产仍受托以市场化机制对重庆市范围内的土地进行开发整理,重庆市土地储备中心对收回储备土地逐年支付对价款。重庆地产因此拥有了未来项目建设款项的专项资金,为转型发展之路奠定了基础。

(2)明晰自身发展规划,积极布局新兴产业

重庆地产在聚焦主业的同时,依据国家的发展规划方向,积极探索企业市场化机制。结合自身主营业务,开展创新业务,对现有业务进行延展、升级,提升现有业务收入的可持续性。重庆地产创新性地通过"以房联营,以地入股"的方式共建共享,实现利益联结,在壮大自身的同时带动当地经济。在新兴产业布局方面,重庆地产结合当地需求,自主研发搭建西站枢纽BIM项目,开发研制"生态环境大数据智能化平台"、智慧停车解决方案及社区家园模式等未来智慧项目,为公司未来业务转型升级及可持续发展奠定坚实基础;开发新型公寓,增加市场供给,稳控租赁市场,助推人才保障体系,这些举措也是公司实现业务多元化的关键一步。

(三)地市级平台——重庆临空开发投资集团有限公司

1. 公司基本情况

重庆临空开发投资集团有限公司(以下简称"重庆临空")是重庆市渝北区国资委、

渝北区政府为顺应时代潮流、全力发挥临空优势,加快临空都市区建设而授权设立的区内最大的国有企业。重庆临空所处的重庆市渝北区,是国家首批临空经济示范区,是重庆自贸试验区、中新(重庆)战略性互联互通示范项目重要承载地、重庆内陆开放高地建设主阵地、两江新区开发建设的主战场,具有不可替代的战略地位和政策优势。重庆临空作为区内规模最大的国有企业,全面承担临空都市区的城市开发拓展任务,负责临空都市区的城乡干道、水利能源等重大项目的建设,并打造了一批重点研究和运作平台,如重庆最大的互联网数据战略中心——仙桃国际数据谷,重庆北部最大的欧洲商品多式联运物流集散地——国际物流分拨中心,以及重庆临空创新经济走廊等。

截至 2021 年末,重庆临空总资产 741.83 亿元,净资产 214.04 亿元,资产负债率 71.15%。2021 年度,重庆临空实现营业收入 11.55 亿元,净利润 3.20 亿元。

2. 公司发展过程

(1)结合并利用区域优势,设立产业基金引入资本

重庆临空所在的重庆市渝北区是全市最大的汽车制造基地和创新金融企业聚集地,综合科技竞争力、"双创"指数均为重庆市第一。重庆临空所建设的智能终端、软件和信息服务、两江国际商务中心、现代消费走廊和航空物流园"五个千亿级"产业集群正成为高质量发展的强大引擎引领区域发展。重庆临空根据渝北区的创新优势组建了临空产业发展基金,成功引入金融资本、央企资本、产业资本等大型战略合作伙伴,采用"母基金+子基金"的运作模式,投向新兴产业,提升区域内招商引资能力,促使区域内产业结构不断优化。重庆临空由单纯的代建业务平台逐步向投后管理型平台转型。

(2)整合资产,优化公司股权结构

重庆临空基于业务发展需要,推动国有企业股权重组。2019 年末,重庆临空实施重组,将子公司重庆中央公园建设发展有限责任公司划出,同时,重庆临空将重庆空港经济开发建设有限公司纳入合并范围,并成立重庆渝北城市更新建设有限公司负责渝北区棚户区改造项目。

(3)拓展多元业务板块,增强公司造血能力

重庆临空积极响应国家政策,逐步脱离政府融资平台功能。在稳步发展土地整治及棚改业务的同时,结合区域内招商引资及企业的需求,开拓安保服务、人力资源服务、租赁服务、物业服务、垃圾清运等多元化业务,进一步增强公司的造血功能,为公司的转型发展提供有力的资金支持。

3. 公司发展启示

(1)设立产业基金,促进产业发展

重庆临空依据所在的渝北区的制造及创新优势以及未来区域发展的规划,引入社会资本组建重庆临空产业发展基金。在充分发挥财政资金的杠杆效应的同时,撬动社会资本投向区域未来大力发展的战略性新兴产业、现代服务业、文化创意产业及其他科技创新领域。在投资带动当地产业的发展后,公司在完善区域基础设施建设的基础上向投控管理型企业转型,提升区域内招商引资能力,助力区域内产业的转型升级。

(2)区域内资产整合,提升资产质量

重庆临空整合区域内资产,推动国有企业股权重组。将偏公益性资产划出,置换优质资产,并整合区域内资源,成立重庆渝北城市更新建设有限公司负责渝北区棚户区改造项目。通过整合范围内企业,解决相关应收账款的回收问题,重庆临空实现了公司资产的有效置换,提升了公司资产的质量,助力公司转型发展。

(四)国家级开发区平台——重庆长寿经济技术开发区开发投资集团有限公司

1. 公司基本情况

重庆长寿经济技术开发区开发投资集团有限公司(以下简称"长寿经开投")是长寿经济技术开发区(以下简称"长寿经开区")重要的土地整理开发及配套基础设施建设主体。长寿经开投所在的长寿经开区系经国务院批准设立的国家级经济技术开发区,地处成渝地区双城经济圈核心位置,毗邻长江黄金水道,同时也是重庆主城区通往三峡库区的水陆交通枢纽,兼具水路、公路、铁路、航空联运,具有良好的区位优势。长寿经开投在完善长寿经开区的基础设施的同时,凭借良好的区位优势拓展大宗商品贸易业务,逐步提升区域内招商引资环境,为区域内高新技术产业结构转变助力。

截至2021年末,长寿经开投总资产497.87亿元,净资产203.06亿元,资产负债率59.21%。2021年度,实现营业收入20.40亿元,净利润2.55亿元。

2. 公司发展过程

(1)明确职能转型,着重发展符合时代背景的产业

重庆长寿经济技术开发区开发投资集团有限公司的转型立足于土地整理及基础设施建设、定向销售住房、大宗商品贸易等业务的拓展。2018—2020年公司土地整理及基础设施建设业务收入占比分别为61.64%、41.46%、55.94%;定向销售住房业务收入占比分别为3.25%、10.50%、3.67%;大宗商品贸易收入占比为28.63%、41.09%%、34.15%。公司从原先传统的土地整理业务,逐步拓展到定向住房建设及销售业务、大宗商品销售业务等,逐步摆脱土地出让收入的限制。在公司改革方向方面,长寿经开投对不良资产引入社会资本进行资产重组,将公益资源和社会资源结合,

降低资产负债率。公司在发展土地整理开发主业基础上,逐步构建园区综合服务产业,为长寿经开区的开发建设以及运营提供有力支持,最终形成园区建设与公司发展的良性互动。

(2)利用区位优势开拓多元业务

近年来,在持续的地方政府隐性债务监管高压态势下,单一的委托代建业务已不能满足城投公司的发展需求。长寿经开投在开展区域内土地整理开发及配套基础设施建设的同时,利用长寿经开区良好的区位优势,拓展多元化经营模式,逐步开展市场化业务。长寿经开投依托区域内的企业资源,发挥产业联动、业务联动的优势,开展大宗商品贸易业务。长寿经开投依靠区域内钢铁冶金产业较为成熟的情况,遵循"打造优化调整钢铁千亿级产业集群"的指导方针,与区域内龙头企业协同发展,形成有效的产业联动,实现大宗商品贸易业务的快速发展。2019年度及2020年度,大宗商品贸易业务分别获得收入6.68亿元及6.59亿元,成为公司业务收入的主要来源之一。

3. 公司发展启示

(1)依托区域产业优势,逐步转型

根据国家相关转型政策的指引,长寿经开投在发展土地整理主业的基础上,逐步构建园区综合服务产业,投资了部分开发区内电力、天然气、新能源、物流等方面的企业,为长寿经开区的开发建设以及运营提供有力支持,最终形成园区建设与公司发展的良性互动。并且,公司对不良资产引入社会资本进行资产重组,将公益资源和社会资源结合,逐步走向市场化。

(2)借助园区优势,提升造血能力

长寿经开投借助长寿经开区良好的区位优势,并依托区域内的产业优势及企业资源,在区域政策的支持下,积极拓展多元化业务,逐步推进业务市场化,提升公司造血能力。同时,借助资本市场进行多元化融资,开展更为有效的项目融资,为后续建设项目的资金来源提供了有力保障。

四、转型发展建议

重庆市投融资平台转型发展路径在全国范围内都较为独特,平台公司从原来的"八大投"整合重组、重新划分战略定位和业务板块,变为五大投,现在仍继续相应整合、重新定位,不断深化转型发展。重庆市投融资平台具体转型和整合路径包括推动绝大多数国企发展成为混合所有制企业并积极上市、组建国有资本投资运营公司、优化国有资本布局、完善现代企业制度和完善国有资产监管体系等,并且在实践中注重国有资本的结构调整。同时,各投融资平台业务在发展过程中也应充分考虑所在地的战略定位优势。重庆作为国家西部大开发战略的重要节点和国务院划分的未来七个超大级城市之一，具备独特的区位优势。可以预见，未来重庆市固定资产投资和基础设施投资规模将会扩大，这给重庆平台公司的业务规模扩张和转型升级都提供了较为坚实的政策基础。

综合上述平台公司自身及所处区域实际情况，在重庆市平台公司转型发展过程中，可以通过以下途径加大发展：

（一）依托产业基础，推进新兴产业

除重庆强劲发展的经济和产业实力外，重庆市内国家级经济技术开发区众多，多数园区都保持了较好的发展态势。随着各园区的管理范围不断扩大，未来发展前景广阔，重庆市及各园区、区县不断增强的经济实力为区域内的平台公司的发展提供了较好的外部环境，可依托产业优势，继续推动相关新兴产业发展。

例如 2019 年，重庆市委、市政府打造升级版高新区，园区管理面积扩大，西永微电园全域被纳入高新区直管园，园区经济保持高速增长。西永微电园区是国家发改委审核的国内规划面积最大的微电子产业园，是为重庆市发展高新技术产业而规划建设的电子信息产业专业园区。西永微电园区连续九年实现了经济高增长，2021 年，西永微电园实现规上工业总产值 2 361 亿元，同口径增长 15.8%，外贸进出口总额约 3 369 亿元，占全市的 42.1%，增长 15.5%。重庆西永微电子产业园区开发有限公司作为西永微电园区唯一的开发建设主体，业务具有区域专营性。公司借园区产业优势转型发展，由主营土地一级开发业务向持有工业地产、物业出租和园区管理等业务转型，租金收入为公司主营收入的主要来源，2019 年、2020 年和 2021 年，公司分别实现租金收入 10.11 亿元、10.06 亿元和 10.13 亿元。

区域内平台公司应利用较好的外部环境优势，大力发展区域垄断性业务，努力承担并完成一大批城市重大基础设施建设工程，继而进一步开展基础设施运营业务，在城建投资、建设与运营的过程中积累专业性经验，致力于形成一套降低投资成本、保证项目质量的高效管理模式，进一步有效杜绝管理漏洞，提高投资效益。公司发展战略规划与区域政策形成联动，互相助益，通力整合，提升业务优势及战略定位，并根据区域发展需求对优势业务模式进行复制，逐步向区域间联动、省域外扩展方向发展。

而从整个重庆市范围来说，作为国家物流枢纽、"一带一路"和长江经济带重要联结点以及内陆开放高地，享有西部大开发、"一带一路"及长江经济带等多重政策支持，并且重庆是西南地区最大的工商业城市及国家重要的现代制造业基地，具有强大的工业基础。当地的平台公司可以依托现有的产业结构，积极根据国家及当地政府战略，布局新兴的战略性产业。比如在重庆市下发了《关于扎实推进 2012 年全市战略性新兴产业百项重点项目有关工作的通知》(渝府发〔2012〕46号)等文件,大力推进新兴战略产业布局,以新兴产业带动整个区域发展。平台公司可依据重庆市较好的新兴产业引进政策,通过积极设立和利用产业基金等方式引导社会资本投入新兴产业的布局中,推动项目的落地。公司在服务区域发展的同时,开拓相关服务业务,逐步向投后管理或区域服务运营方向转型。

(二)根据区域规划,推动区域发展

根据《重庆市新型城镇化规划(2021—2035年)》,未来十五年,成渝地区双城经济圈建设和"一区两群"协调发展取得重大进展,主城都市区发展能级显著提升,区域带动力和国际竞争力明显增强,重庆都市圈同城化取得突破,渝东北三峡库区城镇群、渝东南武陵山区城镇群绿色化特色化发展态势更加明显。成渝将合力建设现代基础设施网络,共建轨道上的双城经济圈,打造世界级机场群,推动川渝电网一体化,协同打造现代产业体系,共建高水平汽车产业研发生产基地,培育世界级装备制造产业集群,建设成渝工业互联网一体化发展示范区。重庆主城都市区中心城区将瞄准创新链产业链价值链高端,围绕科技创新、先进制造、现代服务、国际交往等方面统筹打造重大功能性平台,全面提升全球资源配置、科技创新策源、高端产业引领功能,加快形成高质量发展的核心引擎;璧山、江津、长寿、南川与中心城区一体规划,统筹交通、市政、产业、公共服务等布局,着力打造中心城区功能疏解承接地;涪陵、永川、合川、綦江—万盛打造中心城区向外辐射的战略支点,建设区域交通枢纽、商贸物流中心和公共服务中心,提升产业发展、科技创新和对外开放能级;发挥荣昌、大足、铜梁、潼南联动成渝、联结城乡的纽带作用,实施桥头堡城市交通西向工程,深化城乡融合改革试验,做强优势制造业集群。推动渝东北三峡库区城镇群生态优先绿色发展,与丰都、忠县、万州、云阳、奉节、巫山等沿江区县城市发展互动、产业功能联动,有效承接主城都市区辐射带动,增强整体竞争力和影响力,打造长江经济带高质量发展的重要节点。推进渝东南武陵山区城镇群文旅融合发展,支持黔江建设渝东南区域中心城市,打造"中国峡谷城·武陵会客厅"。支持秀山建设渝东南桥头堡城市,提升城市服务功能和产业带动能力。支持武隆、石柱、酉阳、彭水发挥节点城市作用,完善城市综合服务功能,建设独具民族文化魅力的旅游城市。

(三)加强资源整合,扩大战略定位

一方面,各平台公司应大力发展市场化业务,如工程建设业务,按市场化运作思路,原生投融资平台可以承接当地经济开发区、市县区域范围外项目,逐渐建立以工程建设管理为主的产业链,逐步谋求相关的产业运营及投资业务的发展,可以考虑以资产经营、物业管理、园区资源综合利用等为盈利点,大力发展园区运营管理业务,提升

园区资产经营和服务水平。另一方面,加强资产盈利能力转化,提升公司有效资产占比和经营性资产占比,增强资产创收能力。这需要公司根据自身战略定位,合理整合产业链,布局有联动性的业务板块,形成各板块有机互动、增强内部循环等,平台公司应利用重庆产业基础优势及产业发展规划方向,以较为先进的优势产业为依托,谋求自身资源及产业的整合,带动自身发展,进而扩展战略定位。

在选择合适的战略项目承担相应工程建设时,公司需要对项目进行准确评估分类,重视项目后期运营,找到项目公益性与营利性的结合点,并根据项目收益性及项目周期等选择合适的运作方式,适当引入社会资本,共谋合作,促进公司的市场化转型。

(四)拓展融资渠道,提升偿债能力

拓宽融资渠道是公司转型与发展自身业务的重要步骤。公司应扩大信用类债券、信托、资管计划等传统融资渠道,创新融资方式,提高直接融资规模,减少融资成本;加强股权融资、优先股、永续债等权益性融资,既能融资,又能优化资产负债结构;加强产业基金、城市建设基金等表外融资形式,有效控制资产负债率;积极拓展新的如基础设施REITs、境外债、境外贷款、内保外贷等境外融资渠道,降低融资成本。尤其是基础设施REITs,2020年4月,证监会、发改委联合发布《关于推进基础设施领域不动产投资信托基金(REITs)试点相关工作的通知》,将优先支持基础设施补短板行业,具有流动性较高、收益相对稳定、安全性较强等优点,能有效盘活存量资产,填补当前金融产品空白,拓宽社会资本投资渠道,提升直接融资比重,增强资本市场服务实体经济质效。

重庆平台公司具有较好的区域优势、战略发展定位,可在此基础上积极发展优质主营产业,提升造血能力。还可以借助资本市场,创新融资方式,开展更为有效的项目融资。

(五)组建金控平台,助力国资运营

在新《预算法》《政府投资条例》《国务院关于加强地方政府性债务管理的意见》(国发〔2014〕43号)、《关于进一步规范地方政府举债融资行为的通知》(财预〔2017〕50号)及《国务院关于进一步深化预算管理制度改革的意见》(国发〔2021〕5号)等一系列关于地方政府性债务管理的规定出台的背景下,平台公司转型势在必行,重庆地区也不乏优秀的整合案例。重庆渝富资产经营管理集团(以下简称"渝富集团")是经重庆市人民政府批准组建的全国首家地方国有独资综合性资产经营管理公司,其开创的国有资产的运营管理模式——"渝富模式"——在业界受到广泛肯定与推崇。"渝富模式"为组建地方金控平台,助力区域内投融资平台转型提供新思路,其主要模式有以下三点:一是债务重组,即用市场化方式对国有企业的不良债务进行打包处置。渝富集团总计处理地方国企不良资产超过 300 亿元,在 1 200 余家企业走向减负脱困的道路上发挥了不可忽视的作用。二是土地重组,通过回收、储备土地资源并转化为资金优势,从而为有需要的企业提供周转的资金,为企业先后提供可供周转利用的资金高达 450 亿元。三是资产重组,渝富集团利用自身优势对重庆市范围内的国企开展战略投资,以达到对国有经济布局进行优化的效果。例如,渝富集团先后推动西南证券、中房地产、金科集团借壳上市,以及推动国有商业银行比如重庆银行、重庆农商银行等企业重组上市等。

目前我国省级金控平台已基本完成布局,市县级金控平台尚处于整合和设立初期,目前重庆市金控平台分布较少,且对主城区以外的区县覆盖程度较低,发展不平衡现象有所显现。其他经济实力较弱区县也可参照"渝富模式",着手整合当地金融资源并成立金融控股集团,有利于服务区域产业发展、深化产融结合,促进国有金融资本运营和管理责任的实现。

(六)厘清定位,有效整合

重庆市投融资平台体系经历了由"八大投"转型至"五大投",再到清理整顿的转型过程,"重庆模式"是全国投融资平台公司市场化转型的典范。总结来看,"八大投"的转型模式大致分为三种。第一种,部分投融资平台公司朝资本投资公司打造,朝"没有债务,专注资本金投资"的方向转型,企业的具体职能转变为股权投资和战略投资者,在投资领域上有了很强的灵活性。例如渝富集团着手对工业、科技、能源等实体产业和金融领域进行战略投资,先后投资设立和参股多家企业,主动选择一些发展潜力好、投资收益高的短期项目,强化企业效益。第二种,部分平台公司所专注领域的投资需求已经消失,因此向实体产业转型。例如,重庆市建设投资公司与重庆市煤炭(集团)有限责任公司整合,更名为能源集团,转型为能源产业类集团。随着 2005 年电力市场化发展,它不再承担基础设施建设营运的职责,转型为工商企业,专注煤炭、电力、燃气等能源产业的经营发展,完成了从基建类投融资平台公司向实体产业公司的市场化转变。第三种,明确定位,资产重组。2011 年重庆市水利投资(集团)有限公司和重庆水务集团股份有限公司打破行政界线,整合重组,组建了一个城乡一体化的水利投资集团公司,打造西部地区最具实力的现代化综合性水务服务商、国内大型专业环境集团。

历经转型后,"五大投"均在重庆市省级平台公司排名中名列前茅,且除了评级为 AA+级的重庆高速公路股份有限公司,剩下四家公司评级均为 AAA 级,转型成效明显。目前,重庆市平台公司分布仍呈现不平衡现象,市县平台仍以 AA 级为主,体量较小、融资能力较差,因此可发挥"五大投"的引领作用,发展较弱的市县级平台公司可借鉴"五大投"转型经验,进一步平衡发展。

第三节　云南省投融资平台转型发展评价

云南省,简称云或滇,中国23个省之一,位于中国西南地区,省会昆明,其中山区面积占全省面积的94%,属于典型的山地大省,同时得益于当地得天独厚的人文及自然景观,旅游资源丰富,高原景观、边疆风物和民族风情别具特色。从战略地位来看,在我国的"一带一路"倡议中,云南位处西亚、南亚、东南亚、印度洋和太平洋的特殊地理位置,是唯一可以连接"一带一路"的省份,同时也是中共中央、国务院的《关于新时代推进西部大开发形成新格局的指导意见》中的重要省份。随着国际、国内经济的不断发展,战略地位的不断凸显以及具备得天独厚的旅游资源等背景下,云南省将在区域经济发展方面迎来新的机遇。

虽然云南省经济在全国范围内处于中下游,但省内投融资平台数量相对较多,具有较强投融资实力,然而,由于云南省经济发展水平的相对落后,且部分城投公司屡屡出现债务风险,市场对城投公司的整体信心较为不足,制约了当地投融资平台的市场化转型。这需要由政府进行妥善配合,出台有关政策,提振市场信心,促进城投企业整合和转型,并进一步带动当地经济发展。同时,平台在转型过程中,也可以合理利用云南丰富的少数民族文化和旅游资源,通过结合云南地域情况与平台公司主营业务情况,逐步实现平台战略定位升级和各大板块协调发展。

一、基本情况简介

2021年云南省GDP位居全国第18位,一般公共预算收入位居全国第20位,落后于西部地区的四川、陕西、重庆,整体经济发展实力位于全国中下游。近年来云南省将旅游文化、生物医药及大健康、信息等产业作为重点发展行业进行战略布局,经济总量总体保持增长态势,经济增速高于全国平均水平,经济发展具有一定的潜力。

(一)经济发展水平分析

2021年,云南省生产总值(GDP)27 146.76亿元,比2020年增长7.3%,低于全国0.3个百分点。其中,第一产业增加值3 870.17亿元,增长8.4%;第二产业增加值9 589.37亿元,增长6.1%;第三产业增加值13 687.22亿元,增长7.7%。三次产业结构为14.3∶35.3∶50.4。全省人均生产总值57 686元。云南省2018—2021年主要经济指标数据如表5-14所示。

表 5—14　　　　　　　云南省 2018—2021 年主要经济指标数据

项目	2018 年	2019 年	2020 年	2021 年
地区生产总值(亿元)	20 881.00	23 223.75	24 521.90	27 146.76
地区生产总值增速（%）	8.9	8.1	4.0	7.3
第一产业(亿元)	2 499.00	3 037.62	3 598.91	3 870.17
第二产业(亿元)	7 268.00	7 961.58	8 287.54	9 589.37
第三产业(亿元)	11 114.00	12 224.55	12 625.45	13 687.22
第一产业(%)	11.97	13.08	14.70	14.3
第二产业(%)	34.81	34.28	33.80	35.3
第三产业(%)	53.23	52.64	51.50	50.4
固定资产投资增长（%）	11.60	8.30	7.70	4.0
社会消费品零售总额累计增长(%)	11.10	10.45	-3.60	9.6
城镇(常住)居民人均可支配收入(元)	33 487.94	36 238.00	37 500.00	40 905.00
居民消费价格指数（上年=100）	101.58	102.50	103.60	100.20
工业生产者出厂价格指数(上年=100)	102.37	100.00	98.60	110.00

数据来源:国家统计局。

2011—2021 年云南省三次产业发展趋势如图 5—2 所示。

从三次产业结构来看,云南省总体呈现以第三产业为主,第一、二产业协同发展的经济发展格局。从近十年的数据来看,第三产业对云南省经济发展的贡献作用日益增长。2021 年全省第一产业实现增加值 3 870.17 亿元,同比增长 8.4%;第二产业实现增加值 9 589.37 亿元,同比增长 6.1%;第三产业实现增加值 13 687.22 亿元,同比增长 7.7%;三次产业结构比重由 2010 年的 15.34∶44.62∶40.04 调整为 14.3∶35.3∶50.4。

近年来,云南省立足地理位置优越、生物资源丰富等特点,大力发展高原特色农业,促进农业从单一的粮食生产转向兼具高山农业、热区农业、都市农业和跨境农业的特色农业发展道路,全省农业增加值也因此持续增长。第二产业方面,云南省形成了以烟草、矿产、电力等产业为主导的工业体系格局,尤其是烟草行业,是云南省财税收入的重要来源,目前云南省政府也出台了相关政策措施予以支持:比如强化原料优势、

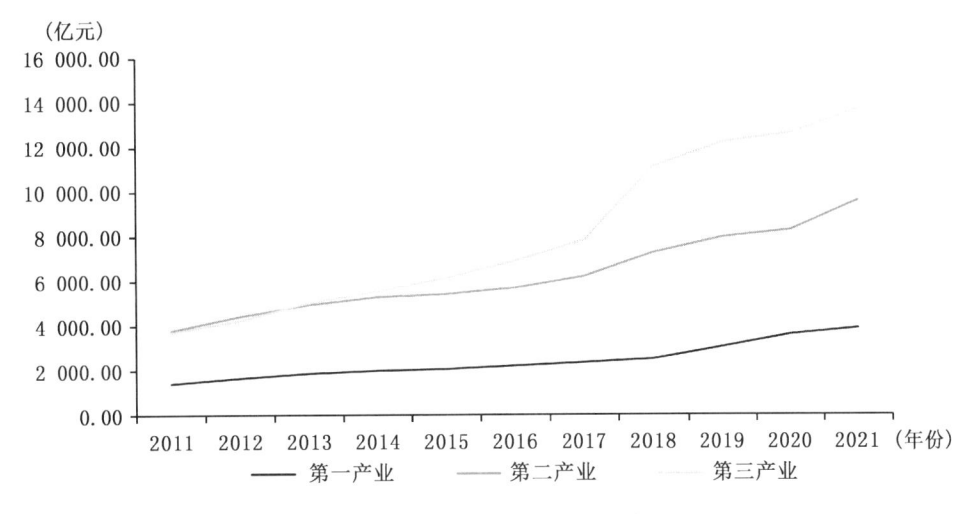

图 5—2 云南省三次产业国内生产总值

着力打造数字烟草、支持发展新型烟草品种等。同时,政府也积极推动烟草企业走出去,将烟草合作纳入云南省与"一带一路"沿线国家及东南亚国家合作内容。第三产业方面,依托丰富的自然资源和旅游资源,云南省以旅游为支柱的服务业在国民经济中占有重要地位。旅游业的快速增长较好地促进了餐饮、住宿、交通运输、邮电通信等产业的发展,同时在政策、环境优势等因素的促进下,云南省商贸流通、金融服务、信息服务等现代服务业快速发展,但现阶段产业规模仍相对有限,在未来规模扩充、技术水平提高和创新能力增强等方面存在较大发展空间。

从区域方面来看,2021 年云南省各州市 GDP 排位维持上年格局,省会城市昆明经济规模继续领跑云南省其他各州市,当年实现地区生产总值 7 222.50 亿元,而全省第二的曲靖市 2021 年实现地区生产总值 3 393.91 亿元,与昆明相差巨大。可以看出云南省各市州区域经济发展水平较不均衡,呈现出以省会昆明为中心,向周边递减的经济格局,省会经济圈实力较强。2020 年,云南省相继印发区域协调发展方案和滇中城市群发展规划,布局以昆明市、曲靖市、玉溪市、楚雄州全境及红河州北部 7 个县组成的滇中城市群,该布局可以进一步增强昆明的辐射带动能力,加快城市副中心的发展。从国际层面来看,滇中城市群也是我国与南亚、东南亚经济、社会交往的重要门户。

(二)财政预算能力分析

得益于经济的增长和上级政府的持续大力支持,云南省财力总体保持增长态势,财政平衡能力较强。近三年全省一般公共预算收入实现稳定增长,2021 年地方一般公共预算收入 2 278.24 亿元,比 2020 年增长 7.6%。2018—2021 年云南省财政收入规模如表 5—15 所示。

表 5-15　　　　　　　　2018—2021 年云南省财政收入规模　　　　　　　单位:亿元

项　目	2018 年	2019 年	2020 年	2021 年
地方一般公共预算收入	1 994.35	2 073.56	2 116.70	2 278.24
政府性基金预算收入	1 287.30	1 590.65	1 558.46	1 087.00
国有资本经营预算收入	51.56	25.51	65.46	47.80

数据来源:云南省财政局 2018—2021 年财政决算公开资料。

收入结构方面,财政收入以税收收入为主,2018—2021 年全省税收收入分别为 1 423.25 亿元、1 450.63 亿元、1 453.1 亿元和 1 514.2 亿元,同比增幅分别为 8.5%、15.4%、1.9%和 4.2%;全省政府性基金预算收入以国有土地使用权出让收入为主,在当地土地市场行情推动下,近年来收入规模持续上升,2018—2021 年,全省政府性基金预算收入分别为 1 287.30 亿元、1 590.65 亿元、1 558.46 亿元和 1 087.00 亿元。云南省 2021 年各地级市一般公共预算收入及占全省比重如表 5-16 所示。

表 5-16　　　云南省 2021 年各地级市一般公共预算收入及占全省比重

地　区	一般公共预算收入(亿元)	占全省比重(%)
昆明市	689.12	30.25
曲靖市	167.02	7.33
红河州	160.62	7.05
玉溪市	143.80	6.31
大理州	111.78	4.91
楚雄州	93.06	4.08
昭通市	90.66	3.98
文山州	68.22	2.99
保山市	64.87	2.85
普洱市	55.38	2.43
临沧市	49.79	2.19
德宏州	46.22	2.03
丽江市	45.54	2.00
西双版纳	40.22	1.77
迪庆州	16.11	0.71
怒江州	15.84	0.70
合　计	1 858.25	81.58

注:统计数据明细未含省本级数据。

数据来源:云南省 2021 年国民经济和社会发展统计公报。

从当地的各州市的情况来看,其中昆明的公共预算收入高于云南省各州市,2021年度昆明实现一般公共预算收入 689.12 亿元,远超排名第二的曲靖市,2021 年度曲靖市一般公共预算收入仅为 167.02 亿元。同时,除昆明市、曲靖市外,云南省一般公共预算收入超过 100 亿元的州市仅有红河州、玉溪市和大理州,其余各州市一般公共预算收入规模均较小,其中怒江州以 15.84 亿元垫底。上述情况表明,目前云南省尚处于发展不均衡状态,各地的经济发展水平之间存在较大的差距。未来在推动昆明市经济发展的同时,尚需大力支持下属州市的发展,以避免较大经济差距持续存在。

(三)地方整体债务评价

截至 2021 年,云南省地方政府债务余额 10 951.70 亿元,其中一般政府债务余额 5 650.34 亿元,专项政府债务余额 5 301.35 亿元,位于全国中等水平,且严格控制在国务院核定的云南省政府债务限额 12 266.1 亿元内。近年来,云南省地方政府债务呈现稳步增长趋势,考虑到当地所筹借债务资金主要投向当地交通运输、基础设施建设等方向,对于省内民生、经济的发展等提供了重要的支持作用。长期来看,为当地的转型升级拉动各项产业的发展奠定了坚实的基础,未来随着云南省公共财政预算收入的增长,当地的地方政府债务偿还压力相对较小。同时,为控制债务风险,云南省还出台了《云南省政府性债务风险应急处置预案》《云南省政府性债务管理办法》等制度,并首创了地方政府金融风险防范监测预警信息平台,将债务风险的防控覆盖至债务管理的各环节,整体而言,当地的地方政府债务风险总体处于可控状态。2018—2021 年云南省政府债务情况如表 5—17 所示。

表 5—17　　　　　2018—2021 年云南省政府债务情况　　　　　单位:亿元

项　目	2018 年	2019 年	2020 年	2021 年
地方政府债务	7 139.80	8 108.00	9 591.90	10 951.70
地方政府债务——一般债务	4 912.80	5 342.90	5 462.70	5 650.34
地方政府债务——专项债务	2 227.00	2 765.10	4 129.20	5 301.35

数据来源:云南省财政局 2021 年云南省地方政府债务限额及余额决算情况表。

从区域方面来看,2021 年云南省各州市均在限额内举债。在政府债务偿付压力方面,昭通市政府债务规模较大,存在一定的偿付压力。此外,省本级、迪庆、怒江、临沧、文山和普洱政府在一般债务偿付方面存在一定压力,德宏、迪庆、楚雄、临沧、丽江、玉溪和曲靖政府在专项债务偿付方面存在一定压力。

截至 2021 年末,云南省城投债务余额为 1 335.07 亿元。但是结合地方财力及云南城投发行利差情况,城投企业有息债务还是存在一定的偿付压力。各地的投融资平台公司开展融资活动的顺利与否、融资成本高低情况与当地的经济发展水平、地方政府债务率情况、公共财政预算收入规模等存在着千丝万缕的关系,地方经济发展水平较好的区域,通常可以得到更好的资本支持,投资者也更倾向于投资这部分区域,而地方政府债务率较高,同时经济发展水平、当地公共财政预算收入水平较低的区域从公开市场获得发展所需的资金相对较难。因此,投融资平台公司开展融资活动在考虑自身的发展情况基础上,还需要结合当地的经济发展水平,有针对性地开展融资活动,或者需获得上级政府的支持,尽量与经济发达区域形成有效联系。

二、投融资平台排名

(一)省级平台排名情况

云南省级政府投融资平台排名情况见表5－18。

表5－18　　　　　　云南省省级政府投融资平台排名

排名	发行人中文名称	省份	城市	行政级别
1	云南省交通投资建设集团有限公司	云南省	昆明市	省级
2	云南省建设投资控股集团有限公司	云南省	昆明市	省级
3	云南省投资控股集团有限公司	云南省	昆明市	省级
4	景洪市城市投资开发有限公司	云南省	景洪市	省级

数据来源:课题组整理计算得出。

(二)地市级平台排名情况

云南省市级政府投融资平台排名情况见表5－19。

表5－19　　　　　　云南省市级政府投融资平台排名

排名	发行人中文名称	省份	城市	行政级别
1	昆明滇池投资有限责任公司	云南省	昆明市	地市级
2	昆明市交通投资有限责任公司	云南省	昆明市	地市级
3	昆明市城建投资开发有限责任公司	云南省	昆明市	地市级
4	昆明经济技术开发区投资开发(集团)有限公司	云南省	昆明市	地市级
5	大理经济开发投资集团有限公司	云南省	大理白族自治州	地市级
6	昆明发展投资集团有限公司	云南省	昆明市	地市级
7	玉溪市开发投资有限公司	云南省	玉溪市	地市级

续表

排名	发行人中文名称	省份	城市	行政级别
8	昆明市公共租赁住房开发建设管理有限公司	云南省	昆明市	地市级
9	昆明空港投资开发集团有限公司	云南省	昆明市	地市级
10	昆明轨道交通集团有限公司	云南省	昆明市	地市级
11	临沧市国有资本投资运营集团有限公司	云南省	临沧市	地市级
12	瑞丽仁隆投资开发有限责任公司	云南省	瑞丽市	地市级
13	曲靖经济技术开发区建设投资集团有限公司	云南省	曲靖市	地市级
14	昆明市土地开发投资经营有限责任公司	云南省	昆明市	地市级
15	云南省滇中产业发展集团有限公司	云南省	昆明市	地市级
16	昆明市国有资产管理营运有限公司	云南省	昆明市	地市级
17	普洱交通建设集团有限责任公司	云南省	普洱市	地市级
18	楚雄州国有资本投资集团有限公司	云南省	楚雄市	地市级
19	红河发展集团有限公司	云南省	蒙自市	地市级
20	红河州开发区投资建设集团有限公司	云南省	蒙自市	地市级
21	玉溪市家园建设投资有限公司	云南省	玉溪市	地市级
22	普洱市思茅国拓资产经营有限公司	云南省	普洱市	地市级
23	云南泰佳鑫投资有限公司	云南省	昆明市	地市级
24	昆明滇池国家旅游度假区国有资产投资经营管理（集团）有限责任公司	云南省	昆明市	地市级

数据来源：课题组整理计算得出。

（三）区县级平台排名情况

云南省区县级政府投融资平台排名情况见表5—20。

表5—20　　　　　　云南省区县级政府投融资平台排名

排名	发行人中文名称	省份	城市	行政级别
1	曲靖市麒麟区城乡建设投资（集团）有限公司	云南省	曲靖市	区县级
2	安宁发展投资集团有限公司	云南省	安宁市	区县级
3	文山城市建设投资（集团）有限公司	云南省	文山壮族苗族自治州	区县级

续表

排名	发行人中文名称	省份	城市	行政级别
4	弥勒市农业投资开发有限责任公司	云南省	弥勒市	区县级
5	开远市兴远开发投资集团有限公司	云南省	开远市	区县级
6	大理海东开发投资集团有限公司	云南省	大理白族自治州	区县级
7	丽江市古城区天和城市经营投资开发有限公司	云南省	丽江市	区县级
8	昆明市晋宁区国有资本运营有限公司	云南省	昆明市	区县级
9	蒙自市城市建设投资有限责任公司	云南省	蒙自市	区县级
10	蒙自新型城镇化开发投资有限责任公司	云南省	蒙自市	区县级
11	腾冲市建安城乡投资开发（集团）有限公司	云南省	腾冲市	区县级
12	瑞丽建设投资控股集团有限公司	云南省	瑞丽市	区县级

数据来源：课题组整理计算得出。

三、案例分析

（一）省级平台——云南省康旅控股集团有限公司

1. 公司基本情况

（1）公司成立背景

云南省康旅控股集团有限公司（以下简称"云南康旅"）成立于2005年4月28日，由云南省投资控股集团有限公司（曾用名云南省开发投资有限公司）与云南建设投资控股集团共同出资建立，注册资本达11.39亿元。以国企改革为契机，推动政企分开，云南康旅作为省国资委控股的省级投融资大平台，在运行方式和业务资源上都有浓重的行政化色彩，一定程度上制约了云南康旅的市场化布局。云南康旅的战略布局是：首先在国内稳定发展扩展，再向周边国家布局，实现国际化。基于此，云南康旅必须立足本土，摆脱行政化的束缚，进行市场化改革，厘清省政府与省级投融资大平台的关系，在自身发展上进行公司化改革，推行现代企业制度，建立健全适应市场竞争环境的体制机制，坚持企业化经营，在增强企业内生动力、外部竞争力上多下功夫，打造国有资本市场化运作的专业平台，逐渐走出云南康旅的特色发展道路。

（2）公司市场定位

自2007年以来，云南康旅注重根据经济政策，调整自身发展战略，进行公司定位转型。2008年，公司将城市运营商作为发展战略，着重做强做大城市开发和城镇环境改善业务,致力于打造一流房地产企业;2012年,公司的战略定位转变为投资与开发并重,战略核心业务调整为住宅开发,战略培育业务是旅游地产和商业地产;2014年,成为西南地区具有全面影响力和主导地位的房地产综合运营商成为公司的战略定位,核心业务调整为住宅开发与旅游地产双管齐下;2017年公司定位向打造健康生活目的侧重,城投置业由传统土地开发业务向健康养老、文旅地产转型,转变成会展、商业、旅游、康养多方布局的地产模式。城市开发板块方面,公司整合了地产、会展和商业、养老等业务,打造了梦云南、未来城等品牌项目;水务板块方面,公司坚持大水务经营,以及提升人居环境综合投资等模式,拓展了固废等环境整治业务。云南康旅在上述两个主营业务方面做大做强,大休闲大健康一体推进,逐步实现平台战略定位转型升级,各大板块协调发展。此外,因公司战略定位和经营发展需要,公司于2020年11月份进行了更名,由原名称"云南省城市建设投资集团有限公司"变更为"云南省康旅控股集团有限公司"。

(3)公司经营状况

2022年6月末,公司实现营业收入91.91亿元。2021年,公司实现营业收入376.42亿元,实现净利润−91.72亿元。业务方面,2010年以前,城市开发行业是云南康旅营业收入中的重要组成部分,公司主要的收入来源是云南城投置业开发房地产项目以及开展土地受托整理业务。从2010年开始,为抑制房价过快上涨,国务院及相关部委陆续出台"国十一条""新国十条",云南省也相继出台了一系列调控措施。基于此,云南康旅主动调整项目开发节奏,压缩受调控影响的业务,同时不断加大对物流贸易、旅游文化和公用事业等业务板块的投入。

(4)公司发债状况

截至2021年12月末,云南康旅未到期债券一共有16只,当前余额为141.43亿元,公司发债明细如表5−21所示。

表5−21 2021年12月末云南康旅债券明细

证券名称	证券类别	起息日	到期日	当前余额(亿元)
恒浩云B	ABS	2015−12−23	2025−01−26	17.14
PR云A	ABS	2015−12−23	2034−01−26	7.07
17云城投PPN002	定向工具	2017−03−03	2022−03−03	5.00
17云投G1	公司债	2017−04−28	2022−04−28	5.93
17云投04	私募债	2017−08−29	2022−08−29	2.76

续表

证券名称	证券类别	起息日	到期日	当前余额（亿元）
17云城投PPN003	定向工具	2017—11—14	2022—11—14	10.00
18云城02	公司债	2018—08—15	2023—08—15	0.03
19云城投MTN002	中期票据	2019—03—07	2022—03—07	20.00
19云投01	公司债	2019—03—26	2022—03—26	0.91
19云城投MTN003	中期票据	2019—04—24	2022—04—24	13.00
19云城投MTN004	中期票据	2019—07—16	2022—07—16	10.00
19云城投MTN005	中期票据	2019—08—16	2022—08—16	10.00
19云城投MTN006	中期票据	2019—08—30	2022—08—30	10.00
20云投02	公司债	2020—04—30	2023—04—30	18.80
20云城投MTN001	中期票据	2020—10—28	2022—10—28	30.00
20滇投01	私募债	2020—10—30	2025—10—30	5.00

数据来源：Wind。

除上述标准化融资产品外，公司尚有规模较大的非标准化融资产品。由于国家持续加大了对土地及房地产市场的调控力度，同时受到新冠肺炎疫情影响，企业目前经营压力不断增大。此外，目前融资监管力度加强，公司融资受到了较大的冲击，因此目前债务压力较大，需要优先解决当下的债务风险危机，在顺利度过了目前的债务风险的前提下，公司方才有继续开展转型发展的基础条件。

2. 公司市场化转型路径

云南康旅成立于2005年，原有业务主要是基于上市子公司云南置业股份有限公司，开展城市开发业务（土地整理、城中村改造、房地产）。2010年，政府为控制房价，出台了相关的房地产业务管控政策，云南康旅开始控制城市开发业务板块规模。2014年，随着国发〔2014〕43号文发布，明确提出建立规范的地方政府举债融资机制，赋予地方政府适度举债权限，剥离地方政府投融资平台的政府融资职能。各地政府城建投融资平台的融资和生存压力明显加大，转型发展迫在眉睫。

云南康旅利用自身特有的资源禀赋优势，积极探索市场化转型，目前业务格局正由重点依靠城市基础设施建设行业、房地产行业、水务行业转向文化旅游行业、健康服务产业等板块。

在文化旅游板块,云南康旅对旅游资源实施"旅游+"战略和"一心四线"(以昆明环滇池片区为中心,东至文山、西至德宏、南至版纳、北至迪庆的"一心四线"资源体系布局战略)布局,这也是推动云南文化旅游万亿元级产业链的资源基础。在文化旅游板块里,公司目前的主要景区有香格里拉普达措国家森林公园(AAAAA级)、梅里雪山(AAAA级)、虎跳峡(AAAA级)、滇金丝猴国家公园(AAAA级)、普者黑(AAAA级)、坝美(AAA级)、傣族园(AAAA级)、曼听公园(AAAA级)、望天树景区(AAAA级)等。同时,公司也经营酒店业务,旗下大部分酒店与自身旅游业联动发展,实现叠加发展。

在健康服务板块,云南康旅充分挖掘云南省特有的生物医药资源,着力推进优质医疗产业资源的整合。在医疗业务部分,云南康旅依托2家大健康产业投资运营平台来运营管理昆明市第一人民医院甘美医院、星耀医院、东川区人民医院,托管富民县人民医院、经开区人民医院5家医院,医疗床位数逾5 500张。生物医药部分,云南康旅创立基金,增资云南云科药业有限公司,将其整合为云南三七科技有限公司,实现了对特安呐制药集团的控股,基本完成了从科技到种植、提取、精深加工、贸易各板块的整合布局,形成基本完整的三七全产业链格局。同时,公司依托云南国威生物科技有限公司,重点开发以天麻为主的中药云药饮片、以苦荞为主的云南食品以及多糖的提取。

2020年11月,云南康旅发布更名公告,公司名称由"云南省城市建设投资集团有限公司"变更为"云南省康旅控股集团有限公司"。此次更名进一步确立了云南康旅作为云南省"文化旅游、健康服务两个万亿级产业的龙头企业"的战略定位。云南康旅立足保护环境、科技创新,立足国际化,树立"全产业链"发展思维,聚焦"康"和"旅""投"和"引",打造专业化平台,发挥龙头企业的带动作用,推动产业集群化发展,大力发展云南省文旅康养产业,助力云南打造世界一流的"健康生活目的地"。

3. 公司转型发展启示

(1)适时调整平台定位

文化旅游、健康服务产业是云南省最具竞争优势的产业领域,云南省不仅资源禀赋丰富,且拥有深厚的产业基础,云南康旅在此背景下开展自身业务的转型工作具备天然的优势。相关转型业务的开展一方面可通过公司的土地开发和资源整合业务,为云南省未来的重点文旅康养项目提供土地保障,另一方面,通过市场化运营建设的健康服务产业可以为云南的城市化进程做出贡献。

(2)坚持产融结合,创新融资模式

云南康旅坚持产融结合,以融资、资本运营和金融实业为抓手,积极拓展金融业务,创新融资模式,增强投融资能力。融资方面,云南康旅持续通过权益性融资、表外融资、定向增发、企业债、信托计划、委托贷款、社保基金融资、融资租赁等多模式融资方式的创新,改善公司的融资结构和资产负债结构,降低公司运营风险。资本运营方面,着力推进云南水务投资股份有限公司香港上市、云南城投置业股份有限公司主板上市工作,抓住机遇参与重庆超硅项目运作。金融实业方面,牵头发起设立云南省法人保险公司、入股商业银行、设立资本公司和保理公司、设立产业类投资基金、推进本元第三方支付平台建设。除此之外,云南康旅集团还继续以产业基金为平台,支持业务板块发展,打造集团上下一体的大金融平台,实现对子公司的价值管控,以银行、信托、债券等金融工具实现各产业之间资源的有效协同利用,通过产融结合拓宽融资渠道,提升资本运营能力。

(二)国家级经济开发区级(市级)平台——昆明经济技术开发区投资开发(集团)有限公司

1. 公司基本情况

昆明经济技术开发区投资开发(集团)有限公司(以下简称"昆明经投"),成立于2006年7月6日,是经昆明市人民政府批准,昆明经济技术开发区出资组建,由昆明经济技术开发区国资委监管的国有独资有限责任公司。目前,昆明经投拥有一级子公司14家、10家参股子公司,资产总额近300亿元。

长期以来,昆明经投着力打造成为"西部一流的经开区投资集团",积极发挥昆明经开区战略工具的作用,贯彻昆明经开区管委会各项决策部署,积极做好昆明经开区的投资主体、融资平台、建设管理和经营实体。公司通过农机产品销售、保障性住房、商业地产、工程建设、融资服务、融资咨询、租赁服务等业务,推动昆明经投作为政府融资平台公司的转型发展,最终实现产融结合、资本规范运作、各业务板块形成较强竞争力,进一步为推动昆明经开区社会发展做出更大贡献。

截至2021年12月末,昆明经济技术开发区投资开发(集团)有限公司未到期债券一共有4只,当前余额为18.00亿元,公司发债明细如下表5-22所示。

表5-22 截至2021年12月末昆明经济技术开发区投资开发(集团)有限公司债券明细

证券名称	证券类别	起息日	到期日	当前余额(亿元)
20昆明经开MTN001	中期票据	2020-07-24	2023-07-24	5.00
20昆明经开MTN002	中期票据	2020-09-11	2023-09-11	5.00

续表

证券名称	证券类别	起息日	到期日	当前余额（亿元）
21昆明经开SCP001	超短期融资债券	2021—04—27	2022—01—22	3.00
21昆明经开SCP002	超短期融资债券	2021—06—18	2022—03—15	5.00

数据来源：Wind。

2. 公司现面对的问题

(1)公司未来的发展定位困难

我国国有资本投资公司的运营模式主要集中于五大板块：资产经营、投资咨询、股权投资、不良资产处置和产权重组经营。公司可以根据国家的产业政策，调整本区域内的总体规划，也可以利用自身的融资平台筹措发展资金，对有需要的地方进行投资。随着中央和地方对投融资平台的进一步调控，剥离其政府性融资职能的政策也逐渐落到实处。西部经济发达地区存在更多的投融资机会，这类平台公司转型较为容易；但对于如云南这样的发展中地区来说，转型存在很多困难。这要求昆明经投除了担负替政府融资的职能外，还应确定契合自身功能的发展方向，合理优化财务结构，找准新时期转型升级的公司定位。

(2)负债率趋高引起资本结构不合理

截至2022年末，昆明经投在融资租赁、银行贷款、应付债券等方面的累计负债达到182.27亿元。近四年及近一期的公司资产负债率分别为57.89%、60.31%、60.28%、59.95%和61.21%，资产负债率近年有上升的趋势。由于公司的主营业务为市政道路建设、房地产开发、金融投资等，未来发展需要大规模融资。昆明市整体开发中的在建、拟建项目投资规模大，未来资本支出压力较大，对于负债率潜在升高倾向仍需警惕。

3. 公司平台转型发展建议

(1)加强市场化运营

昆明经济技术开发区投资开发(集团)有限公司业务范围较为广泛，其中地产销售、贸易、工程管养业务的收入占比较大，2021年营收占比分别为51.23%、11.18%和8.42%。产品销售业务板块，公司主营云峰牌系列小型拖拉机、拖拉机变形运输机及配套农机具的制造销售，2020年该部分业务营业收入为4 453.96万元。2018—2020年保安、物业服务及水务收入分别为20 261.61万元、21 113.71万元和18 927.27万元，占当期主营业务收入的比重分别为22.23%、17.77%和15.96%。总的来看，昆明经济技术开发区投资开发(集团)有限公司市场化转型成功,营收来源丰富,公司应继续加大发展力度,提升营收能力。

(2)改革内部治理结构

昆明经济技术开发区投资开发(集团)有限公司管理制度健全,为公司正常运转提供了良好保障。截至2021年3月底,公司设有财务部、资产运营部、审计部、法务合同部、工程管理部、人力资源部、综合管理部、战略发展部8个职能管理部门,各部门职责明确。此外,在项目管理方面,为了对工程项目建设实施"精细化"管理,明确各工作环节的操作程序、岗位职责,确保工作时效,公司制定了承包商法人代表及主要人员约谈制度,以问谈形式考核中标单位的项目人员;同时公司实行首件制度,根据首件工程的质量指标进行总结评价,以指导后续施工;在项目中后期,公司制定了工程中间验收制度等完善的项目管理流程,值得省内相关国有融资平台公司借鉴。

(三)区县级地方政府平台——安宁发展投资集团有限公司

1. 公司基本情况

安宁发展投资集团有限公司是安宁市人民政府出资及授权经营管理的市属国有资产的国有独资有限责任公司,隶属于安宁市人民政府。成立以来主要肩负着为市政基础设施等重点工程项目融资的重任,是政府指定授权从事市政道路建设、保障性住房建设、城市供水的重要载体,在区域内处于行业垄断地位。截至2021年末,公司总资产302.58亿元。

截至2021年12月末,安宁发展投资集团有限公司未到期债券一共有3只,当前余额为17.00亿元,公司发债明细如表5-23所示。

表5-23　　　截至2021年12月末安宁发展投资集团有限公司债券明细

证券名称	证券类别	起息日	到期日	当前余额（亿元）
19安宁投资PPN001	定向工具	2019-03-18	2024-03-18	5.00
18安发专项02	一般企业债	2018-12-04	2025-12-04	5.60
18安发专项01	一般企业债	2018-09-11	2025-09-11	6.40

数据来源:Wind。

2. 公司现面对的问题

安宁发展投资集团有限公司是安宁市市政道路建设、保障性住房建设、城市供水的重要载体,其面向的领域为城市的基础设施建设,业务范围较为单一,集中在城市基础建设和运营方面,举借的债务大多投入如安宁市道路、道路排水系统等社会公共服务项目的建设,投资回收时间较长,项目种类较为单一。

3. 公司平台转型发展建议

(1)依托平台进行业务整合,加强市场化运营

公司可依托自身的平台优势及在安宁市基础设施建设领域的重要地位,整合业务模块,以此来增强公司的整体实力和资本运作能力,便于公司集中力量进行重大项目建设和产业投资,实现转型目标。同时,以构建城市基础设施建设全产业链为主营业务方向,在规划建设和运营管理中提升自身竞争力,依托安宁市政府的广阔平台,引进高端产业,同时探索周边的现代服务产业,增强盈利能力。

(2)依托基建业务,拓宽融资渠道

安宁发展投资集团有限公司在云南区县级企业中排名第10,公司主体评级为AA级,整体来看,公司的融资能力在云南当地投融资平台中处于较好水平,在整个西部地区也具有较好的投融资表现。公司自成立以来,一直是安宁市基础设施建设主要的实施主体,可以充分发挥自身业务优势,积极承接地方基建项目,并发行专项债券等发改委鼓励的新型债券品种进行融资。2018年,安宁发展投资集团有限公司成功发行2018年第一期、第二期安宁发展投资集团有限公司城市地下综合管廊建设专项债券,发行总额为15亿元人民币,募集资金主要用于安宁市中心城区地下综合管廊建设。地下综合管廊在城市建设中有重要的作用,云南省人民政府2016年印发的《云南省人民政府关于加快推进全省城市地下综合管廊建设的实施意见》(云政发〔2016〕10号)中提到,要充分发挥开放性和政策性金融作用,将地下综合管廊建设列入专项金融债支持范围予以长期投资,争取放宽资本金比例等条件,支持符合条件的地下综合管廊建设运营企业发行企业债券和项目收益票据,用于地下综合管廊专项项目建设。这些政策为像安宁发展投资集团有限公司这样具有相关业务的企业发行此类债券畅通了渠道。

在园区建设的背景下,公司应积极拓宽融资渠道,目前公司的债券融资规模整体较低,债券品种主要集中在发改委和交易商协会,建议公司拓展交易所债券品种,除普通公司债外,也可积极采用资产证券化方式,将符合标准的流动性低的资产打包,从而盘活存量资产,提升资产流动性。此外,还可以发展PPP模式,吸引优质社会资本投入平台建设,切实推动安宁市基础设施建设的持续发展。

四、转型发展建议

(一)融资平台现存问题

1. 地方政府融资平台分布不均,信用分化较大

云南省各地州经济发展水平不均衡。发债城投平台的债券余额主要集中在省会城市昆明,其存续的城投债规模约为排名第二的曲靖的40倍。主要原因是区域经济发展不平衡,省内优质资源主要集中在省级平台和昆明市级平台中。其余各地州因经济发展水平和一般预算收入规模限制,城投平台数量较少,存续债券规模较小,融资规模较小,部分地州已无存续城投债余额,信用分化较为明显。

2. 资产整合存在风险

在履行城市开发建设工程的职能过程中,投融资平台公司积累了一定的账面资产,但资产运作方面仍然面临一定挑战。首先,资产手续普遍不完善。部分项目主要是按政府指令抢工建设,在决策和手续办理方面存在一定的瑕疵,导致项目建成后无法确权,进而无法形成有效资产。其次,投融资平台存在非营利性的公益性项目,该部分资产的经济效益发挥程度有限。最后,平台资产大部分是由当地政府划转,由于涉及利益部门多,在资产划转的同时也带来了相关的人员、债务包袱等其他历史问题,导致资产整合后存在一定的运营风险。

3. 省级城投平台有息债务规模较高,市场信心不足

目前,云南省投资控股集团有限公司、云南省交通投资建设集团有限公司、云南省建设投资控股集团有限公司、云南省康旅控股集团有限公司等省级投融资平台均面临较大的债务集中到期偿付压力。受地区整体债务率较高和主要省级平台公司偿债压力较大以及负面消息等综合因素影响,市场投资者目前对整个云南地区的城投债普遍信心不足。

4. 平台转型较为激进,市场环境预估不足

云南省各省级平台在转型发展的过程中,不断整合省内资源的同时,在地域上不断向省外扩张;在承担城市基础设施建设任务的同时,不断向房地产开发、商业地产、酒店文旅、金融投资等各业务板块扩张。平台转型较为激进,加之近年来受房地产政策调控和新冠肺炎疫情等一系列因素的影响,导致企业拓展的各项业务并未达到预期的收益和现金流水平,企业经营压力不断上升,债务负担不断加重,这一系列的后果都是对市场环境预估不足所致。

(二)融资平台转型发展建议

1. 转型发展必要性

云南省地方政府投融资平台为全省基础设施的不断完善和经济建设的平稳发展做出了重要的贡献,但过去不规范、低效率的发展方式仍给当地平台公司带来了许多隐患。2018年至2021年,云南省信用债的发行总额在全国的占比分别为1.81%、2.12%、1.97%和0.99%,全国范围内占比较小。同时,随着云南市场与融资平台非

标产品违约、公司治理不规范等相关负面新闻被接连爆出,也在一定程度上挫伤了投资者对于云南的市场预期。2020年6月,云南国资委发布《关于省属企业到期债务情况的报告》(以下简称"文件")的批示,要求所有省属国企必须严控新增债务,并且所有高于6.5%利率的债务,特别是利率大于7%的必须清退。文件点名了云投(云南省投资控股集团有限公司)、云南康旅(原名云南省城市建设投资集团有限公司)、云建投(云南省建设投资控股集团有限公司)、云天化(云天化集团有限责任公司)4家省属国企需要严控新增债务。文件还要求,所有信托、资管及其他类的都要全部置换或还清;所有省国企之间今后严禁相互借款、担保,更不能向私企借款担保。文件的相关规定规范了国有企业融资渠道,并对上述云南平台公司融资不规范现状有一定肃清作用,提高了企业凭借自身硬实力融资的要求。云南省国有企业必须从自身谋求转型,提振市场信心,进而追求以更低成本融资,减少自身偿债压力。

2. 转型发展的建议

(1)政府助推潜力释放,提振市场信心

中央及地方针对政府债务及投融资平台发债推出的一系列强监管手段并不是为了打压城投公司发行债券融资,而是力求改变平台公司发债为政府融资的内在属性,督促城投公司进行市场化转型。但由于云南省经济发展水平相对落后,且部分城投公司经营不善、治理情况混乱,市场对城投公司的整体信心严重不足,制约了当地投融资平台的市场化转型。这就需要由政府进行妥善配合,出台有关政策,提振市场信心,促进城投企业整合和转型。例如,2019年11月,广东发改委等5部门印发了《广东省发展改革委等五单位关于城投债券发行与风险管控的办法(试行)》,鼓励各地设立各类风险缓释金,对于已设立风险缓释金的地方,要利用好风险缓释金,有效化解城投平台的债务风险。广东省企业债券省级风险缓释基金委托省级担保机构管理,若发行人未能按时足额还本付息,且担保人(如有)也未能按时足额代偿,发行人可申请风险缓释基金,向市场展现了政府对当地投融资平台的支持。又如2019年12月,贵州省发改委发布《关于促进贵州资本市场健康发展的意见(征求意见稿)》,提出从缓解短期偿债压力、降低融资难度、拓宽融资渠道、加大整合力度4个方面化解隐性债务风险,推进城投平台的整合和转型,有力地增强了市场信心、稳定了市场预期。参考类似省份,云南省政府也可出台相关政策,传递积极信号,提振市场信心,比如云南省政府2019年1月印发了《云南省人民政府关于保持经济平稳健康发展22条措施的意见》(云政发〔2019〕1号),通过政策的连续性和创新性,也一定程度上传递了积极信号,稳定了社会预期,提振了市场信心。

(2)创新融资模式,拓宽融资渠道

平台在转型过程中可以合理利用云南丰富的少数民族文化和旅游资源,进行股权合作并购,扩充资本。通过拓展不同类型的旅游板块和经营模式,增强企业的造血能力。

债权融资方面,各级融资平台企业可以充分发挥自身业务优势,积极承接地方基建项目并发行专项债券进行融资。平台企业还可以利用自身掌握的资源、资产进行资产证券化融资。若公司拥有众多的基于文旅板块的持有性物业相关资产,且此类资产的现金流与未来收益较为稳定,符合资产证券化的特点,那么此类资产融资也是平台企业可以考虑的融资途径之一,也为国企混改探索出一个全新的实现路径和改革模式。

此外,云南也是"一带一路"倡议建设的重要节点,平台公司可以根据自身业务状况发行"一带一路"相关债券产品。

(3)积极整合业务模块,深化国企改革

云南临近祖国边陲,投融资平台要成功转型,需结合云南地域情况与公司主营业务,逐步实现平台战略定位升级和各大板块协调发展。在整合业务模块,实现市场化的同时,进一步深化国企改革尤为重要。2018年,云南省全面启动实施《云南省深化国有企业改革三年行动方案(2018—2020年)》,进一步提出了组建云南省国有股权运营管理有限公司、云南省国有金融资本控股集团有限公司、改组设立若干国有资本投资公司和产业集团公司的设想,为云南省投融资平台深化国企改革提供进一步的方向指引。2020年《云南省国企改革三年行动实施方案(2020—2022年)》提出,实施新一轮国企改革三年行动,推动国有经济布局优化和结构调整,提高国有企业活力和效率,做强做优做大国有资本和国有企业。

(4)更加关注市场风险,积极寻求市场化转型

云南省级平台过去转型导致债务风险不断积累,归根结底在于未能充分认识当地经济发展的实际情况,缺乏城投公司转型发展的专业人才。因此,在今后的转型过程中,云南省要充分关注市场风险,不断引进专业人才,保持合理的债务水平,从而实现企业健康良性的发展,为区域经济的发展做出贡献。

第四节 贵州省投融资平台转型发展评价

本节聚焦贵州地方政府投融资平台转型问题,通过构建测度指标体系,对贵州省地方政府投融资平台转型发展评价及问题方面展开研究,形成对贵州地方政府投融资平台转型发展评价的综合报告,全面反映贵州省地方政府投融资平台整体发展情况,

并针对性地提出转型发展建议。本节主要从四个部分开展研究：第一部分对贵州地方政府投融资平台的经济、财政和债务环境进行分析，形成一个全面的认识；第二部分对贵州地方政府投融资平台及其存在的问题进行详尽梳理和分析，全面把握贵州各级平台的发展现状和格局；第三部分通过构建指标评价体系及相关数据信息，得出贵州省、地级市、区县三级政府投融资平台的排名结果并展开分析，以期清晰知晓"家底"，在政府投融资平台转型中做到量体裁衣；第四部分立足于上述宏观环境和贵州地方政府投融资平台发展情况，针对性地提出贵州地方政府投融资平台的转型方向和路径，指导贵州地方政府投融资平台顺利实现转型发展，成为地方城市建设、产业升级、经济发展的"加速器、放大器和稳定器"。

本节所指地方政府投融资平台包括地方政府出资设立的综合性投资公司以及行业性投资公司，也包括地方各类国有资产经营管理公司，但不包括农林牧渔、出版、制造等纯产业类公司。评价样本是截至2021年末仍有存续的公开/非公开发行债券的贵州省省级、地级市、区县三级地方政府投融资平台，过去发行过、但已无存续债券的地方政府投融资平台没有纳入样本中。

一、基本情况简介

（一）贵州省经济情况

贵州地处中国西南内陆地区腹地，简称"黔"或"贵"，属西南地区，周边分别与湖南、广西、四川和重庆接壤，属内陆省份。贵州省处于我国中部和西部地区的结合地带，连接成渝经济区、珠三角经济区、北部湾经济区，是我国西南地区的重要经济走廊，并积极融入长江经济带。近年来，贵州省依托发展和生态两条底线，强力推进大扶贫、大数据、大生态三大战略行动，经济增速连续10年位居全国前列。当前，贵州已经成为全国经济发展最快、扶贫人数最多、交通变化最大、产业发展质量最高、生态环境最好的省份之一。

地区生产总值方面，2018—2021年贵州省地区生产总值分别为1.53万亿、1.68万亿、1.78万亿和1.95万亿元，同比分别增长9.1%、8.3%、4.5%及8.1%[①]，四年增速均位于全国前列水平。

从产业结构看，2021年贵州三次产业结构比例调整为13.9∶35.7∶50.4，其中第一产业增加值2 730.92亿元，增长7.7%；第二产业增加值6 984.70亿元，增长9.4%；第三产业增加值9 870.80亿元，增长7.3%，已形成"三二一"产业结构。

---

① 数据来源于贵州省历年国民经济和社会发展统计公报。

表 5－24　　　　　　　　2018—2021 年贵州省经济基本情况

项目	2018 年	2019 年	2020 年	2021 年
地区生产总值(亿元)	15 353.21	16 769.34	17 826.56	19 586.42
地区生产总值增速(%)	9.10	8.30	4.50	8.10
第一产业(亿元)	2 156.02	2 280.56	2 539.88	2 730.92
第二产业(亿元)	5 506.24	5 971.45	6 211.62	6 984.70
第三产业(亿元)	7 690.95	8 571.33	9 075.07	9 870.80
产业结构				
第一产业(%)	14.04	13.60	14.25	13.90
第二产业(%)	35.86	35.60	34.84	35.70
第三产业(%)	50.09	50.80	50.70	50.40
固定资产投资增速(%)	15.80	1.00	3.20	−3.10
进出口总额(亿美元)	76.01	65.73	79.08	101.27
出口额(亿美元)	51.21	47.40	62.33	75.40
进口额(亿美元)	24.79	18.33	16.75	25.87
社会消费品零售总额(亿元)	7 105.02	7 468.15	7 833.37	8 904.27
城镇居民人均可支配收入(元)	31 591.93	34 404.17	36 096.19	39 211.24
农村居民人均可支配收入(元)	9 716.10	10 756.30	11 642.35	12 856.14
居民消费价格指数(上年＝100)	101.75	102.39	102.60	100.10

数据来源：贵州省统计局。

投资方面，2021 年贵州省全社会固定资产投资（不含农户）同比下降 3.1%，其中，第一产业投资增长 33.1%，第二产业投资增长 19.6%，第三产业投资下降 10.7%。工业投资增长 19.7%。分行业看，农林牧渔业、采矿业、制造业分别同比增长 30.0%、41.1% 和 18.3%，电力、热力、燃气及水生产和供应业同比增长 9.8%，交通运输、仓储和邮政业同比下降 25.0%，教育同比增长 1.6%，卫生和社会工作同比下降 15.0%。

近年来，贵州省经济持续发展，居民收入稳步提高。2018—2021 年，贵州省城镇居民人均可支配收入分别为 3.16 万元、3.44 万元、3.61 万元和 3.92 万元，农村居民人均可支配收入分别为 0.97 万元、1.08 万元、1.16 万元和 1.28 万元。

(二)贵州省财政情况

2021 年，受新冠肺炎疫情的影响，贵州地方一般公共预算收入为 1 969.51 亿元，同比增长10.2%,其中税收收入1 177.14亿元,占一般公共预算收入的比重为59.8%;同期,一般公共预算支出为5 590.15亿元,同比下降2.6%。2021年,以土地出让收入为主的政府性基金预算收入为2 380.7亿元,同比增长16.3%,同期,政府性基金预算支出2 678亿元。

表5—25　　　　　　　　　贵州省2021年财政预算收支情况

项　目	金额(亿元)
一般公共预算收入	1 969.51
税收收入	1 177.14
中央补助	3 169.83
地方政府一般债券收入	1 048.6
一般公共预算支出	5 590.15
上解中央支出	41.24
地方政府一般债券还本支出	950.44
政府性基金收入	2 380.7
地方政府专项债券收入	1 231.31
政府性基金预算支出	2 678
地方政府专项债券还本支出	712.36
国有资本经营收支:	
国有资本经营预算收入	197.27
国有资本经营预算支出	100.17

数据来源:贵州省财政厅、统计局。

(三)贵州省政府债务情况

截至2021年末,贵州省地方政府债务余额为11 873.93亿元,其中,一般债余额为6 473.04亿元,专项债余额为5 400.89亿元。2021年,财政部核定贵州省政府债务总限额为12 365.35亿元,较2020年增加707亿元,截至2021年底,贵州省债务余额控制在财政部批准的限额之内。2021年,贵州省发行新增政府债券694亿元,主要用于交通基础设施、市政、农林水利、公共卫生设施、园区项目和水务等项目的建设。

贵州省经济水平和财政实力稳步提升,为地方政府债务的偿付提供了保障。此外,贵州政府工作报告多次提及化债要求,强调防范化解政府债务和金融风险,并且副省长多次公开举行洽谈会,表示贵州将采取有效措施,确保全省公开市场债券如期兑付。

表 5—26　　　　　　　　　　贵州省 2021 年地方债务情况　　　　　　　　　单位：亿元

项　目	全省	区本级
地方政府债务余额	11 873.93	1 869.28
一般债余额	6 473.04	1 482.32
专项债余额	5 400.89	386.96
地方政府债务限额	12 365.35	2 200.71
一般债限额	6 749.27	1 641.29
专项债限额	5 616.08	559.42

数据来源：贵州省人民政府。

二、投融资平台排名

(一)贵州省省级政府投融资平台排名情况

贵州省省级政府投融资平台排名情况见表 5—27。

表 5—27　　　　　　　　　贵州省省级政府投融资平台排名

排名	发行人中文名称	省份	城市	行政级别
1	贵州乌江能源投资有限公司	贵州省	贵阳市	省级
2	贵州高速公路集团有限公司	贵州省	贵阳市	省级
3	贵州省水利投资(集团)有限责任公司	贵州省	贵阳市	省级
4	贵州交通建设集团有限公司	贵州省	贵阳市	省级
5	贵州铁路投资集团有限责任公司	贵州省	贵阳市	省级
6	贵州省公路开发有限责任公司	贵州省	贵阳市	省级

数据来源：课题组整理计算所得。

(二)贵州省地市级政府投融资平台排名情况

贵州省地级市政府投融资平台排名情况见表 5—28。

表 5—28　　　　　　　　　贵州省地市级政府投融资平台排名

排名	发行人中文名称	省份	城市	行政级别
1	遵义市投资(集团)有限责任公司	贵州省	遵义市	地市级
2	遵义道桥建设(集团)有限公司	贵州省	遵义市	地市级
3	铜仁市水务投资有限责任公司	贵州省	铜仁市	地市级
4	黔西南州水资源开发投资有限公司	贵州省	兴义市	地市级

续表

排名	发行人中文名称	省份	城市	行政级别
5	黔西南州兴安开发投资股份有限公司	贵州省	黔西南布依族苗族自治州	地市级
6	贵州双龙航空港开发投资(集团)有限公司	贵州省	贵阳市	地市级
7	贵安新区开发投资有限公司	贵州省	贵阳市	地市级
8	贵阳市公共交通投资运营集团有限公司	贵州省	贵阳市	地市级
9	铜仁市国有资本运营股份有限公司	贵州省	铜仁市	地市级
10	贵州东湖新城市建设投资有限公司	贵州省	兴仁市	地市级
11	兴义市信恒城市建设投资有限公司	贵州省	兴义市	地市级
12	贵阳高科控股集团有限公司	贵州省	贵阳市	地市级
13	黔西南州城市建设投资(集团)有限公司	贵州省	兴义市	地市级
14	遵义交旅投资(集团)有限公司	贵州省	遵义市	地市级
15	毕节市信泰投资有限公司	贵州省	毕节市	地市级
16	六盘水市民生产业投资集团有限责任公司	贵州省	六盘水市	地市级
17	六盘水市农业投资开发有限责任公司	贵州省	六盘水市	地市级
18	黔东南州凯宏城市投资运营(集团)有限责任公司	贵州省	黔东南苗族侗族自治州	地市级
19	贵州省凯里城镇建设投资有限公司	贵州省	凯里市	地市级
20	黔东南州开发投资(集团)有限责任公司	贵州省	黔东南苗族侗族自治州	地市级
21	毕节市建设投资有限公司	贵州省	毕节市	地市级
22	贵安新区产业发展控股集团有限公司	贵州省	贵阳市	地市级
23	六盘水市水利开发投资有限责任公司	贵州省	六盘水市	地市级
24	遵义市新蒲发展集团有限公司	贵州省	遵义市	地市级
25	遵义市湘江投资(集团)有限公司	贵州省	遵义市	地市级
26	贵州省铜仁市交通旅游开发投资集团有限公司	贵州省	铜仁市	地市级
27	毕节市安方建设投资(集团)有限公司	贵州省	毕节市	地市级
28	六盘水市交通投资开发有限公司	贵州省	六盘水市	地市级
29	黔南州国有资本营运有限责任公司	贵州省	黔南布依族苗族自治州	地市级

续表

排名	发行人中文名称	省份	城市	行政级别
30	遵义鑫晟投资有限责任公司	贵州省	遵义市	地市级
31	毕节市天河城建开发投资有限公司	贵州省	毕节市	地市级
32	贵州思州润峰建设有限责任公司	贵州省	黔东南苗族侗族自治州	地市级
33	安顺市工业投资有限责任公司	贵州省	安顺市	地市级
34	贵州剑江控股集团有限公司	贵州省	都匀市	地市级
35	贵阳铁路建设投资有限公司	贵州省	贵阳市	地市级
36	贵阳经济开发区城市建设投资（集团）有限公司	贵州省	贵阳市	地市级
37	贵阳产业发展控股集团有限公司	贵州省	贵阳市	地市级
38	贵州新东观城市建设投资有限公司	贵州省	黔西南布依族苗族自治州	地市级
39	遵义经济技术开发区投资建设有限公司	贵州省	遵义市	地市级
40	贵州省长顺县国有资本营运有限责任公司	贵州省	黔南布依族苗族自治州	地市级
41	遵义市新区开发投资有限责任公司	贵州省	遵义市	地市级
42	贵州省铜仁市城市交通开发投资集团股份有限公司	贵州省	铜仁市	地市级
43	毕节市德溪建设开发投资有限公司	贵州省	毕节市	地市级
44	六盘水市旅游文化投资有限责任公司	贵州省	六盘水市	地市级
45	贵州遵铁物流开发投资有限公司	贵州省	遵义市	地市级
46	贵阳经济技术开发区贵合投资发展有限公司	贵州省	贵阳市	地市级
47	安顺市国有资产管理有限公司	贵州省	安顺市	地市级
48	六盘水市开发投资有限公司	贵州省	六盘水市	地市级
49	安顺投资有限公司	贵州省	安顺市	地市级
50	遵义市汇川区娄海情旅游发展投资有限公司	贵州省	遵义市	地市级
51	安顺市交通建设投资有限公司	贵州省	安顺市	地市级
52	遵义和平投资建设有限公司	贵州省	遵义市	地市级
53	贵州凯里开元城市投资开发有限责任公司	贵州省	黔东南苗族侗族自治州	地市级
54	遵义市国有资本运营有限公司	贵州省	遵义市	地市级

续表

排名	发行人中文名称	省份	城市	行政级别
55	贵州省珠江源实业集团有限责任公司	贵州省	黔南布依族苗族自治州	地市级

数据来源：课题组整理计算所得。

（三）贵州省区县级政府投融资平台排名情况

贵州省区县级政府投融资平台排名情况见表5－29。

表5－29　　　　　　贵州省区县级政府投融资平台排名

排名	发行人中文名称	省份	城市	行政级别
1	仁怀市城市开发建设投资经营有限责任公司	贵州省	仁怀市	区县级
2	安顺市西秀区工业投资（集团）有限公司	贵州省	安顺市	区县级
3	贵阳云岩贵中土地开发基本建设投资管理集团有限公司	贵州省	贵阳市	区县级
4	仁怀市水务投资开发有限责任公司	贵州省	仁怀市	区县级
5	贵州省红果经济开发区开发有限责任公司	贵州省	六盘水市	区县级
6	毕节市七星关区新宇建设投资有限公司	贵州省	毕节市	区县级
7	贵阳泉丰城市建设投资有限公司	贵州省	贵阳市	区县级
8	贵阳白云城市建设投资集团有限公司	贵州省	贵阳市	区县级
9	贵阳白云工业发展投资有限公司	贵州省	贵阳市	区县级
10	金沙县建设投资集团股份有限公司	贵州省	毕节市	区县级
11	赤水市城市建设投资经营有限公司	贵州省	赤水市	区县级
12	贵州宏财投资集团有限公司	贵州省	盘州市	区县级
13	清镇市城市建设投资有限公司	贵州省	清镇市	区县级
14	贵州金凤凰产业投资有限公司	贵州省	黔西南布依族苗族自治州	区县级
15	毕节市碧海新区建设投资有限公司	贵州省	毕节市	区县级
16	贵州乌当经济开发区建设投资开发有限公司	贵州省	贵阳市	区县级
17	遵义市红花岗区国有资产投资经营有限责任公司	贵州省	遵义市	区县级
18	贵阳南明投资（集团）有限公司	贵州省	贵阳市	区县级

续表

排名	发行人中文名称	省份	城市	行政级别
19	六枝特区水务有限责任公司	贵州省	六盘水市	区县级
20	六盘水市水城区城市投资开发有限责任公司	贵州省	六盘水市	区县级
21	息烽县城市建设投资有限公司	贵州省	贵阳市	区县级
22	贵州六盘水攀登房地产开发投资贸易有限公司	贵州省	六盘水市	区县级
23	安龙县宏源国有资产经营有限责任公司	贵州省	黔西南布依族苗族自治州	区县级
24	遵义市汇川区城市建设投资经营有限公司	贵州省	遵义市	区县级
25	金沙县路桥工程投资股份有限公司	贵州省	毕节市	区县级
26	贵州钟山开发投资有限责任公司	贵州省	六盘水市	区县级
27	凯里市文化旅游产业投资发展有限公司	贵州省	凯里市	区县级
28	凯里正源城镇建设发展有限责任公司	贵州省	凯里市	区县级
29	遵义市播州区交通建设投资有限公司	贵州省	遵义市	区县级
30	遵义市红花岗城市建设投资经营有限公司	贵州省	遵义市	区县级
31	六盘水梅花山旅游文化投资有限公司	贵州省	六盘水市	区县级
32	普定县夜郎国有资产投资营运有限责任公司	贵州省	安顺市	区县级
33	贵州水城水务投资有限责任公司	贵州省	六盘水市	区县级
34	遵义鸭溪大地投资开发有限责任公司	贵州省	遵义市	区县级
35	六盘水市钟山区城市建设投资有限公司	贵州省	六盘水市	区县级

数据来源：课题组整理计算所得。

三、转型发展建议

（一）贵州省地方政府投融资平台转型面临的政策形势

城投公司产生于20世纪80年代末至90年代初，国务院对政府融资体制进行改革。基础设施建设投资的主体由地方政府变为公司，设立时主要通过银行的信贷体系实现对外融资。2008年为应对金融危机，我国启动了"4万亿"投资计划，2009年央行、原银监会发声支持组建融资平台,各地纷纷组建融资平台公司,为当地基础设施建设引入大量资金,但相应也推高了地方债务。2014年发布国发〔2014〕43号文,剥离融资平台公司的政府融资职能,平台公司不得新增政府债务;此后,相关政府部门陆续出台相关文件,遏制地方政府盲目投资,规范平台公司融资行为。

贵州省平台公司的发债规模在内地31个省、直辖市中处于中等,较为活跃的融资为全省的城市化进程起到了一定的推动作用。但由于经济基础较弱且常年大兴基建,贵州省整体债务水平较重,政府显隐性债务规模远高于经济水平相近的广西、山西等省份。同时,融资的加快,也在一定程度上增加了债务风险,甚至部分地区存在过度融资及不合理融资,导致债务问题爆发。据不完全统计,截至2022年底贵州发生的城投平台非标违约事件至少已达58起,以遵义、黔南最为集中,违约主体涵盖市级和区县级平台。

进入2021年,地方政府债务管控尤其是隐性债务监管压力巨大。2021年4月,国务院发布《国务院关于进一步深化预算管理制度改革的意见》(国发〔2021〕5号),提出加大地方债务风险防控力度,针对专项债和城投平台实施从严监管;2021年4月,国家主席习近平主持召开中央政治局会议,提出推动地方隐性债务化解,建立地方党政主要领导负责的财政金融风险处置机制;2021年7月,中共中央办公厅印发《关于加强地方人大对政府债务审查监督的意见》,地方政府建立健全向全国人大报告政府债务的机制,加强对地方政府债务风险管控的监督,推动政府债务信息公开透明;2021年7月的银保监发〔2021〕15号文,要求各银行保险机构严格执行地方政府融资的相关政策要求,打消财政兜底幻觉,强化合规管理、尽职调查工作,严禁新增或虚假化解地方政府隐性债务,切实把控好金融闸门。

由此可见,地方政府融资平台在一定程度上完善了贵州省的基础设施建设,促进了公共事业的发展,尤其是在经济危机时期,刺激了经济的发展,减少了危机对经济造成的影响,起到了积极的作用。但是这些融资平台也产生了如融资平台不规范、过度依赖地方财政补贴等诸多问题。在政策与现存问题的交织中,贵州融资平台不可避免地面临着新的挑战。

(二)贵州省地方政府投融资平台转型发展思路

在经济新常态的发展背景下,贵州省投融资平台的转型发展对贵州经济发展具有积极的促进作用,但大多数平台公司在转型发展过程中,仍存在方向不明确、整合不到位等相关问题。

所以,对贵州地方投融资平台类企业转型发展进行研究,借鉴转型发展情况较好地区的平台企业的成功经验,在共性问题与政策导向等方面展开讨论,探索贵州省投融资平台类企业转型发展路径,对实现投融资平台市场化转型、加强债务风险管控具有重要意义。

1. 化解债务,轻装上阵

2021年,地方政府债务化解,特别是隐性债务化解被提到了相当的高度。2020年以来,国有企业债务违约事件屡见不鲜。监管层面,2021年以来对投融资平台出台了一系列的融资管控政策,导致平台公司融资规模有所下滑;2021年2月28日,国务院国资委印发《关于加强地方国有企业债务风险管控工作的指导意见》,明确要求地方政府和地方国有企业防范化解重大债务风险,维护金融市场稳定。

面对当前情况,贵州省各平台应充分认识当前债务风险管控的重要性,控制债务率,保持合理债务水平,逐步开展债券全生命周期管理,严防债券违约,严禁恶意逃废债。同时,各地方融资平台应不断加强与地方财政、国有资产的良性互动,化解存量历史债务,大力压降隐性债务规模,从而实现轻装上阵、良性发展。

2. 结合当地经济状况与政策导向,探索分类转型方向

融资平台作为政府项目的重要承接主体,对于城市建设和发展具有重要的意义。在当前经济发展的新格局下,贵州省各地投融资平台转型应当立足当地实际经济发展状况、资源禀赋与当前政策导向,探索分类转型方向。

3. 权责明晰,放管结合

首先,平台应当主动剥离为政府融资的职能,发挥其市场作用;政府也不得再以任何形式为平台举债提供担保,不得以平台的名义进行举债。其次,平台应当优化法人治理机构,通过在平台内部建立合理的法人机构,形成"决策层—管理层—执行层"架构以及股东(大)会、董事会、监事会和经营管理层三位一体的法人治理结构,破除"政企不分"的现象。以这样的思路进行转型后,政府与平台的职能互相分离,明确权利与责任,有利于提升平台的管理水平。

(三)贵州省地方政府投融资平台转型发展建议

1. 守住诚信底线,保持融资生命力

贵州省的绝大多数地方政府投融资平台自其成立起,就担负着为当地基础设施融资、建设的先天使命,历经多年发展,为当地的经济发展以及基础设施完善做出了不可磨灭的贡献。但由于其举债行为不规范、运营效率低等原因,使自身、区域都累积了较大规模的债务和一定的债务风险,其发展过程中由于体制、运营等弊端导致的深层次问题已经充分暴露并亟待解决。

为应对此类情况,贵州省动作频频,先后出台《中共贵州省委贵州省人民政府关于深化投融资体制改革的实施意见》(黔党发〔2017〕17号)、《贵州省政府性债务风险应

急处置预案》。2019年10月和2020年8月,贵州省高层在贵州省债券市场恳谈会也明确表示贵州要力保公开债的兑付。此后,2020年,贵州省人民政府办公厅发布《省人民政府办公厅关于促进贵州资本市场健康发展的意见》(黔府办发〔2019〕32号),提出注资提振平台资质,强化增信体系。2019年、2020年茅台股权的两次划转等一系列动作也彰显了贵州省政府的决心。由此,各级平台必须将保诚信、保声誉作为第一阶段的工作,保持融资生命力,在生存的基础上图谋转型之路。

2. 坚持因地制宜,做大自身实力

一方面,受制于贵州大面积的山地、丘陵地貌,尽管当地的基础设施在国家政策的倾斜支持下有了较为瞩目的发展,但是当地城镇化水平依然较为落后,仍需投入大量资金。

另一方面,在国家大力推行县城新型城镇化建设的当下,区县级平台类企业应当在结合本地脱贫致富与城镇化发展的实际情况与现实要求下,发挥自身优势,使其在地方区域内形成优势业务,在履行城市建设责任的同时,扩大自身资产规模,提升资产内在质量。

3. 创新市场运营,减轻自身负担

贵州省平台类企业关注市场发展趋势,顺应当前的市场环境,灵活有效地配置资源,去掉政府"行政化"的思维模式,给企业带来发展新动力,探索出适合贵州省平台企业的发展模式,如PPP、公募REITs等。

4. 改善融资机构,纠正期限错配

目前贵州省地方政府投融资平台的融资方式并不合理,存在部分短债长用的情形。如贵州交通建设集团有限公司现存的债券中仅有2只10年期中期票据、2只7年期中期票据,其余债券为3年期中期票据和超短期融资券,加权平均期限为5.24年,且新发债券期限较短,而其投资领域多为投资收益长达10年以上的交通、市政基础设施等基础项目。因此,贵州省地方政府投融资平台应结合自身业务特色和当地实际情况,改善融资机构,纠正期限错配,降低融资实际成本和错配风险。

5. 政策、市场双驱动,加快资产整合

贵州省城投公司应坚持政策性业务和市场业务双轮驱动的经营策略,一方面承接政府公益性项目,提升城市品质,承担国企的社会责任;另一方面坚持以"主业清晰、多元化发展"的原则不断开拓经营性业务,打造合理多元的业务板块。按照"市场化运作、专业化发展、多元化经营"的指导思想,大力整合和经营现有的基建、土地开发等产业,结合自身和当时实际情况,积极探索和涉足其他优质产业,并按照全面、客观、真实、有效的原则加快推动资产整合重组。

第五节　四川省投融资平台转型发展评价

本节聚焦四川省地方政府投融资平台的转型问题，通过构建测度指标体系，对四川省地方政府投融资平台转型发展评价及问题方面展开研究，形成四川省地方政府投融资平台转型发展评价的综合报告，全面反映四川省地方政府投融资平台的整体发展情况，并针对性地提出未来的转型发展建议。本节主要从四个方面展开研究：第一部分是对四川省地方政府投融资平台所处的经济、财政和债务环境进行分析，形成全面的认识和掌握；第二部分是对四川省地方政府投融资平台及其存在的问题进行详尽梳理和分析，全面把握四川省各级投融资平台的发展现状和发展格局；第三部分通过构建指标评价体系及相关数据信息，产生四川省、地级市、区县三级政府投融资平台的排名结果并展开分析，以期清晰知晓"家底"，在政府投融资平台转型中做到量体裁衣；第四部分立足于上述宏观环境和四川省地方政府投融资平台发展情况，提出针对四川省地方政府投融资平台的转型方向和路径的思考，指导四川省地方政府投融资平台顺利实现转型发展，成为地方城市建设、产业升级、经济发展的"加速器、放大器和稳定器"。

本节所指地方政府投融资平台包括地方政府出资设立的综合性投资公司以及行业性投资公司，也包括地方各类国有资产经营管理公司，但不包括农林牧渔、出版、制造等纯产业类公司。评价样本是截至2021年末仍有存续的公开发行债券的四川省、地级市、区县三级地方政府投融资平台，过去发行过、但已无存续债券的地方政府投融资平台没有被纳入样本中。

一、基本情况简介

（一）四川省经济情况

四川省地处中国西部，是西南、西北和中部地区的重要结合地区，是承接华南、华中，连接西南、西北，沟通中亚、南亚、东南亚的重要交汇点和交通走廊。四川省辖区面积为49.17万平方公里，居中国第5位，辖21个市（州）、183个县（市、区），常住人口9 129万人。

在西部大开发以及"一带一路"倡议的推动下，四川省经济实力不断增强。2018—2021年，四川省分别实现地区生产总值（GDP）42 902.10亿元、46 615.82亿元、48 598.76亿元和53 850.8亿元。近年来的经济增速高于全国平均增速。

产业结构方面，近年来，四川省持续推动经济结构调整及产业转型升级，第三产业发展较快，对经济增长的贡献程度持续提高，经济内生动力进一步优化。2021年，第一产业增加值5 661.9亿元，增长7.0%；第二产业增加值19 901.4亿元，增长

7.4%；第三产业增加值 28 287.5 亿元，增长 8.9%。三次产业对经济增长的贡献率分别为 9.8%、33.0% 和 57.2%。2021 年人均地区生产总值 64 357.19 元，增长 9.6%。三次产业结构由 2020 年的 11.5∶36.1∶52.4 调整为 10.5∶37.0∶52.5。

四川省是我国重要的工农业基地之一，也是西部地区最大的经济体。四川地质构造复杂，成矿条件有利，矿产资源丰富，矿产种类齐全，是西部乃至全国的矿物原材料生产加工大省。查明资源储量的矿种有 92 种（亚矿种 123 种），33 种矿产排位进入全国同类矿产查明资源储量的前三位，天然气、钒、钛、二氧化碳气、锂矿等 14 种矿产在全国查明资源储量中排名第一，铁矿、铂族金属、稀土矿（稀土氧化物）等 10 种矿产在全国查明资源储量中排名第二。工业经济对四川省贡献较大，特别是电子信息、装备制造、能源电力、油气化工、钒钛钢铁等产业。此外，四川省拥有丰富的旅游资源，九寨沟、峨眉山、青城山、都江堰等景区久负盛誉。

固定资产投资方面，2021 年同口径比上年增长 10.1%。具体来看，2021 年，四川省房地产开发投资比上年增长 7.1%。同期，商品房施工面积 5 4248.7 万平方米，增长 6.9%；商品房销售面积 13 692.9 万平方米，增长 3.3%；商品房竣工面积 4 379.3 万平方米。

四川省已启动实施与国家支柱产业振兴规划和本省"7＋3"产业发展规划相衔接的优势产业振兴行动计划，加大水电、天然气、钒钛等战略资源重点项目的建设力度；发展一批重点产业园区，大力实施"1525"工程，培育成长型特色产业集群；开工建设攀钢西昌钒钛资源综合利用、一汽大众 35 万辆轿车等重大项目，实施一批投资上亿元的技术改造项目和 600 项技术创新项目；推进大企业大集团"两个带动"工程和中小企业"一个计划、五项工程"，高标准建设新型工业化产业示范基地和"5＋1"重点特色产业园区，加快建设华为鲲鹏生态基地、中国牙谷等重点工业项目，推动尽快投产达产；鼓励关联产业、上下游企业联合兼并重组，推进中小企业"育苗壮干"梯度培育，打造一批先进制造业集群，提高产业集中度和生产集约化水平。四川省深入推进全面创新和改革开放，实施 10 个重大科技专项和 106 项科技成果转化示范项目，新增高新技术企业 2 000 多家；获批国家数字服务出口基地、进口贸易促进创新示范区，组建西部陆海新通道物流产业发展联盟，成都高新西园、成都国际铁路港、泸州、宜宾、绵阳综合保税区正式通过验收。

未来的"十四五"期间，是四川抢抓国家重大战略机遇、推动成渝地区双城经济圈建设成势见效的关键时期，发展具有多方面的优势和条件。"一带一路"建设、长江经济带发展、新时代推进西部大开发形成新格局、黄河流域生态保护和高质量发展、成渝地区双城经济圈建设等国家战略深入实施，四川发展的战略动能将更加强劲；畅通国民经济循环带来区域经济布局和对外开放格局加快重塑,四川发展的战略位势将更加凸显;国家推动引领性创新、市场化改革、制度型开放、绿色化转型等重大政策交汇叠加,四川发展的战略支撑将更加有力。

(二)四川省财政情况

四川省近年来的财政收入保持稳定增长,其中一般公共预算收入以税收收入为主,具有较强的稳定性。

表5-30　　　　　　　四川省2018—2021年财政预算收支情况

财政指标	2018年	2019年	2020年	2021年
一般公共预算收入(亿元)	3 910.9	4 070.7	4 258.0	4 773.3
其中:税收收入(亿元)	2 819.7	2 888.8	2 967.7	3 334.8
政府性基金收入(亿元)	3 828.8	4 181.2	4 779.4	4 950.5
一般公共预算支出(亿元)	9 718.3	10 349.6	11 200.7	11 215.6
政府性基金支出(亿元)	4 033.7	4 374.8	6 085.7	5 714.1
财政平衡率(%)	40.24	39.33	38.02	42.56

数据来源:四川省财政厅。

财政实力方面,2018—2021年,四川省一般公共财政预算收入逐年递增,分别为3 910.9亿元、4 070.7亿元、4 258.0亿元和4 773.3亿元,其中2021年同口径增长12%;同期,税收收入分别为2 819.7亿元、2 888.8亿元、2 967.7亿元和3 334.8亿元,2021年税收占比为69.86%,财政收入质量良好。随着房地产市场的回暖,近年来四川省的政府性基金收入呈现上升趋势,2018—2021年分别为3 828.8亿元、4 181.2亿元、4 779.4亿元和4 950.5亿元,其中2021年国有土地使用权出让收入4 441.3亿元。财政支出方面,2018—2021年四川省一般公共财政预算支出分别为9 718.3亿元、10 349.6亿元、11 200.7亿元和11 215.6亿元,其中2021年同比增长9%。同期,四川省财政平衡率(一般公共预算收入/一般公共预算支出)分别为40.24%、39.33%、38.02%和42.56%,财政自给能力近年来持续下降,收支平衡主要依赖来自中央的上级补助。

(三)四川省政府债务情况

2021年底,四川省全省地方政府债务余额15 237.5亿元。2021年发行新增债2 251.3亿元、再融资债券990.7亿元,举借外债7.6亿元,偿还到期政府债券1 205.6亿元和外债2.3亿元后,债务余额为15 237.5亿元,比2020年底增加2 494.7亿元,控制在国务院核定的债务限额16 293亿元内,债务风险总体可控。分类型看:全省一般债务限额7 261.9亿元,余额6 837.6亿元;专项债务限额9 031.1亿元,余额8 399.9亿元。分级次看:省本级债务限额1 226.9亿元,余额1 095.8亿元。2021年四川省政府债务率为89.3%,略低于全国平均水平,债务风险可控。

全省地方政府债务主要用于公益性资本支出,重点支持易地扶贫搬迁、深度贫困县基础设施建设、灾后重建、棚户区改造、高速铁路建设、乡村振兴、生态环保、教育卫生等,形成了大量优质资产。

四川省经济水平和财政实力稳步提升,为地方政府债务的偿付提供了有力保障。此外,四川省政府不断完善相关管理体制机制,债务管控逐步加强。近年来,四川省委、省政府高度重视政府性债务管理工作,积极采取有效措施,不断完善政府性债务管理制度,着力控制债务规模,防范和化解政府性债务风险。

二、投融资平台排名

(一)四川省省级政府投融资平台排名情况

四川省省级政府投融资平台排名情况见表5-31。

表5-31　　　　　　　　四川省省级政府投融资平台排名

排名	发行人中文名称	省份	城市	行政级别
1	四川发展(控股)有限责任公司	四川省	成都市	省级
2	四川省投资集团有限责任公司	四川省	成都市	省级

数据来源:课题组整理计算所得。

(二)四川省地市级政府投融资平台排名情况

四川省地市级政府投融资平台排名情况见表5-32。

表5-32　　　　　　　　四川省地市级政府投融资平台排名

排名	发行人中文名称	省份	城市	行政级别
1	宜宾发展控股集团有限公司	四川省	宜宾市	地市级
2	成都兴城投资集团有限公司	四川省	成都市	地市级
3	成都高新投资集团有限公司	四川省	成都市	地市级
4	广元市投资发展集团有限公司	四川省	广元市	地市级
5	成都轨道交通集团有限公司	四川省	成都市	地市级
6	巴中市国有资本运营集团有限公司	四川省	巴中市	地市级
7	成都环境投资集团有限公司	四川省	成都市	地市级
8	泸州市兴泸投资集团有限公司	四川省	泸州市	地市级

续表

排名	发行人中文名称	省份	城市	行政级别
9	成都天府新区投资集团有限公司	四川省	成都市	地市级
10	绵阳科技城发展投资(集团)有限公司	四川省	绵阳市	地市级
11	成都文化旅游发展集团有限责任公司	四川省	成都市	地市级
12	绵阳市投资控股(集团)有限公司	四川省	绵阳市	地市级
13	成都产业投资集团有限公司	四川省	成都市	地市级
14	达州市投资有限公司	四川省	达州市	地市级
15	乐山国有资产投资运营(集团)有限公司	四川省	乐山市	地市级
16	泸州产业发展投资集团有限公司	四川省	泸州市	地市级
17	成都经开产业投资集团有限公司	四川省	成都市	地市级
18	眉山市宏顺停车管理服务有限公司	四川省	眉山市	地市级
19	自贡市国有资本投资运营集团有限公司	四川省	自贡市	地市级
20	成都城建投资管理集团有限责任公司	四川省	成都市	地市级
21	遂宁开达投资有限公司	四川省	遂宁市	地市级
22	成都经开国投集团有限公司	四川省	成都市	地市级
23	泸州市高新投资集团有限公司	四川省	泸州市	地市级
24	四川港荣投资发展集团有限公司	四川省	宜宾市	地市级
25	广安发展建设集团有限公司	四川省	广安市	地市级
26	遂宁发展投资集团有限公司	四川省	遂宁市	地市级
27	自贡高新国有资本投资运营集团有限公司	四川省	自贡市	地市级
28	广元市园区建设投资有限公司	四川省	广元市	地市级
29	泸州市兴泸水务(集团)股份有限公司	四川省	泸州市	地市级
30	遂宁市富源实业有限公司	四川省	遂宁市	地市级
31	内江投资控股集团有限公司	四川省	内江市	地市级
32	广元市城市发展集团有限公司	四川省	广元市	地市级
33	雅安发展投资有限责任公司	四川省	雅安市	地市级
34	资阳市水务投资有限责任公司	四川省	资阳市	地市级
35	资阳发展投资集团有限公司	四川省	资阳市	地市级
36	四川天盈实业有限责任公司	四川省	遂宁市	地市级
37	德阳发展控股集团有限公司	四川省	德阳市	地市级
38	攀枝花城市投资建设(集团)有限公司	四川省	攀枝花市	地市级
39	眉山发展控股集团有限公司	四川省	眉山市	地市级

续表

排名	发行人中文名称	省份	城市	行政级别
40	泸州阜阳投资集团有限公司	四川省	泸州市	地市级
41	成都交通投资集团有限公司	四川省	成都市	地市级
42	眉山市国有资本投资运营集团有限公司	四川省	眉山市	地市级
43	内江建工集团有限责任公司	四川省	内江市	地市级
44	南充临江东方投资集团有限公司	四川省	南充市	地市级
45	泸州汇兴投资集团有限公司	四川省	泸州市	地市级
46	内江兴元实业集团有限责任公司	四川省	内江市	地市级
47	四川秦巴新城投资集团有限公司	四川省	巴中市	地市级
48	自贡市城市建设投资开发集团有限公司	四川省	自贡市	地市级
49	泸州兴阳投资集团有限公司	四川省	泸州市	地市级
50	绵阳经开投资控股集团有限公司	四川省	绵阳市	地市级
51	广安交通投资建设开发集团有限责任公司	四川省	广安市	地市级
52	南充市嘉陵发展投资有限公司	四川省	南充市	地市级
53	攀枝花市国有投资(集团)有限责任公司	四川省	攀枝花市	地市级
54	成都交子公园金融商务区投资开发有限责任公司	四川省	成都市	地市级
55	绵阳新兴投资控股有限公司	四川省	绵阳市	地市级
56	四川纳兴实业集团有限公司	四川省	泸州市	地市级
57	遂宁市河东开发建设投资有限公司	四川省	遂宁市	地市级
58	遂宁柔刚投资有限责任公司	四川省	遂宁市	地市级
59	古蔺县国有资产经营有限责任公司	四川省	泸州市	地市级
60	广安经济技术开发区恒生投资开发有限公司	四川省	广安市	地市级
61	眉山市宏大建设投资有限公司	四川省	眉山市	地市级
62	广安金财投融资(集团)有限责任公司	四川省	广安市	地市级
63	资阳高新投资集团有限公司	四川省	资阳市	地市级
64	泸州市城市建设投资集团有限公司	四川省	泸州市	地市级
65	眉山天府新区投资集团有限公司	四川省	眉山市	地市级
66	内江路桥集团有限公司	四川省	内江市	地市级
67	遂宁广利工业发展有限公司	四川省	遂宁市	地市级
68	巴中市文化旅游发展集团有限公司	四川省	巴中市	地市级

数据来源:课题组整理计算所得。

(三)四川省区县级政府投融资平台排名情况

四川省区县级政府投融资平台排名情况见表5－33。

表5－33　　　　　　　　四川省区县级政府投融资平台排名

排名	发行人中文名称	省份	城市	行政级别
1	成都空港城市发展集团有限公司	四川省	成都市	区县级
2	成都香城投资集团有限公司	四川省	成都市	区县级
3	成都武侯资本投资管理集团有限公司	四川省	成都市	区县级
4	成都市兴城建实业发展有限责任公司	四川省	成都市	区县级
5	成都西盛投资集团有限公司	四川省	成都市	区县级
6	眉山市东坡发展投资集团有限公司	四川省	眉山市	区县级
7	成都温江兴蓉西城市运营集团有限公司	四川省	成都市	区县级
8	成都武侯产业发展投资管理集团有限公司	四川省	成都市	区县级
9	泸州市龙驰实业集团有限责任公司	四川省	泸州市	区县级
10	成都市新津县国有资产投资经营有限责任公司	四川省	成都市	区县级
11	成都空港兴城建设管理有限公司	四川省	成都市	区县级
12	射洪市国有资产经营管理集团有限公司	四川省	射洪市	区县级
13	江油鸿飞投资(集团)有限公司	四川省	江油市	区县级
14	资中县兴资投资开发集团有限责任公司	四川省	内江市	区县级
15	成都九联投资集团有限公司	四川省	成都市	区县级
16	成都市融禾投资发展集团有限公司	四川省	成都市	区县级
17	成都市金牛环境投资发展集团有限公司	四川省	成都市	区县级
18	成都天府水城城乡水务建设有限公司	四川省	成都市	区县级
19	成都东方广益投资有限公司	四川省	成都市	区县级
20	屏山县恒源投资有限公司	四川省	宜宾市	区县级
21	仁寿发展投资集团有限公司	四川省	眉山市	区县级
22	邛崃市建设投资集团有限公司	四川省	邛崃市	区县级
23	成都市羊安新城开发建设有限公司	四川省	邛崃市	区县级
24	宜宾市翠屏区国有资产经营管理有限责任公司	四川省	宜宾市	区县级
25	成都蜀都川菜产业投资发展有限公司	四川省	成都市	区县级
26	金堂县现代农业投资有限公司	四川省	成都市	区县级
27	成都兴锦生态建设投资集团有限公司	四川省	成都市	区县级

续表

排名	发行人中文名称	省份	城市	行政级别
28	成都空港兴城投资集团有限公司	四川省	成都市	区县级
29	新津新城发展集团有限公司	四川省	成都市	区县级
30	都江堰兴堰投资有限公司	四川省	都江堰市	区县级
31	绵阳安州投资控股集团有限公司	四川省	绵阳市	区县级
32	彭州市医药健康产业投资有限公司	四川省	彭州市	区县级
33	四川阳安交通投资有限公司	四川省	简阳市	区县级
34	什邡市国有投资控股集团有限公司	四川省	什邡市	区县级
35	简阳发展(控股)有限公司	四川省	简阳市	区县级
36	彭山发展控股有限责任公司	四川省	眉山市	区县级
37	西昌海河文旅投资发展有限公司	四川省	西昌市	区县级
38	绵阳宏达资产投资经营(集团)有限公司	四川省	绵阳市	区县级
39	成都成华旧城改造投资有限责任公司	四川省	成都市	区县级
40	成都市兴锦城市建设投资有限责任公司	四川省	成都市	区县级
41	成都市金牛城市建设投资经营集团有限公司	四川省	成都市	区县级
42	成都兴华生态建设开发有限公司	四川省	成都市	区县级
43	四川龙阳天府新区建设投资有限公司	四川省	简阳市	区县级
44	成都成华棚户区惠民改造建设有限责任公司	四川省	成都市	区县级
45	彭州市城市建设投资集团有限公司	四川省	彭州市	区县级
46	简阳市现代工业投资发展有限公司	四川省	简阳市	区县级
47	成都市兴蒲投资有限公司	四川省	成都市	区县级
48	都江堰兴市集团有限责任公司	四川省	都江堰市	区县级
49	成都兴蜀投资开发有限公司	四川省	崇州市	区县级
50	绵竹市金申投资集团有限公司	四川省	绵竹市	区县级
51	金堂县国有资产投资经营有限责任公司	四川省	成都市	区县级
52	金堂县兴金开发建设投资有限公司	四川省	成都市	区县级
53	都江堰新城建设投资有限公司	四川省	都江堰市	区县级
54	四川阆中名城经营投资有限公司	四川省	阆中市	区县级
55	成都隆博投资有限责任公司	四川省	成都市	区县级
56	简阳市水务投资发展有限公司	四川省	简阳市	区县级
57	绵阳富诚投资集团有限公司	四川省	绵阳市	区县级
58	成都花园水城城乡建设投资有限责任公司	四川省	成都市	区县级

续表

排名	发行人中文名称	省份	城市	行政级别
59	成都市新津交通建设投资有限责任公司	四川省	成都市	区县级
60	成都成华国资经营投资有限责任公司	四川省	成都市	区县级
61	成都锦城光华投资集团有限公司	四川省	成都市	区县级
62	金堂县鑫垚建设投资有限责任公司	四川省	成都市	区县级
63	隆昌发展建设集团有限责任公司	四川省	隆昌市	区县级
64	成都青羊城乡建设发展有限公司	四川省	成都市	区县级
65	宜宾市叙州区国有资产经营有限公司	四川省	宜宾市	区县级
66	峨眉山发展(控股)有限责任公司	四川省	峨眉山市	区县级
67	成都陆港枢纽投资发展集团有限公司	四川省	成都市	区县级
68	成都市润弘投资有限公司	四川省	成都市	区县级
69	内江人和国有资产经营有限责任公司	四川省	内江市	区县级
70	遂宁市天泰实业有限责任公司	四川省	遂宁市	区县级
71	四川安汉实业投资集团有限责任公司	四川省	南充市	区县级
72	广汉市广鑫投资发展有限公司	四川省	广汉市	区县级
73	安岳县兴安城市建设投资开发有限公司	四川省	资阳市	区县级
74	成都市蜀州城市建设投资有限责任公司	四川省	崇州市	区县级
75	成都市金牛国有资产投资经营集团有限公司	四川省	成都市	区县级
76	成都市兴旅旅游发展有限公司	四川省	崇州市	区县级
77	江油城市投资发展有限公司	四川省	江油市	区县级
78	成都市新津环境投资集团有限公司	四川省	成都市	区县级
79	成都市兴光华城市建设有限公司	四川省	成都市	区县级
80	成都市瀚宇投资有限公司	四川省	成都市	区县级
81	崇州市鼎兴实业有限公司	四川省	崇州市	区县级
82	宜宾市南溪区财源国有资产经营有限责任公司	四川省	宜宾市	区县级
83	江油市创元开发建设投资有限公司	四川省	江油市	区县级
84	长宁县发展控股集团有限公司	四川省	宜宾市	区县级
85	成都天府农博乡村发展集团有限公司	四川省	成都市	区县级
86	内江鑫隆国有资产经营有限责任公司	四川省	内江市	区县级
87	成都金堂发展投资有限公司	四川省	成都市	区县级
88	武胜城市投资有限公司	四川省	广安市	区县级

续表

排名	发行人中文名称	省份	城市	行政级别
89	成都市简州新城投资集团有限公司	四川省	简阳市	区县级
90	江安县城市建设投资有限责任公司	四川省	宜宾市	区县级
91	崇州市崇兴投资有限责任公司	四川省	崇州市	区县级
92	宣汉发展投资集团有限公司	四川省	达州市	区县级
93	成都西岭城市投资建设集团有限公司	四川省	成都市	区县级

数据来源：课题组计算整理所得。

三、转型发展建议

(一)四川省地方政府投融资平台转型面临的政策形势

自2008年以来，为应对金融危机，我国实施了积极的财政政策和宽松的货币政策，启动了"4万亿"投资计划。为解决中央项目的地方配套资金缺口等问题，各级地方政府纷纷建立融资平台，通过这些融资平台从银行获得大量贷款用于基础设施建设，这为拉动地方经济回升、加快城市化建设进程发挥了重要作用。但也使得地方债务急剧膨胀，不仅加大了地方政府的偿债负担，也对我国整个金融体系的稳定性形成了潜在的压力。

2021年，四川省地方政府的发债规模在全国31个省、直辖市中排名第3,2021年发行地方债7 568.01亿元。四川省地方政府融资平台的存在，较大程度地推动了本省的城市化进程，完善了基础设施建设，促进了公共事业的发展，尤其是在经济危机时期，刺激了我国经济的发展，减少了危机对我国经济造成的影响，起到了积极的作用。但是这些融资平台的出现也存在诸多的问题，面临较多的风险，如融资平台不规范、过度依赖土地财政收入等问题。尤其是近几年，四川省融资平台的债务数额急剧膨胀，期限错配现象严重，造成较大的风险，威胁着本省金融稳定，若长此以往，会对整个四川省的经济发展产生不利影响。在此背景下，地方政府融资进入全新时期，由于新《预算法》《国务院关于加强地方政府性债务管理的意见》（国发〔2014〕43号）《关于试行〈全面加强企业债券风险防范的若干意见〉的函》《地方政府存量债务纳入预算管理清理甄别方法》（财预〔2014〕351号）《关于对地方政府债务实行限额管理的实施意见》等法规政策的颁布，地方政府融资面临全面清理、整顿、规范的局面，四川省地方政府融资平台亟须转型。

(二)四川省地方政府投融资平台转型发展思路

在经济新常态的发展背景下，随着经济发展动力的转型、政策收紧以及地方债务风险加剧,四川省地方投融资平台亟须加快进行全方位转型发展,这对四川省经济发展具有积极的促进作用。但是,投融资平台在适应市场发展并转型的过程中,仍然存在转型方向不明确、定位不清晰、结构不合理和信息化整合不到位等问题。所以,对四川省地方投融资平台转型发展进行研究,针对信息化整合、治理结构调整等方面展开讨论,对实现投融资平台加快市场化转型、增强债务风险控制效果具有重大意义。

1. 关注转型的核心和路径

当单一层面的转型优化无法支撑四川省地方政府融资平台发展时,全方位的转型便成了支撑发展的最佳途径。平台转型需要以政府为核心,实现"四个转变",即从项目执行转变为项目谋划,立足项目本身、服务项目建设;从被动融资转变为资金储备,立足长远目标、服务政府决策;从资源优势转变为市场优势,立足提高市场核心竞争力、引导资源开发;从政府需要转变为自我发展,寻求政府和自我发展的科学平衡,以此实现投融资、业务、定位的有效转型。将平台公司打造成为四川省地方政府推动区域发展的重要力量、政府调控政策的有效通道以及经济增长点和创新载体。全方位的平台公司转型是在原有体系的基础上,进一步延伸和优化职能,逐渐放大格局,形成"发展—项目—优势—资金"的主要发展方式来支撑职能发展和政府决策。在新的转型思路里,重在从平台公司自我发展出发,通过项目谋划创造自身市场优势,培育市场核心竞争力,形成强大的自有资金储备,主动服务四川省地方政府的各项决策部署。

2. 注重债务风险控制

完善四川省地方政府的债务管理体制,需要明确四川省地方政府的监管责任,强化对债务的规范化管理。此外,实现投融资平台债务风险的集中化管理及控制,还需要结合四川省地方发展需求,制定债务风险管理办法,完善债务处理程序,以此实现投融资平台的规范化发展。投融资平台的债务风险控制,需要明确投资决策机制,以集中管理、分层审批、公开监审的方式,结合投融资平台的实际投资方向、投资金额,对投融资平台的融资渠道、资金预算、资金使用以及项目运营等方面进行管理,转变传统的融资担保形式,以此控制和降低投融资平台的债务风险。隐性债务上报可以帮助四川省地方政府融资平台理清债务结构及属性,清楚了解经营性债务的规模,充分利用内审及监察的方式,对地方政府的债务风险进行控制,对融资规模进行合理规划。在具体实施公益性项目时,投融资平台与地方政府之间注重风险控制,执行预算管理制度,规避可能出现的债务风险和金融风险。另外,四川省地方政府也可以设立应急性资金池辅助平台完成转型。

3. 权责明晰,放管结合

地方政府投融资平台成立之初主要是由政府主导,资金、人力乃至事权都来自政府,因此在执行项目时政府牵涉较多,平台企业的市场功能发挥受限较大,无法摆脱计划经济时期的管理模式,表现为重投资、重建设、轻经营、轻管理,公司发展战略定位模糊,管理模式难以适应市场化发展方向,法人治理结构有待完善。因此,企业想要优化升级,就需要厘清政企关系,剥离政府融资职能,实现独立市场化运营,建立健全现代企业制度,完善公司的法人治理机构。首先,要依据四川省地方政府投融资平台的实际情况,构建完善的责权制,平台应当主动剥离为政府融资的职能,发挥其市场作用;政府也不得再以任何形式为平台举债提供担保,不得以平台的名义进行举债。这样一来,平台就能够根据市场情况与自身经营目标选择承接相应的项目,逐步成为"收益自享、风险自担"的市场化投融资主体。其次,平台应当优化法人治理机构,完善投资、经营管理约束机制,成为集融资、投资、建设和经营相结合的集约管理的企业集团,解决经营责权不明、政企不分、职能混淆等问题,建立产权清晰、权责明确、政企分开、管理科学的新型企业制度。通过在平台内部建立合理的法人机构,形成"决策层—管理层—执行层"架构以及股东(大)会、董事会、监事会和经营管理层三位一体的法人治理结构,破除"政企不分"的现象。以这样的思路进行转型后,政府与平台的职能互相分离,明确权利与责任,有利于提升平台的管理水平。

4. 提高平台创新力

我国地方政府投融资平台成立之初主要依靠银行贷款等间接融资渠道进行融资。以往政府与城投平台关系不清、责任不明,存在政府为城投公司提供"隐性担保"的问题。随着中央政策与地方政府债务管理力度的不断加强,城投公司转型发展、市场化运营成为主流,仅依靠银行借款融资难以满足公司不断扩张的业务需求,因此城投公司必须迈入资本市场,创新融资模式,拓宽融资渠道,如通过债权融资的方式,发行公司债、企业债等进行融资或进行股权融资。融资渠道的拓宽不仅能够保障企业生产经营的资金来源,同时还能降低财务风险、优化债务结构,促进企业持续发展。

(三)四川省地方政府投融资平台转型发展建议

1. 优化法人治理结构、构建风险预警机制

首先,推动平台公司尽快完善现代企业制度。作为独立的市场主体,地方投融资平台应按照《公司法》等法规要求完善治理结构,平台公司要按照现代企业制度的要求规范运作,加强高管人员的绩效考核,结合绩效决定高管人员的任免。其次,完善平台公司的内部决策程序。公司内部要建立起完善的项目投融资决策程序,每一项投融资行为都必须依法合规,保证投融资方向符合政府的建设目标,保证融资规模与平台公司自身实力相匹配。平台公司内部还要建立起相应的审批权限制度、授权制度,资金的拨付要有严格审核批准程序。再次,建立平台公司债务风险预警机制,平台公司要

构建完善的债务风险评价标准体系,密切关注本地经济发展动态、预计经济增长速度和政府财政能力情况,以及公司内部现金流情况、负债比、速动率等重要指标,分析潜在风险,提前制订相应的风险化解预案,遇到重大突发情况时,及时向政府主管部门报告。

为提高平台公司的债务偿付能力,地方政府要帮助平台公司提高资产质量,在设立或重组平台公司时,充分考虑其未来健康发展的需要,保证其具备一定的盈利能力和偿债能力。在鼓励平台公司与银行、非银机构加强合作的同时,也要帮助平台公司创造条件不断改进融资方式,开拓债券融资、资产证券化等新的融资渠道,提高平台公司募集资金的能力。

2. 立足自身优势,选择转型方向

平台应以目前自身的内外部环境、发展需求为基础,制定能够在平台过渡阶段发挥作用的战略举措,找到转型发展定位,进而明确自身的转型发展方向。

地方投融资平台转型优势主要有两方面:一方面,地方投融资平台在城市基础设施、土地整理、公用事业等业务领域积累了人才、资金、技术、管理等优势,与当地政府关系密切,在部分公用事业领域拥有垄断性优势;另一方面,部分地方政府拥有土地、矿产等稀缺资源禀赋,可通过注入资产、股权等方式壮大地方政府投融资平台,增加地方投融资平台的经营性收入。

城投转型方向一般为5个主要方向,分别为:向建筑工程企业转型、向地产类运营企业转型、向公用事业类企业转型、向产业园区类企业转型及向投资类企业转型。

四川省地方投融资平台需要结合自身的资源禀赋,制定阶段性的发展目标。在保证资产保值增值的同时,明确资产运营管理目标,并完善针对投融资平台运营的管理体系,创新经营模式,增加现金流,拓展融资渠道。在创造良好外部环境的前提下,强化地方政府对投融资平台的监管,对投融资平台的资产负债率进行控制,以此加快四川省投融资平台的发展速度。

3. 创新经营模式,实现多元化发展

地方投融资平台应适度发展多元化业务,拓展发展空间。平台公司一方面应继续发挥自身优势,把基础设施建设和土地一级开发作为重点业务;另一方面要积极开拓市场业务,凭借独特的资源和机遇,向金融控股、城市运营、产业投资、资产管理、城市旅游等市场化业务领域转型,从公益类国有企业发展为公益、商业相结合的综合类国有企业。增强平台的自我发展能力,形成新的利润增长点,用市场化业务的收益反哺公益性业务,在积累自身发展动力的同时为地方财政减轻压力。此外,还可以考虑引入风险投资,将高新技术与风险投资有机结合起来,将分散但有较高收益的项目进行聚集,在本地区形成一定规模的风险投资项目池,通过与风险投资机构合作,将资金集中投入这些项目中,解决地方上的战略性新兴产业发展中遇到的资金难题。

平台公司要发挥国有资本投资、运营公司的平台作用,促进国有资本合理流动,优化国有资本投向,向重点行业、关键领域和优势企业集中,推动国有经济布局优化和结构调整,提高国有资本配置和运营效率。最终转型为"城市投资运营商、园区综合服务商、产业投资运营公司"等各种专业投资运营企业。

第六节　广西壮族自治区投融资平台转型发展评价

本节聚焦广西地方政府投融资平台的转型问题,通过构建测度指标体系,对广西壮族自治区地方政府投融资平台转型发展评价及问题展开研究,形成广西壮族自治区地方政府投融资平台转型发展评价的综合报告,全面反映广西壮族自治区地方政府投融资平台整体发展情况,并针对性地提出转型发展建议。本报告主要从四个部分开展研究:第一部分对广西地方政府投融资平台所处的经济、财政和债务环境进行分析,形成一个全面的认识;第二部分对广西地方政府投融资平台及其存在的问题进行详尽梳理和分析,全面把握广西各级平台的发展现状和格局;第三部分通过构建指标评价体系及相关数据信息,得出广西壮族自治区、地级市、区县三级政府投融资平台的排名结果并展开分析,以期清晰知晓"家底",在政府投融资平台转型中做到量体裁衣。第四部分立足于上述宏观环境和广西地方政府投融资平台发展情况,针对性地提出广西地方政府投融资平台转型方向和路径,指导广西地方政府投融资平台顺利实现转型发展,成为地方城市建设、产业升级、经济发展的"加速器、放大器和稳定器"。

本节所指地方政府投融资平台包括地方政府出资设立的综合性投资公司以及行业性投资公司,也包括地方各类国有资产经营管理公司,但不包括农林牧渔、出版、制造等纯产业类公司。评价样本是截至2021年末仍有存续的公开发行债券的广西壮族自治区、地级市、区县三级地方政府投融资平台,过去发行过、但已无存续债券的地方政府投融资平台没有被纳入样本中。

一、基本情况简介

(一)广西壮族自治区经济情况

广西壮族自治区位于我国西南地区,南邻北部湾,面向东南亚,是我国华南经济圈、西南经济圈与东盟经济圈的结合部,也是西南地区最便捷的出海通道。近年来,广西充分发挥"一湾相挽十一国,良性互动东中西"的独特区位优势,以西部陆海新通道建设为牵引,加快发展开放型经济,经济实力不断增强,经济总量在西部地区处于上游。

地区生产总值方面,2018—2021年,广西壮族自治区地区生产总值分别为1.96万亿、2.12万亿、2.22万亿及2.47万亿,同比分别增长6.8%、6.0%、3.7%及7.5%,与全国增速水平基本保持一致。

从产业结构看,2021年广西三次产业结构调整为16.2∶33.1∶50.7,其中第一产业增加值4 015.51亿元,增长12.93%;第二产业增加值8 187.90亿元,增长15.18%;第三产业增加值12 537.45亿元,增长9.09%。对经济增长的贡献率分别为18.0%、28.7%和53.3%。

表5—34　　　　　2018—2021年广西壮族自治区经济基本情况

项目	2018年	2019年	2020年	2021年
地区生产总值(亿元)	19 627.81	21 237.14	22 156.69	24 740.86
地区生产总值增速(%)	6.80	6.00	3.70	7.50
第一产业(亿元)	3 021.09	3 387.74	3 555.82	4 015.51
第二产业(亿元)	6 692.87	7 077.43	7 108.49	8 187.90
第三产业(亿元)	9 913.85	10 771.97	11 492.38	12 537.45
产业结构				
第一产业(%)	15.40	16.00	16.00	16.20
第二产业(%)	34.10	33.30	32.10	33.10
第三产业(%)	50.50	50.70	51.90	50.70
固定资产投资增速(%)	10.20	9.20	4.20	7.60
进出口总额(亿美元)	623.38	682.09	702.86	917.00
出口额(亿美元)	327.99	377.47	391.87	454.50
进口额(亿美元)	295.39	304.63	310.99	462.50
社会消费品零售总额(亿元)	7 663.52	8 200.87	7 831.01	8 538.50
城镇居民人均可支配收入(元)	32 436.07	34 744.87	35 859.00	38 530.00
农村居民人均可支配收入(元)	12 434.77	13 676.00	14 815.00	16 363.00
居民消费价格指数(上年=100)	102.32	103.72	102.80	100.90

数据来源:广西壮族自治区统计局。

投资方面,2021年广西壮族自治区全社会固定资产投资(不含农户)同比增长7.6%,固定资产投资力度不断加大。分领域看,基础设施投资、工业投资分别同比增长15.6%、26.0%,房地产开发投资下降2.9%。

2018—2021年,广西壮族自治区城镇居民人均可支配收入分别为3.24万元、3.47万元、3.59万元和3.85万元,农村居民人均可支配收入分别为1.24万元、1.37万元、1.48万元和1.64万元。随着西部大开发、"一带一路""工业兴桂"等战略的实施,广西壮族自治区经济持续发展,居民收入稳步提高,广西经济迎来最好的历史发展机遇,社会经济建设步入高质量发展阶段。

(二)广西壮族自治区财政情况

2021年,受新冠肺炎疫情的影响,广西一般公共预算收入为1 800.12亿元,同比增长4.8%,其中税收收入1 191.09亿元,占一般公共预算收入的比重为66.17%;同期,一般公共预算支出为5 810.20亿元,同比下降6.0%。2021年,以土地出让收入为主的政府性基金收入1 729.15亿元,同比减少209.82亿元,对财政收入贡献度较大;同期,政府性基金预算支出2 133.66亿元,主要为专项债及征地、拆迁等国有土地使用权出让收入安排的支出。截至2021年末,广西地方政府债务余额为8 560.71亿元,其中,一般债余额为4 389.73亿元,专项债余额为4 170.98亿元。

表5—35　　　　　　　广西壮族自治区2021年财政预算收支情况　　　　　　单位:亿元

项　目	全省	区本级
一般公共预算收支		
一般公共预算收入	1 800.12	381.96
税收收入	1 191.09	276.90
转移性收入	5 372.13	4 670.75
地方政府一般债券收入	639.99	639.99
一般公共预算支出	5 810.20	1 104.84
转移性支出	704.35	3 915.46
地方政府一般债券还本支出	455.64	120.67
政府性基金收支		
政府性基金预算收入	1 729.15	53.57
土地出让收入	1 826.89	—
地方政府专项债券收入	387.35	387.35
政府性基金预算支出	2 133.66	330.83
地方政府专项债券还本支出	100.00	37.00

续表

项　　目	全省	区本级
国有资本经营收支		
国有资本经营预算收入	57.76	37.63
国有资本经营预算支出	28.99	44.13

数据来源：广西壮族自治区统计局。

（三）广西壮族自治区政府债务情况

2021年，财政部核定广西政府债务限额为9 057.25亿元，较2020年增加1 111.00亿元。截至2021年底，广西地方政府债务余额为8 560.71亿元，其中一般债务4 389.73亿元，专项债4 170.98亿元，债务余额控制在财政部批准的限额之内。2021年，广西发行新增政府债券1 062.24亿元，主要用于产业园区、乡村振兴、"四建一通"（乡乡通二级或三级公路建设工程、农村公路安全生命防护建设工程、农村公路"畅返不畅"整治建设工程、建制村窄路拓宽改造建设工程、建制村通客车工程）、农村公路、铁路、收费公路、医疗卫生、义务教育、高等学校等重大项目。广西经济水平和财政实力稳步提升，为地方政府债务的偿付提供了保障。此外，广西区政府不断完善相关管理体制机制，债务管控逐步加强。近年来，广西区委、区政府高度重视政府性债务管理工作，积极采取有效措施，不断完善政府性债务管理制度，着力控制债务规模，防范和化解政府性债务风险。

表5－36　　　　　广西壮族自治区2021年地方债务情况　　　　　单位：亿元

项　　目	全省	区本级
地方政府债务余额	8 560.71	2 535.1
一般债余额	4 389.72	1 508.44
专项债余额	4 170.98	1 026.66
地方政府债务限额	9 057.25	2 791.83
一般债限额	4 613.45	1 580.90
专项债限额	4 443.80	1 210.93

数据来源：广西壮族自治区财政厅。

二、投融资平台排名

（一）广西壮族自治区省级政府投融资平台排名情况

广西壮族自治区省级政府投融资平台排名情况见表5－37。

表 5－37　　　　　　　广西壮族自治区省级政府投融资平台排名

排名	发行人中文名称	省份	城市	行政级别
1	广西投资集团有限公司	广西壮族自治区	南宁市	省级
2	广西北部湾国际港务集团有限公司	广西壮族自治区	南宁市	省级
3	广西交通投资集团有限公司	广西壮族自治区	南宁市	省级
4	广西北部湾投资集团有限公司	广西壮族自治区	南宁市	省级
5	广西农垦集团有限责任公司	广西壮族自治区	南宁市	省级
6	广西旅游发展集团有限公司	广西壮族自治区	南宁市	省级
7	广西中马钦州产业园区投资控股集团有限公司	广西壮族自治区	钦州市	省级

数据来源：课题组整理计算所得。

(二)广西壮族自治区地市级政府投融资平台排名情况

广西壮族自治区地市级政府投融资平台排名情况见表5－38。

表 5－38　　　　　　广西壮族自治区地市级政府投融资平台排名

排名	发行人中文名称	省份	城市	行政级别
1	桂林市交通投资控股集团有限公司	广西壮族自治区	桂林市	地市级
2	南宁高新产业建设开发集团有限公司	广西壮族自治区	南宁市	地市级
3	南宁建宁水务投资集团有限责任公司	广西壮族自治区	南宁市	地市级
4	广西柳州市东城投资开发集团有限公司	广西壮族自治区	柳州市	地市级
5	南宁威宁投资集团有限责任公司	广西壮族自治区	南宁市	地市级
6	南宁绿港建设投资集团有限公司	广西壮族自治区	南宁市	地市级
7	广西柳州市投资控股集团有限公司	广西壮族自治区	柳州市	地市级
8	南宁交通投资集团有限公司	广西壮族自治区	南宁市	地市级
9	广西崇左市城市建设投资发展集团有限公司	广西壮族自治区	崇左市	地市级
10	河池市国有资本投资运营（集团）有限公司	广西壮族自治区	河池市	地市级
11	南宁城市建设投资集团有限责任公司	广西壮族自治区	南宁市	地市级
12	钦州市滨海新城投资集团有限公司	广西壮族自治区	钦州市	地市级
13	南宁轨道交通集团有限责任公司	广西壮族自治区	南宁市	地市级
14	梧州市东泰国有资产经营有限公司	广西壮族自治区	梧州市	地市级
15	广西柳州市建设投资开发有限责任公司	广西壮族自治区	柳州市	地市级

续表

排名	发行人中文名称	省份	城市	行政级别
16	柳州东通投资发展有限公司	广西壮族自治区	柳州市	地市级
17	广西来宾工业投资集团有限公司	广西壮族自治区	来宾市	地市级
18	钦州市开发投资集团有限公司	广西壮族自治区	钦州市	地市级
19	广西钦州临海工业投资集团有限公司	广西壮族自治区	钦州市	地市级
20	广西百色试验区发展集团有限公司	广西壮族自治区	百色市	地市级
21	广西贵港市城市投资发展集团有限公司	广西壮族自治区	贵港市	地市级
22	玉林交通旅游投资集团有限公司	广西壮族自治区	玉林市	地市级
23	防城港市文旅集团有限公司	广西壮族自治区	防城港市	地市级
24	广西柳州市轨道交通投资发展集团有限公司	广西壮族自治区	柳州市	地市级
25	防城港市港发控股集团有限公司	广西壮族自治区	防城港市	地市级
26	玉林市城市建设投资集团有限公司	广西壮族自治区	玉林市	地市级
27	河池市城市投资建设发展有限公司	广西壮族自治区	河池市	地市级
28	广西柳州市文化旅游投资发展集团有限公司	广西壮族自治区	柳州市	地市级
29	广西梧州粤桂合作特别试验区投资开发有限公司	广西壮族自治区	梧州市	地市级
30	广西百色开发投资集团有限公司	广西壮族自治区	百色市	地市级
31	梧州市苍海建设开发有限公司	广西壮族自治区	梧州市	地市级
32	广西来宾通达投资管理有限公司	广西壮族自治区	来宾市	地市级
33	广西贵港市交通投资发展集团有限公司	广西壮族自治区	贵港市	地市级
34	柳州市房地产开发有限责任公司	广西壮族自治区	柳州市	地市级
35	桂林经开投资控股有限责任公司	广西壮族自治区	桂林市	地市级
36	玉林投资集团有限公司	广西壮族自治区	玉林市	地市级
37	玉林市玉东建设投资集团有限公司	广西壮族自治区	玉林市	地市级
38	梧州市城市建设投资开发有限公司	广西壮族自治区	梧州市	地市级
39	广西崇左市城市工业投资发展集团有限公司	广西壮族自治区	崇左市	地市级
40	广西柳州市城市建设投资发展集团有限公司	广西壮族自治区	柳州市	地市级
41	防城港市城市建设投资有限责任公司	广西壮族自治区	防城港市	地市级

数据来源：课题组整理计算所得。

(三)广西壮族自治区区县级政府投融资平台排名情况

广西壮族自治区区县级政府投融资平台排名情况见表5—39。

表5—39　　　　　　广西壮族自治区区县级政府投融资平台排名

排名	发行人中文名称	省份	城市	行政级别
1	桂林新城投资开发集团有限公司	广西壮族自治区	桂林市	区县级
2	广西扶绥县城市开发投资有限公司	广西壮族自治区	崇左市	区县级
3	广西平果市城市建设投资有限责任公司	广西壮族自治区	平果市	区县级
4	广西田东县龙远投资有限责任公司	广西壮族自治区	百色市	区县级
5	广西宁明惠宁建设投资集团有限公司	广西壮族自治区	崇左市	区县级

数据来源:课题组整理计算所得。

三、转型发展建议

(一)广西壮族自治区地方政府投融资平台转型面临的政策形势

广西地方政府的发债规模在全国31个省、直辖市中排在中下游,其中,从2005年到2021年,共发行城投债6 816.7亿元,发债主体有65个,共发行864只债券,包括企业债、公司债、银行间市场金融工具及ABS等债券品种。广西地方政府融资平台的存在,在一定程度上推动了广西壮族自治区的城市化进程,完善了基础设施建设,促进了公共事业的发展,尤其是在经济危机时期,刺激了我国经济的发展,减少了经济危机对我国经济造成的影响,起到了积极的作用。但是这些融资平台的出现也存在诸多的问题,面临较多的风险,如融资平台不规范、过度依赖土地财政收入等问题。

2021年广西地方政府债务余额为8 561.15亿元,整体债务率为238.66%。目前,地方政府融资进入全新时期,由于新《预算法》《国务院关于加强地方政府性债务管理的意见》(国发〔2014〕43号)《关于试行〈全面加强企业债券风险防范的若干意见〉的函》《地方政府存量债务纳入预算管理清理甄别方法》(财预〔2014〕351号)《关于对地方政府债务实行限额管理的实施意见》等法规政策的颁布,地方政府融资面临全面清理、整顿、规范的局面,广西壮族自治区地方政府融资平台亟须转型。

广西作为中国西南、中南地区开放发展的新战略支点,应积极建设西南中南西北出海口、面向东盟的国际陆海贸易新通道。为应对转型,广西着力规范自治区地方政府融资平台的融资行为。除国务院、财政部等多部门相继出台重要文件,以规范地方政府投融资平台的运作管理,逐渐剥离地方政府投融资平台的政府融资职能外,为贯彻落实国家对地方政府融资平台的规范要求,广西2015年3月也出台了《广西壮族自治区人民政府关于进一步深化投融资体制改革的指导意见》(桂政发〔2014〕70号),指出要建立政府举债融资考核问责机制和地方政府债务信用评级制度,建立健全债务风险预警及应急处置机制,防范和化解债务风险。2016年10月的《广西壮族自治区人民政府办公厅关于推进城市基础设施建设投融资体制改革的实施意见》(桂政办发〔2016〕126号),指出要创新管理,注重服务,进一步增强投融资管理的综合服务能力。2018年1月的《广西壮族自治区人民政府办公厅关于进一步加强政府性债务管理防范化解政府性债务风险的意见》(桂政办发〔2018〕6号),明确要求强化防范和化解地方政府性债务风险责任,厘清政府与企业的关系,加快融资平台公司从单纯的融资工具向市场经营主体的转型。

综上,地方政府融资平台公司的转型发展成为政策趋势,各项政策规定也为平台公司的转型、正确处理与市场的关系奠定了制度基础。

表 5—40　　　　　　　　　　相关政策文件

文件名	发布时间	单位
国务院关于加强地方政府融资平台公司管理有关问题的通知(国发〔2010〕19号)	2010.06	国务院
国务院关于加强地方政府性债务管理的意见(国发〔2014〕43号)	2014.10	国务院
广西壮族自治区人民政府关于进一步深化投融资体制改革的指导意见(桂政发〔2014〕70号)	2015.03	广西壮族自治区人民政府办公厅
关于开展部分地区地方政府债务管理存在薄弱环节问题专项核查工作的通知(财办预〔2016〕94号)	2016.10	财政部办公厅
广西壮族自治区人民政府办公厅关于推进城市基础设施建设投融资体制改革的实施意见(桂政办发〔2016〕126号)	2016.10	广西壮族自治区人民政府办公厅
国务院办公厅关于印发地方政府性债务风险应急处置预案的通知(国办函〔2016〕88号)	2016.10	国务院办公厅
关于印发《财政部驻各地财政监察专员办事处实施地方政府债务监督暂行办法》的通知(财预〔2016〕175号)	2016.12	财政部
关于进一步规范地方政府举债融资行为的通知(财预〔2017〕50号)	2017.05	财政部发展改革委司法部、人民银行、银监会、证监会
关于印发《地方政府土地储备专项债券管理办法(试行)》的通知(财预〔2017〕62号)	2017.05	财政部、国土资源局
财政部关于坚决制止地方以政府购买服务名义违法违规融资的通知(财预〔2017〕87号)	2017.06	财政部
关于规范政府和社会资本合作(PPP)综合信息平台项目库管理的通知(财办金〔2017〕92号)	2017.11	财政部办公厅

续表

文件名	发布时间	单位
关于加强中央企业PPP业务风险管控的通知（国资发财管〔2017〕192号）	2017.11	国资委办公厅
广西壮族自治区人民政府办公厅关于进一步加强政府性债务管理防范化解政府性债务风险的意见（桂政办发〔2018〕6号）	2018.02	广西壮族自治区人民政府办公厅
关于规范金融企业对地方政府和国有企业投融资行为有关问题的通知（财金〔2018〕23号）	2018.03	财政部
政府投资条例（国令第712号）	2019.05	国务院
广西壮族自治区人民政府办公厅关于印发《广西支持县域经济高质量发展的若干政策》的通知（桂政办发〔2021〕63号）	2021.07	广西壮族自治区人民政府办公厅

数据来源：政府部门网站。

（二）广西壮族自治区地方政府投融资平台转型发展思路

在经济新常态的发展背景下，广西地方投融资平台的转型发展对广西经济发展具有积极的促进作用，但整体转型情况不理想，大多数平台公司处在转型发展初期，在适应市场发展并转型的过程中，仍存在转型方向不明确、整合不到位、融资能力较差等问题。

针对发展过程中遇到的问题，广西地方投融资平台类企业转型发展应借鉴转型发展情况较好地区城投企业的成功经验，坚持市场化、科学化、运营化等发展理念，对城投平台分类分层推进转型发展，达到投融资平台加快市场化转型、增强债务风险控制效果的目的。

（三）广西壮族自治区地方政府投融资平台转型发展建议

自2014年以来，随着国发〔2014〕43号文、财预〔2017〕50号文等政策文件的落实，对城投平台监管政策趋于严格和完善，相关政策文件要求地方政府划清政府与企业的边界，推动平台公司市场化转型发展。在当前的政策和市场环境下，城投平台转型的重要性不断凸显。转型是当前市场环境下城投平台自身的迫切需求，城投平台转型的核心是增加市场化经营和自身造血能力，增加企业竞争力和融资能力，减少对地方政府支持的直接依赖。

1. 强调市场竞争力和政府支持意愿的平衡

区域经济财政实力、资源禀赋对区域城投平台的转型方向提出了较高的要求，部分禀赋较差的区域，城投平台转型的难度较大，因为城投平台较难解除对地方政府的依赖。城投平台转型需要增加自身的造血能力，市场化业务风险复杂、竞争压力大，在进行市场化的过程中对城投平台原有机制提出挑战，有可能在地方政府支持力度削弱的同时导致城投平台自身融资能力的下降。

从我国各区域城投平台转型发展的结果来看,东部沿海发达地区部分城投平台已经完成转型,市场竞争力较强,信用资质较好,得到资本市场的认可。但在我国欠发达地区中,多数城投平台正处于转型过程中,尚未形成市场竞争力,需要特别关注在转型过程中政府支持意愿的削弱对城投运营能力、融资能力的影响。

广西各地级市区域经济财政实力分化较为明显,北部湾经济区实力相对较强。综合来看,南宁市、柳州市、玉林市、桂林市和北海市资质相对较好,梧州市、百色市、贵港市和钦州市处于中游水平,防城港市、贺州市、崇左市、河池市和来宾市资质相对较差。从广西整体来看,绝大多数城投平台都还处在转型发展的初期,各地区的城投平台实际对政府的依赖程度很高,城投平台在转型的过程中需要把握市场竞争力和政府支持意愿的平衡。

2. 明晰自身定位,加强市场化转型

广西平台企业数量众多,其整体实力、发展水平、市场化转型进程都各不相同,因此转型方向不能一概而论。省属平台公司应积极利用好相应政策,承担跨区域性工程建设,充分利用国家给予西部地区的利好政策,通过产业嫁接,实行市场化改革后以社会资本的形式参与到 PPP 项目建设中,借助规范的 PPP 模式实现由"行政化"企业到"市场化"企业的转变。市属、区属平台公司可积极参与地方政府预算内的市政建设项目,如利用政府授予的特许经营权(比如停车场、城市路灯、供暖、供水、供气等)开展实业经营,加强自身造血能力。比如 2019 年末,市级平台桂林市交通投资控股集团有限公司成功中标桂林市电动汽车充电基础设施建设运营特许经营项目,覆盖公共交通、市政专用、物流等多个领域,共有充电终端 4 417 个,特许经营期达 30 年。此后,桂林交投集团也将负责全市充电桩及其配套设施的规划、投资、建设及运营,为集团自身带来稳定收益的同时也为当地节能减排、绿色发展做出了重要贡献。除此之外,城建管廊业务在城市市政道路地下空间实现集约化利用和可持续发展方面担负着极为重要的历史角色,是南宁市政府极为重视的城市基础设施建设板块。南宁城市建设投资集团有限责任公司下属的南宁城建管廊建设投资有限公司,是南宁唯一一家拥有由市人民政府授予的市政管廊建设项目特许经营权的城建国有企业。城建管廊公司将充分发挥市政管廊建设项目特许经营权的作用,代表政府行使南宁市城市规划区内市政管廊的投资、建设、经营和管理权限,以市场化运作方式,科学规范市政管廊项目的建设管理,努力把公司打造成集市政管廊投资、建设、经营、管理、收费于一体的专业市政管廊公司,迅速实现做大做强城建管廊公司的目标。

3. 打通债权融资渠道,活用新型债券品种债权融资具有融资成本低、融资速度较快、不易造成国有资本流失等优点,是多数城投平台的选择。比如桂林新城投资开发集团有限公司虽然是区县级平台公司,但其具有较强的融资能力,目前存续期债券 54.7 亿元,其债券产品包括企业债、私募公司债、中期票据、PNN 等,具有较强的债务融资能力。

南宁市、柳州市、桂林市有部分城投平台的评级为 AA+级及以上,这些公司,尤其是近几年有债券集中兑付压力的公司,可以考虑发行可续期公司债。此类债券通过合同条款的设计,如续期选择权、利息递延、可赎回权等,降低了企业短期内的偿付压力,有利于帮助企业优化自身的债务期限结构。例如市级平台南宁轨道交通集团有限责任公司于 2018 年 5 月成功发行了 2018 年第一期可续期公司债券"18 南宁轨交可续期债",是广西发行的第一只可续期公司债券,本期债券的成功发行不但填补了广西壮族自治区无可续期公司债券品种的空白,同时标志着南宁轨道集团直接向资本市场融资的大门正式开启。省级平台广西铁路投资集团有限公司于 2019 年 12 月公开发行了"2019 年第一期广西铁路投资集团有限公司可续期公司债券",基础发行额为 10 亿元,附有弹性配售选择权、发行人续期选择权等条款,资金主要用于补充营运资金与南宁至崇左铁路项目的建设,保障生产建设的同时增强了公司的财务灵活性。

此外,可以把握经济热点创新融资产品,如部分融资平台借新冠肺炎疫情防控机会,通过发行疫情防控专项债融资。例如广西建工集团有限责任公司于 2020 年 2 月 7 日发行了"广西建工集团有限责任公司 2020 年非公开发行战'疫'专项公司债券",发行规模 5 亿元,期限 3 年,票面利率 4.4%;2020 年 12 月 25 日,东城集团成功簿记发行"2020 年广西柳州市东城投资开发集团有限公司公司债券(第一期)",债券发行金额 6 亿元,期限 3+2 年,票面利率 7.20%,系广西壮族自治区首只成功发行的疫情防控企业债,为广西疫情防控提供了有力支持。最后,战略性新兴产业专项债券、乡村振兴债券、绿色债券、"一带一路"专项债券等新型债券品种都能很好地匹配广西当地一些平台公司的业务,应当予以灵活运用,为企业补充资金的同时助力自治区的经济建设。2021 年 4 月 22 日,广西交投成功发行"广西交通投资集团有限公司发行 2021 年度第四期超短期融资券(乡村振兴)"。该只债券为广西首单乡村振兴债券,发行规模 10 亿元,期限 180 天,票面利率 3.10%。

4. 结合城投优势,依托区域资源

城投平台进行转型可以凭借长期业务积累的优势,同时结合区域资源禀赋。城投公司转型可供依托的优势可以分为两个方面:首先,城投公司长期以来在基建、土地整理、公用事业等相关业务领域中积累了人才、管理、技术、资金、信用等优势,且在区域内与地方政府关系密切,在政府的大力支持下相关业务具有一定区域垄断性。其次,区域资源禀赋方面,城投平台往往掌握着当地稀缺的土地资源、商业地产、污水处理厂、管网等,这些资产获得的收益较为可观。结合城投公司在政策和资源这两方面的优势,以及实际案例,城投平台转型可以分成以下几个方向:向建筑工程企业转型、向公用事业类企业转型、向商业和产业类转型、向投资类企业转型等,例如部分城投平台直接、间接控股上市公司,与上市公司形成优势互补。

广西位于我国西南边陲,是我国唯一一个沿海自治区,是我国西南地区最便捷的出海通道,已形成黑色金属冶炼及延压加工业、农副食品加工业、汽车制造业、非金属矿物制品业四大支柱产业,各地市在长期的发展过程中也形成了一定的产业优势,如南宁是环北部湾沿岸重要的经济中心,在人才、资源、政策方面具有非常多的优势;桂林是我国著名的国际旅游基地,还是我国重要的中药基地;柳州是我国重要的重工业基地、汽车生产基地等,这些都为区域内城投公司转型发展提供了非常好的条件。

5. 以优势产业为核心,积极布局新兴产业

一方面,城市建设依旧是基建类城投平台的工作重心,要把握新时代城市基础设施升级与服务功能升级等城镇化建设带来的新机遇,发挥自身业务领域优势的同时,积极布局基础设施建设周边相关的业务,增强自身盈利性。广西交通投资集团有限公司是广西重要的投融资主体和国有资产经营实体,成立以来为当地铁路、公路等基础设施建设做出了重要贡献。2020年底,广西交通投资集团有限公司已完成由以高速公路为核心的"单核驱动"向高速公路业务和非高速公路业务"并驾齐驱"转变,由"平台型企业"向"市场化主体"转变,由"业务管控"向"战略管控"转变的"三大转变",形成以高速公路及其附属业务为核心,商贸物流、金融、土地开发、国际业务与信息化和"互联网+"业务全面发展的新格局。而对于市级平台来说,在整体城市化进程中应当把握城市建设这一主要业务,发挥市级平台直接参与城市建设业务的优势促进公司发展。以防城港市的市级投融资平台为例,防城港市城市建设投资有限责任公司近年来依托自身业务优势,积极将业务扩张至城市智慧公交运营与服务、生态与立体停车场等基建周边项目的投资与运营,形成了良好的业务生态系统。

另一方面,开拓新兴产业是许多非基建类平台类企业的未来趋势。要依托城投平台的项目资源获取优势,积极布局战略性新兴产业与地方扶持产业,逐步打造围绕城市建设和发展的城投产业生态圈。市级平台公司广西正润发展集团有限公司是广西投资集团有限公司是贺州市主要的投融资主体和国有资产经营实体,正积极推进广西铝产业"二次创业",打造高附加值的"电—铝"增值产业集群,并积极拓展业务领域,引领高新技术产业集群式发展。企业为实现多元化发展制定了"产融结合增长"等一系列发展战略,顺应市场形势形成了领先的产业发展理念,为同类型企业提供了良好的借鉴。

参 考 文 献

一、著作类

[1]张国彪,李晓鹏,傅帅雄著.从投融资平台到国有资本投资运营公司:地方投融资平台转型发展战略研究[M].北京:经济科学出版社,2021.

[2]中国财政科学研究院,中国财政学会投融资研究专业委员会编著.中国政府投融资发展报告(2019)[M].北京:中国财政经济出版社,2020.

[3]郑庆寰.地方政府融资平台债务风险顺周期机制及监管研究[M].上海:华东理工大学出版社,2020.

[4]吴涛.地方政府投融资平台债务风险与防控体系研究[M].南宁:广西人民出版社,2015.

[5]刘金林,程凡,马静著.广西中华民族共同体意识研究院系列丛书 开发性金融视角下地方政府投融资平台的可持续发展路径研究[M].北京:中国财政经济出版社,2022.

[6]毛振华,孙晓霞,闫衍编.中国地方政府与融资平台债务分析报告[M].北京:社会科学文献出版社,2022.

[7]张洁梅,高艳,魏荣桓,张玉平,赫梦莹著.地方政府融资平台风险管理:问题与对策[M].社会科学文献出版社·经济与管理分社,2021.

[8]余靖雯.地方政府经济行为研究[M].北京:企业管理出版社,2019.

[9]闫先东.地方债务、潜在产出与政策选择[M].北京:中国财政经济出版社,2019.

[10]周明勇,李晓光,黄明友著.地方投融资法律问题研究[M].北京:中国商务出版社,2019.06.

二、期刊及硕博论文类

[1]曹光宇,刘晨冉,周黎安等.财政压力与地方政府融资平台的兴起[J].金融研究,2020(05):59-76.

[2]曾金鸾,周遥璐.关于地方融资平台建设的思考[J].北方经济,2015(01):79-80.

[3]耿军会,胡恒松.政府投融资平台公司转型发展研究综述[J].区域经济评论,2017(03):155-159.

[4]胡恒松,鲍静海.地方政府投融资平台转型发展:指标体系与转型模式[J].金融理论探索,2017(06):43-49.

[5]韩文丽,谭明鹏.监管趋严背景下地方政府融资平台债务现状、评判及对策探析[J].西南金融,2019(01):55—63.

[6]黄玉玺,高磊.新疆生产建设兵团国有资产经营公司战略管理研究[J].新疆农垦经济,2014(03):61—65.

[7]李杰.双循环格局下西部大开发促进区域协调发展机理效应论析[J].四川大学学报(哲学社会科学版),2022(01):161—172.

[8]李伟,张洋洋.中国地方政府融资平台债务风险化解问题探析[J].西安财经学院学报,2019,32(01):25—31.

[9]李晓艳.西部地区融入"一带一路"建设路径研究[J].广西社会主义学院学报,2022,33(02):103—108.

[10]李艳丽.地方政府融资平台发展与转型研究[J].科技展望,2015,25(08):242.

[11]刘家轩.财政层级改革、政府间金融分权与地区间政府融资差距——地方政府融资平台债务的经验证据[J].经济学报,2022,9(03):60—95.

[12]刘金林,程凡.我国地方政府隐性债务内涵、成因及特征分析[J].会计之友,2022(04):142—148.

[13]刘金林,蒙思敏.地方政府隐性债务研究综述[J].区域金融研究,2020(08):79—84.

[14]马骥.地方政府间接融资的途径与策略分析[J].统计与咨询,2012(02):34—35.

[15]马晓栋.基于省际比较的宁夏债券融资发展研究[J].西部金融,2016(12):20—24,30.

[16]毛振华,袁海霞,刘心荷等.当前我国地方政府债务风险与融资平台转型分析[J].财政科学,2018(05):24—43.

[17]梅建明,戴琳,吴昕扬.中国地方政府投融资改革70年:回顾与展望[J].财政科学,2021(06):26—37.

[18]沈素,高莉圆.地方政府融资平台公司市场化转型破局路径[J].经济研究导刊,2021(05):114—117.

[19]史育龙,潘昭宇.成渝地区双城经济圈空间格局优化研究[J].区域经济评论,2021(04):127—134.

[20]舒春燕,冷知周.地方政府投融资平台市场化转型的现实困境与路径思考[J].金融与经济,2018(12):90—93.

[21]粟勤,熊毅.债务压力下我国地方政府融资平台转型[J].江西社会科学,2021,41(07):70—77.

[22]谭慧娟.政府融资平台公司风险的管理与控制[J].产业与科技论坛,2017,16(13):225—226.

[23]唐世芳,葛琳玲,李顺明.推动西部地区产业结构转型升级的财税对策探讨[J].税务研究,2021(05):108—114.

[24]王占军.县级政府债务:规模、风险与化解——基于某省三县市的调查分析[J].吉林金融研

究,2013(08):34—37、75.

[25]武彰纯,李平.地方政府投融资平台转型改革面临的债务风险及防范[J].西南金融,2021(05):77—88.

[26]向辉,俞乔.债务限额、土地财政与地方政府隐性债务[J].财政研究,2020(03):55—70.

[27]徐军伟,毛捷,管星华.地方政府隐性债务再认识——基于融资平台公司的精准界定和金融势能的视角[J].管理世界,2020,36(09):37—59.

[28]徐鹏程.新常态下地方投融资平台转型发展及对策建议[J].管理世界,2017(08):8—13.

[29]徐新.地方政府债务风险识别、分档化解与资金缺口平衡——基于KMV模型对贵州数据的实证分析[J].生产力研究,2021(11):14—23、161.

[30]杨贺龙,刘存京.投融资平台如何战略转型[J].中国外资,2016(13):38—39.

[31]张栋.兵团财政体制改革:从财务管理向财政管理的转变[J].新疆农垦经济,2011(11):73—77.

[32]张可云,杨丹辉,赵红军等.数字经济是推动区域经济发展的新动力[J].区域经济评论,2022(03):8—19.

[33]张晓云,贺川.财政压力与企业杠杆率调整——基于地方政府投融资平台视角[J].经济问题探索,2021(06):162—172.

[34]张志勇.经济新常态下地方政府投融资平台转型发展问题及对策分析[J].商业经济研究,2017(09):165—168.

[35]周天芸,扶青,吴泽桐.城投信仰、融资成本与地方政府融资平台市场化[J].产经评论,2021,12(04):143—160.

[36]卜振兴.我国城投公司转型问题研究[J].经济视角,2019(05):92—98.

[37]陈寻斌.地方政府融资平台转型研究[D].重庆大学,2017.

[38]褚超.地方国企公司债券风险控制研究[D].云南财经大学,2022.

[39]杜鹏.甘肃省地方政府城建投融资平台研究[D].兰州大学,2010.

[40]何山.重庆市地方政府投融资平台转型研究[D].重庆大学,2019.

[41]李璐.陕西省交通基础设施对经济增长的空间溢出效应研究[D].长安大学,2020.

[42]李智.武汉市D城投公司融资模式改进研究[D].广西师范大学,2021.

[43]马舒婷.地方政府投融资平台转型发展问题研究[D].湘潭大学,2021.

[44]穆建会.地方政府投融资平台公司转型发展研究[D].北京建筑大学,2019.

[45]庞瑾.我国地方政府投融资平台发展转型研究[D].南华大学,2020.

[46]宋杨.潍坊市政府债务风险管理研究[D].燕山大学,2020.

[47]孙萌萌.地方政府投融资平台的转型研究[D].安徽大学,2016.

[48]孙勇.区县级政府投融资平台市场化转型问题研究[D].浙江工业大学,2018.

[49]王然.基于多层次模糊综合评价法的融资平台公司财务风险研究[D].华中农业大学,2013.

[50]吴冰.地方政府投融资平台公司战略转型研究[D].西南财经大学,2020.

[51]姚玉月.甘肃公航旅集团PPP项目风险管理改进研究[D].兰州大学,2022.

[52]岳凯.地方政府投融资模式创新研究[D].天津财经大学,2020.

[53]周瑞欣.河北省地方政府融资平台风险分析及防范对策[D].河北大学,2018.